青年法学学术著作
资助出版项目

青年法学学术著作
资助出版项目

罗马法中非所有权移转型物的担保制度研究

On Pignus

向东 著

法律出版社
LAW PRESS·CHINA
—— 北京 ——

图书在版编目(CIP)数据

罗马法中非所有权移转型物的担保制度研究 / 向东著. -- 北京 : 法律出版社, 2023
ISBN 978-7-5197-8197-2

Ⅰ. ①罗… Ⅱ. ①向… Ⅲ. ①罗马法－担保物权－担保制度－研究 Ⅳ. ①D904.1

中国国家版本馆 CIP 数据核字(2023)第 157141 号

罗马法中非所有权移转型物的担保制度研究
LUOMAFA ZHONG FEISUOYOUQUAN YIZHUANXING WU DE DANBAO ZHIDU YANJIU

向　东 著

责任编辑 韩满春
装帧设计 李　瞻

出版发行 法律出版社
编辑统筹 学术·对外出版分社
责任校对 王晓萍
责任印制 陶　松
经　　销 新华书店

开本 710 毫米×1000 毫米　1/16
印张 17.5　　**字数** 227 千
版本 2023 年 10 月第 1 版
印次 2023 年 10 月第 1 次印刷
印刷 固安华明印业有限公司

地址:北京市丰台区莲花池西里 7 号(100073)
网址:www.lawpress.com.cn
投稿邮箱:info@lawpress.com.cn
举报盗版邮箱:jbwq@lawpress.com.cn

销售电话:010-83938349
客服电话:010-83938350
咨询电话:010-63939796

书号:ISBN 978-7-5197-8197-2　　**定价**:78.00 元
凡购买本社图书,如有印装错误,我社负责退换。电话:010-83938349

青年法学学术著作出版基金
资助出版说明

法律出版社作为全国规模最大的法律专业出版机构，一直秉承“为人民传播法律”的理念，与学术界共同推动法学研究的繁荣与发展。2018年5月，法律出版社设立青年法学学术著作出版基金，用于资助法学学术著作出版和奖励优秀法学图书，旨在支持优秀法学学术著作出版，扶持具有较大潜力的青年学者。

经过法律出版社学术委员会委员推荐、专家匿名评审和法律出版社编辑委员会评审，共有8部作品获得法律出版社第四届(2021年)青年法学学术出版基金资助。

期待更多年轻法律人的优秀学术作品！

法律出版社

2022年5月

目　录

导　　论

本书要做的，是对罗马法中的 pignus 制度进行分析，并进而演绎近现代民法中“物的担保—担保物权”传统是如何从古罗马发展而来的。[1] 这一分析主要从时间和空间两个维度进行。

在学界，“物的担保”是学术研究的富矿，其重要性已经被无数学者所论述。比如，日本学者近江幸治从经济方面对之作出判断：信用的创设是最基本的经济原理，而此种创设就是物的担保的主要功能。已逝的我国著名法学家谢怀轼先生也曾对物权法的发展趋势作出担保物权作用增大、种类增多的预测。事实上，该制度从来没有像今天这样在社会经济生活中如此重要：从美国的次贷危机到国内的融资诈骗、民营企业抱团取暖，都证明它已经成为上关世界经济走势下涉企业存亡的一项至关重要的民事法律制度。

“物的担保”不过以“物”为借款之保证而已——A 以自己或者他人的物，彰显自己的信用，达到从 B 处借款的目的。此种以借款为目的，以特定物为保证的制度，即物的担保制度。这在我国自古有之：早在战国时期就有以人身为质的现象出现，并逐渐出现了质、押、典、当等交易模式。[2] 到了清末，西法东渐，当时的立法者以日、德民法为主体，以我国固有之典当制度为辅构筑了近代中国担保物权体系。民国沿袭之，并小有改动。[3] 中华人民共和国成立后，由于“法律虚无主义”盛行，对于物的担保制度并未专门立法，相关规定散见于各种文件之中。直到改革开放，社会经济活跃，才通过了《中华人民共和国担保法》（以下简称《担保法》），构筑了包括抵押、质押、留置三分的物的担保。之后随着社会经济情况的变化，经过学界激烈的讨论，2007 年《中华人民共和国物权法》（以下简称《物权法》）实施，立法者将《担保法》中“物的担保”部分进行修改之后整体纳入《物权法》的担保物权

---

〔1〕 需要首先声明的是，法律术语的内涵是随着时代的变迁而不断变化的，本文使用的对应拉丁语词语，仅是为了方便起见而运用的符号而已。

〔2〕 参见戴炎辉：《吾国近世抵押权论》，载主编郑玉波：《民法物权论文选辑》（下），台北，五南图书出版公司 1984 年版，第 527-590 页。

〔3〕 参见谢在全：《民法物权论》，中国政法大学出版社 2011 年版，第 627 页。

部分，正式确立了我国现行的担保物权体系。《中华人民共和国民法典》（以下简称《民法典》）沿袭了该体例。

虽然对物的担保制度之法律性质的探讨已经随着《物权法》的实施而告一段落，并在《民法典》中得到了肯认，但主流学者的学术意见并未能一统天下。比如，就该项制度在民法体系中的位置安排问题，有学者以权利主体对担保物的支配力并不符合物权之特征等理由，否认其物权属性。[1] 另外，随着社会经济的发展，层出不穷的担保交易方式让三分式的担保物权制度露出其僵硬、呆板的先天不足——以商铺租赁权、出租车经营权（营运资质）、银行理财产品、企业银行账户、公用事业收费权、企业排污权和保理融资等新事物为客体的担保交易方式的出现，让实务中担保案件的法律适用成为一个让人头痛的难题。[2] 不仅如此，为了解决世行营商环境调查关于我国"获得信贷"指标较低的问题，立法者和部分学者积极推进动产担保制度，造成了大量理论和实务上"不可被克服"的矛盾。[3]

诚如亚里士多德所言，"我们如果对任何事物，对政治或其他各问题，追溯其原始而明白其发生的端绪，我们就可获得最明朗的认识"。[4] 为了解决这些问题，有必要从根子上对物的担保制度进行重新认识。正如上文所述，我国现今的担保物权制度仅有数十年的历史，而它成为一个话题也不过四十年左右的时间；它是一个纯粹的法律移植产物，是大陆法系千年发展的成果。因此，对大陆法系的起源（罗马法）上的"物的担保"制度及其后来的

---

〔1〕 参见孟勤国：《物权二元结构论》，人民法院出版社2009年版，第225页。孟勤国教授在其2021年发表的文章中指出，《民法典·物权编》对传统担保物权作了三大实质改革：第388条为非典型担保进入担保物权预留了接口和空间；第404条将浮动抵押不得对抗正常经营买受人扩展为任何动产抵押不得对抗正常经营买受人，突破了"物权优于债权"的藩篱；第416条新增的动产价款抵押权开担保物权优先顺序和效力源于主债权之先河。参见孟勤国：《回归现代生活的担保物权》，载《法治研究》2021年第4期。

〔2〕 参见陈本寒：《新类型担保的法律定位》，载《清华法学》2014年第2期。对此，董学立教授认为，应构建统一的动产担保物权制度，以适应社会经济发展对担保物权制度的要求。参见董学立：《也论"新类型担保的法律定位"——与陈本寒教授商榷》，载《法治研究》2015年第4期。

〔3〕 参见彭诚信：《〈民法典〉物权编的进步、局限与未来》，载《法制与社会发展》2020年第4期。

〔4〕 ［古希腊］亚里士多德：《政治学》，商务印书馆1965年版，第4页。

发展之了解和熟悉就成为解决当代中国担保物权问题的基础。

在罗马法学的研究领域中，作为一个专业术语，“物的担保”被运用于一个很宽广的范围内。近代学者多用 garanzia reale 或者 real security、Pfandrecht 等词语（组）来表达这一概念。但通过对相关罗马法原始文献的检索和阅读，古罗马人似乎并没有一个相对应的涵盖所有相关现象的拉丁术语，而只有一个更加上位的术语“Cautio”（担保）。通过对相关专著的学习，笔者注意到这样的现象：

首先，几乎所有讨论罗马法上“物的担保”问题的作家，都将之三分为“信托担保”（fiducia）、“质押”（pignus）和“抵押”（hypotheca）。这一顺序被很多人认为是依照时间排列的：古典法时期以及更古老时代占主导地位的信托模式，作为过渡的质押模式和最终发展成果——抵押。实际上，如果细致地按照罗马法发展的阶段去看古罗马人的物的担保制度，就会发现在古典法时期甚至更早的罗马法中，只有两类物的担保形式：一类是 pignus，另一类是 fiducia。前者是“非所有权移转型物的担保”，后者是“所有权移转型物的担保”。根据笔者的理解，fiducia 实质上是一种附条件的买卖，或曰对财产的信托使用。尽管此种交易模式直到后古典法时期（甚至中世纪早期）还活跃在实践中，而且在古典法时代通过容假占有的方式实现了物的价值和物的归属之分离，但它对于物的实际控制支配和物的本身在概念上仍然是统一的。近现代民法中，担保物权的典型特征就是担保物的价值和归属、实际控制和物的本身的分离。这种特征，在古罗马的担保法里，体现在 pignus 和稍后出现的 hypotheca 两种交易形式上，它们才是现代担保交易形式的渊源。所以，本书的研究范围首先限缩于 pignus 和 hypotheca。

其次，古罗马人的 pignus 和 hypotheca，并不是近现代担保物权制度中的“质押”和“抵押”。这可以从以下几个方面来解释：（1）古罗马人的法学思维是以诉讼为“把手”的，因为 pignus 和 hypotheca 共用一种救济方式，所以至少在优士丁尼之前的罗马人眼中，二者没什么不同。（2）罗马法中的抵押制度在早期被称为“协议质押”(pignus conventum/pignus obligatum),实际上是质押制度在特殊领域具体运用过程中产生的变形——前者是自后者发展出来的,它与“给付质押”(pignus datum)共同构成古典法时代罗马人的pignus制度,并且一直到优士丁尼皇帝(Iustiniani)的《市民法大全》(Corpus Iuris Civilis),二者才呈现并列的态势。(3)代表“抵押”的单词hypotheca,不过是在希腊文化的影响下,由法学家采用的代表“协议质押”制度的希腊词语而已。所以,在某种意义上,虽然不能严格地将古代罗马法中的pignus与近现代法中的担保物权联系在一起,但至少我们可以说,pignus制度在整个担保制度史上处于一种极其特殊的承上启下的地位。由此,本书的研究范围可以用“pignus”一词限定。

第一章

非所有权移转型物的担保之基本问题考察

第一节　pignus 的词源和内涵

一、术语 pignus 的词源

在不同的法域当中,总是有承担同样任务的制度存在,担保物权制度也不例外。我们所谓的质权、抵押权和留置权,在各种语言版本的民法典中,总有与其功能类似但表达不同的术语。如“抵押”的类似术语是 hypotheca。与表示“抵押”的 hypotheca 相比,表示“质押”的术语看起来区别更大些,比如 gage(法语)、pledge(英语)、prenda(西班牙语)和 Pfand(德语)、pegno(意大利语)。事实上,这些单词都来自拉丁术语 pignus,最初用来表示债务人将担保物移转给债权人,而自己保留担保物的所有权之担保交易形式。[1]

罗比(Roby H. John)在其著作《西塞罗和安东尼时代的罗马私法》一书中说:“术语的实际含义取决于其使用,而非起源。”[2]但不可否认的是,对代表一项制度的术语进行词源学上的探索,有助于我们更加深刻地理解制度的内涵和发展。被我们翻译为质押的 pignus,它的词源学起源有三种学说,分别是 pignus 源自 pugno 说、本土术语变迁说和 pignus 源自 pango 说。

〔1〕 它是个阳性名词,单数所有格(属格)形式是 pignoris(或者 pigneris),动词形式是 pignero。在中文辞典中,pignus 被赋予了以下几层意思:(1)典质,抵押,保证,担保。(2)保障,明显的征兆,凭证。(3)人质,作质的人。(4)(复数)爱情的保证;眷恋,所依恋的人。(5)打赌。参见谢大任主编:《拉丁语汉语词典》,商务印书馆 1988 年版,第 418 页。而在关于罗马法的辞典中,该词被解释成“质押”,指的是“物的担保形式之一,表现为向债权人转移对某物的实际占有,以保证有关债务的清偿”,与信托担保类似。参见黄风编著:《罗马法词典》,法律出版社 2002 年版,第 199 页。

〔2〕 See Roby H. John, *Roman Private Law in the Times of Cicero and of the Antonines Vol.* 1, Cambridge University Press, 1902, XVI, note 3.

（一）pignus 源自 pugno 的学说

很明显，该学说受到了盖尤斯（Gaius）[1]的强烈影响。优士丁尼《学说汇纂》（Digesta）第 50 卷援引了盖尤斯对 pignus 起源的看法：

D. 50,16,238,2。盖尤斯，《十二表法评注》第 6 卷：pignus 来自 pugno（拳头），因为所有通过质押的方式移交的物都是用手移交的。因此一些作家持有此观点，而且这种观点很可能是正确的，质押，恰当地说，由动产构成。[2]

这个关于 pignus 起源的说法在近现代研究罗马法的学者中引起了争论。某些学者认同此说法，并在其作品中直接援引该观点作为 pignus 的定义，比如科尔库洪（P. M. C. De Colquhoun）等。[3] 更多的学者认为它是错误的。[4] 但无疑盖尤斯的表述影响了优士丁尼对 pignus 的定义，后者在其《法学阶梯》（Institutiones）中称，pignus“只包括同时也交付物于债权人的情况，尤其是在物为动产的情况下”。

然而，此观点明显与其他古代法学家的学说矛盾。譬如乌尔比安（Domizio Ulpiano）[5]认为，不转移物之占有的质押被称作抵押（D. 13,7,

---

[1] 全名不详，古罗马五大法学家之一，生活于公元 100 年到 180 年，有 22 种著作。参见徐国栋：《盖尤斯、其〈法学阶梯〉、优士丁尼〈法学阶梯〉》，载《河北法学》2010 年第 6 期。

[2] 本书使用的出自《学说汇纂》的法言，除少部分已经汉译的之外，均翻译自艾伦·沃森翻译，宾夕法尼亚大学出版社 1985 年出版的《优士丁尼学说汇纂》（The Digest of Justinian），并参照了斯考特 1932 年出版于辛辛那提的《市民法大全》（The Civil Law）。此外，本书引用的优士丁尼《法学阶梯》的法言，均出自徐国栋先生的《优士丁尼〈法学阶梯〉评注》，北京大学出版社 2011 年版；盖尤斯《法学阶梯》的法言，均出自黄风先生翻译的《盖尤斯法学阶梯》，中国政法大学出版社 2008 年版。下文不再一一注明。

[3] See De Colquhoun & P. M. Chombaich, *A Summary of the Roman Civil Law: Illustrated by Commentaries on and Parallels from the Mosaic, Canon, Mohammedan, English and Foreign Law, with an Appendix, Map, and General Index*, Stevens, 1851, p. 391.

[4] See Max Kaser, *Roman Private Law*, Translated by Rolf Dannenbring, University of South Africa, 1984, p. 157. 另外可参见 Paolo Frezza, *Le Garanzie delle Obbligazioni: Corso di Diritto Romano*, Cedam, 1963, p. 81 以及 Manigk A, *Zur Geschichte der römischen Hypothek*, MH Marcus, 1904, p. 1。

[5] 生于公元 170 年，卒于 228 年，古罗马五大法学家之一。高产作家，代表作有 81 卷《告示评注》、5 卷本《萨宾评注》等。

9,2),马尔西安(Aelius Marcianus)[1]主张质押和抵押的区别仅仅在于名称的不同(D. 20,1,5,1),均暗示 pignus 不仅包括移转担保物占有的形式;而“质押,恰当地说,由动产构成”的表达甚至跟盖尤斯另一本书的观点冲突——所有可以被出售的物均可被质押。[2]

为了化解这种文本上的冲突,近现代的罗马法学者们做了诸多努力,有人提出“盖尤斯的说法反映了公元前 5 世纪人们的做法”,但其又称到了共和末期,pignus 越来越多地适用于土地和房屋等不动产。[3] 智利学者布里托(Alejandro Guzmán Brito)在他 2009 年讨论动产抵押制度的文章中提到了盖尤斯有关 pignus 起源看法。其在着重地分析了 pignus proprie 这个用法的意义后,提出盖尤斯是一个小众作家,其观点并非主流,言下之意是对之不用理会。[4] 意大利罗马法专家比斯卡尔迪(A. Biscardi)在讨论严格意义上的 pignus 中可以被质押的物时,也提到了这个文本:他认为这种词源的学说是不合情理的,文本中将可以被质押的物限定为动产是为了使 pignus 源自 pugno 的说法更具合理性;盖尤斯使用“proprie”(恰当地)表达了他对这种说法的谨慎。[5]

还有一种假设颇具合理性:信托质和质押是古典法时期仅有的物的担保形式。在盖尤斯生活的时代,“要式物”(res mancipi)和“略式物”(res nec mancipi)仍然作为“对物的最基本划分”而存在:前者是指“属公民所有(因

---

〔1〕 约生于公元 193 年,卒于 235 年,古典晚期罗马法学家。代表作有 16 卷《法学阶梯》、5 卷《规则集》、单卷本《抵押》等。

〔2〕 D. 20,1,9,1。盖尤斯,《行省告示评注》第 9 卷:所有可以被出售的物均可被质押。

〔3〕 See Phillipson E. Donald, *Development of the Roman Law of Debt Security*, Stanford Law Review, Vol. 20:6, p. 1230-1248(1968).

〔4〕 Cfr. Brito G. Alejandro, *La Pérdida del Concepto Romano de Hipoteca Mobiliaria en los Derechos Moderno y Codificado y su Recuperación a lo Largo de los Siglos XIX y XX con Especial Referencia al Caso de Francia*, Revista de Derecho de la Pontificia Universidad Católica de Valparaíso, XXXIII (Valparaíso, Chile, 2do Semestre de 2009): 103-148, nota 7.

〔5〕 Cfr. Arnaldo Biscardi, *Appunti sulle Garanzie Reali in Diritto Romano*, Cisalpino-Goliardica, 1976, p. 146.

而位于意大利的)土地、房屋、领地、奴隶、马、牛、骡子和驴,及所有用来牵引或负重的牲畜,除这些有体物外,还有乡村地役权……和用水役权”,后者则是除此之外的一切其他物。[1] 要式物是信托质中担保物的主要构成者,而略式物则是质押中的担保物。到了优士丁尼时代,“不动物”(res immobili)和“可动物”(res mobili)取代了“要式物”和“略式物”之分,前者包括“土地或地产”,后者则是除此之外的物。由此我们可以推测,盖尤斯谈到的 pignus 仅能由可动物(rei mobilis)组成,实际上指的是 pignus 所涉及的财产只能是略式物,理由是它仅能通过占有的转移或让渡(traditio)等自然而简单的、从手到手的方式来达到担保物的移转的要求;至于要求以拟诉弃权(cessio in jure)或要式买卖(mancipatio)等严格手段来转让的要式物,则必须选择信托质(fiducia cum creditore)的形式。不过,这种看似合理的解释又与“一切可以出售的物品均可被质押”的说法产生冲突。

在笔者看来,盖尤斯的这个文本摘自他的《十二表法评注》第 6 卷,也就是说,盖尤斯实际上是在对《十二表法》中的 pignus 进行解释。这可以从奥托·勒内尔(Otto Lenel)[2]的《市民法还原》一书中得到佐证。[3] 《十二表法》的拉丁文本中只出现了两次 pignus 的变形,一次是第 7 表第 11 条的“pignore”,另一次是第 12 表第 1 条的 pignoris capio。徐国栋教授将第一处译作“担保”,将第二处译作“扣押财产之诉”。[4] 考虑到《十二表法评注》

---

〔1〕 参见[意]彼德罗·彭梵得:《罗马法教科书》,黄风译,中国政法大学出版社 2005 年版,第 145-146 页。

〔2〕 德国罗马法学家,生于 1849 年,卒于 1935 年,曾在海德堡大学、莱比锡大学和柏林大学学习法律,曾在 1870—1871 年参加对法战争,1872 年取得法学博士学位,1876 年在莱比锡大学谋得教职,1882 年因其还原裁判官告示的工作获得巴伐利亚科学委员会(Bavarian Academy of Sciences)的奖励,后来曾在基尔大学、马尔堡大学、斯特拉斯堡大学和弗莱堡大学任教。他是当时最有名的法史学家,但后来成为被纳粹迫害者。最主要的作品有三部:1876 年出版的 ÜberUrsprung und Wirkung der Exceptionen、1883 年出版的 Das edictum perpetuum 和 1887—1889 年出版的 Palingenesia juris civilis,是后来罗马法研究者不可回避的文献。

〔3〕 奥托·勒内尔在他的《市民法还原》一书中给 D. 50,16,238,2 冠上了“关于扣押财产之诉”的题目。Cfr. Otto Lenel, *Palingenesia Juris Civilis*(1), Ex officina Bernhardi Tauchnitz, 1889, p. 246.

〔4〕 参见徐国栋等:《〈十二表法〉新译本》,载《河北法学》2005 年第 11 期。

只有6卷，那么盖尤斯在这里谈论的必然是第12表中出现的扣押财产之诉了。而且，根据塔拉曼卡(Mario Talamanca)教授的说法，财产扣押之诉所适用的对象极有可能仅仅是动产。[1] 如此一来，这个文本就根本不是在谈论民事上的担保关系，而是公法和神法上的制度，质物由动产构成的说法也就不再与其他法学家的说法矛盾了。

(二)本土术语变迁说

持此观点者认为pignus是一个古老的术语，它这样拼写是因为古老年代语言的变迁。[2] 其依据是费斯图斯(Sextus Pompeius Festus)[3]的《论词义》中的两个片段：

(1) Fest. 213: Pignosa pignora eo modo suo Valesii Auselii pinosi palisi dicebantur.

(2) Fest. 166: Nancitor in XII naotuserit, prenderit. Item in foedere Latino: "pecuniam quis nancitor, habeto" e "si quid pignoris nanciscitur, sibi habeto".

第一个片段是说，在早期拉丁语发展的过程中(大约是公元前4世纪)，有一个被称作rotacismo的现象，即音素s被音素r代替，pignosa演变成pignora就是一个例子。[4] 据说这是从希腊人那里学来的。[5] 此种变化可

[1] Cfr. Mario Talamanca, *Istituzioni di Diritto Romano*, Giuffrè, 1990, p. 283.

[2] Cfr. Arnaldo Biscardi, *Appunti sulle Garanzie Reali in Diritto Romano*, Cisalpino - Goliardica, 1976, p. 137.

[3] 一般译作"瑟斯特斯·庞培·菲斯特斯"或"费斯图斯"，古罗马法学家，大约生活在公元2世纪晚期的高卢地区。他将奥古斯都时期的Verrius Flaccus的作品De uerborum significatu节录为20卷的《辞疏》(*De Significatu Verborum*，或译《语词含义》)。

[4] Cfr. Arnaldo Biscardi, *Appunti sulle Garanzie Reali in Diritto Romano*, Cisalpino - Goliardica, 1976, p. 137-138.

[5] 罗马人是从希腊人那里吸收了r这个字母，并将之与字母s互换使用，这大约发生在公元前4世纪。对这一问题的探讨，特别是pignosa和pignora之间的变化，可参见Dana C. A. & Ripley G, *The New American Cyclopaedia: A Popular Dictionary of General Knowledge*, *vol.* 13, D. Appleton & Company, 1861, p. 713以及Zumpt K. G, *A Grammar of the Latin Language*, Longman, Brown, Green and Longmans, 1845, p. 7。

以从《学说汇纂》(Digesto)第 1 卷的记载中得到佐证：

D. 1,2,2,36。彭波尼,《教本》单卷本：在早期法学家中,普布利乌斯·帕皮利乌斯是专家,他把王的法律汇集成册。他之后是阿庇乌斯·克劳迪乌斯,十人(委员会)成员之一,在十二表法的编纂中他的建议起了非常重要的作用。他之后,是与他同一血亲的伟大的学者阿庇乌斯·克劳迪乌斯：他被称为“centemmano”,他铺设了阿庇亚大道,并且建设了克劳迪水道,提出在罗马城内不接受皮浪的怀疑论的决议。曾经流传他首先写了《占有时效中断》一书,这本书已经失传了。同一个阿庇乌斯·克劳迪乌斯发明了字母“R”,由此似乎产生了由“valerii”代替了“valesi”和“furii”代替了“fusii”。[1]

这些证据都证明了一点：我们现在用来指称质押制度的拉丁术语 pignus(或者更准确地说,是它的原始形式),早在公元前 4 世纪就已经出现了(尽管在当时它很可能还不是这个意思)。

费斯图斯的第二个片段是《十二表法》的一部分,它的位置未确定。根据这个文本,pignus 与一个更加古老的术语 nancitor(nancitur)有关。[2] 该术语在现存的古代拉丁语文献中,总共出现过两次：一次是在《十二表法》中,另一次是在一个拉丁人和罗马人之间的条约中。[3] 《十二表法》中的这一术语被徐国栋教授在他发表的《十二表法新译本》中译为“实施占有的人”,而后一次出现则是通过费斯图斯的记载保留下来(上文 Fest. 166)。幸

---

〔1〕 参见《罗马法民法大全翻译系列·学说汇纂》(第 1 卷),罗智敏译、纪蔚民校,中国政法大学出版社 2008 年版,第 47 页。译文有改动。

〔2〕 Cfr. P. Carlo, *Influenze Greche nel Regime Romano della* “*Hypotheca*”?, Teoria e Storia del Diritto Privato Rivista Scientifica (2008), extension://bfdogplmndidlpjfhoijckpakkdjkkil/pdf/viewer.html? file = https% 3A% 2F% 2F www. teoriaestoriadeldirittoprivato. com% 2Fwp - content% 2Fuploads%2F2021%2F12%2F2008_Contributi_Pelloso_Influenze. pdf.

〔3〕 Cfr. P. Carlo, *Influenze Greche nel Regime Romano della* “*Hypotheca*”?, Teoria e Storia del Diritto Privato Rivista Scientifica (2008), extension://bfdogplmndidlpjfhoijckpakkdjkkil/pdf/viewer.html? file = https% 3A% 2F% 2F www. teoriaestoriadeldirittoprivato. com% 2Fwp - content% 2Fuploads%2F2021%2F12%2F2008_Contributi_Pelloso_Influenze. pdf.

运的是,评注了费斯图斯作品的意大利人文主义者斯卡利杰(Joseph Justus Scaliger)对这个词有过解释,现代学者安东尼·格拉夫顿(Anthony Grafton)为我们提供了他评注片段的英译本:

> [Nancitor] PEQVNIAM. QVIS. NANCITOR. HABETO. ET. SI. QUID. PEGNERIS. NANCITOR. SIBEI. HABETO. Nancitor, for nancitur. And nancitur for nanciscitur; like apiscitur. QVIS for QVI, an archaism. It was a chapter in the Latin treaty, that the creditor should be satisfied within ten days after a suit was tried. Here, however, it calls for him to have the pledge, if after that time he has not been satisfied. Or rather it means that whatever agreement a Latin had made with a Roman before the war, whether it was a loan or a pledge, should stand.[1]

我们可以从这段评注得出这样的推断:接受担保物的人被称作 nancitor。结合徐国栋教授的翻译,我们知道在此种 pignus 法律关系中的债权人与担保物之间是占有的关系,不清楚是否涉及所有权的移转。必须指出的是,这里所说的《十二表法》中的 pignus 并不指称私法上的质押,而是指称出现在第 12 表第 1 条的扣押财产之诉(pignoris capio)。德国法学家福格特(M. Voigt)认为这个记录罗马人和拉丁人之间争议的片段,事实上是当时国际私法纠纷处理的执行办法:运用扣押的手段来保证判决的执行。[2]

意大利学者比斯卡尔迪在解释财产扣押之诉和 pignus 的联系时说,从给付质押这一意义上说,这个术语本来只是裁判官的法律制裁手段,到了共和末期才演变为"基于质押的事实之诉"(actio in factum pigneraticia)。它与

[1] See A. Grafton, & J. Scaliger, *Textual Criticism and Exegesis*, Clarendon Press, 1983, p. 155-156.

[2] See J. Muirhead, *Historical Introduction to the Private Law of Rome*, the Lawbook Exchange, Ltd., 2009, p. 203. 对于该术语的使用问题,徐国栋先生 2005 年发表的《〈十二表法〉新译本》一文将其表述为"实施占有的人"。但根据他最新的研究,这一术语在刑法领域内的使用与担保法语境中完全不同,似乎更近似于"盗贼"或"非法占有者"。

财产扣押之诉一样，都是将财产移转到别人名下以迫使财产所有者清偿债务，因此可以将之视为一个自愿地授予对方扣押财产之诉的手段。[1] 这样就将两者联系了起来。

因此，本土术语变迁说依然将 pignus 的起源指向了扣押财产之诉。至于为什么说私法上的 pignus 起源于公法和神法上的 pignoris capio，大概是因为两者都是对债务人的财产进行占有，或变卖或取得所有权，通过这种潜在的手段给予债务人强大的心理压力，迫使对方履行。

（三）pignus 源自 pango 说

该说认为 pignus 并非来自 pugno，而是源自 pango，[2] 德国罗马法学者马尼克和马克斯 · 卡泽尔等持此种观点，且被多位德语作家所采纳。[3] 不仅如此，某些拉丁语词典和专著也将 pango 视为 pignus 的同根词，词根为"pac"。[4] 德国学者将两者联系起来，其主要原因在于 pango 的不定式 pangere 具有"加固"（befestigen）、"钉入"（einschlagen）、"渗透"（einsenken）的

---

[1] Cfr. Arnaldo Biscardi, *Appunti sulle Garanzie Reali in Diritto Romano*, Cisalpino - Goliardica, 1976, p. 139-142.

[2] pango 是及物动词，它的不定式是 pangere，词典给出的意思有 9 种：(1) 打入，钉入，打进，订上；(2) 种上，栽上；(3) 预谋，打算，计划，打主意；(4) 写作，著作，创作；(5) 歌颂，颂扬；(6) 断定，作出结论，结束；(7) 以……为条件，制约，决定，确定；(8) 答应，许诺；(9) 发誓，许诺。参见谢大任主编：《拉丁语汉语词典》，商务印书馆 1988 年版，第 391 页。

[3] See Max Kaser, *Roman Private Law*, Translated by Rolf Dannenbring, University of South Africa, 1984, p. 157. 以及 Benjamin Woodbridge Dwight, *Modern Philology: Its Discoveries, History, and Influence, Vol.* 2, AS Barnes & Burr, 1864, p. 450. 德国学者 Michael Braukmann 认为，pignus 源于 pangere 是法学家邓博格提出并论证的。参见 M. Braukmann, *Pignus: das Pfandrecht unter dem Einfluss der vorklassischen und klassischen Tradition der römischen Rechtswissenschaft*, WallsteinVerlag, 2008, p. 27。

[4] See Charlton T. Lewis & Charles Short, A *Latin Dictionary*, http://www. perseus. tufts. edu/hopper/text? doc = Perseus: text: 1999. 04. 0059: entry = pignus, 2012-12-1. 也有将 pignus 的词根解作 pig 的，比如 *Oxford Latin Dictionary*, Oxford University Press, 1968, p. 1379。此外，德国学者 Gerd Krämer 认为 pignus 的词根是 pig 或者 pik（意指用钉子钉住），参见 G. Krämer, *Das besitzlose Pfandrecht: Entwicklungen in der römischen Republik und im frühen Prinzipa*, Böhlau Verlag Köln Weimar, 2007, p. 23。而 Michael Braukmann 认为词根是 pig 或者 pik 的说法是 Walde 和 Hofmann 的推论。Cfr. M. Braukmann, *Pignus: das Pfandrecht unter dem Einfluss der vorklassischen und klassischen Tradition der römischen Rechtswissenschaft*, WallsteinVerlag, 2008, p. 27.

含义,并引申为对债的“加固”(befestigung)、“保险”(sicherung)。[1]

联系担保的实质,这种说法很容易被接受。但是,pignus 和 pango 两个词语是何时出现的? pignus 是从何时开始有担保这一层意思的? 如果说 pignus 源于 pango 是古罗马人模仿古希腊法中担保术语的产物,那么为什么《十二表法》的文本中没有体现出类似古希腊法的财产担保制度呢?[2] 若不能回答这几个问题,该说就不能完全证立。遗憾的是,由于能力所限,笔者未能看到立论者的推导过程。

行文至此,我们可以发现,指称私法上担保制度的术语 pignus 的词源,是一个公说公有理、婆说婆有理的问题。上述三种学说当中,第一种学说根本不是在讨论私法上的担保制度,而只是在讨论公法和神法上的制度;第二种学说得到了古代文献的支持,但它讨论的仍然是公法和神法上的制度;第三种学说的论证过程,我们知之不详。所以,我们可以先得出以下结论:术语 pignus 是拉丁语本有之词,但它最初并不是我们通常认为的,指称私法中物的担保制度,而专指一种司法上的保障性程序,亦即扣押财产之诉。

二、盖尤斯之前的古罗马文学性原始文献中术语 pignus 的内涵

罗马法的文本发端者为《十二表法》,收官者为《市民法大全》,在两者中间还有罗马法学家著作中唯一流传下来的盖尤斯《法学阶梯》。因此,我们

---

[1] Cfr. G. Krämer, *Das besitzlose Pfandrecht*: *Entwicklungen in der römischen Republik und im frühen Prinzipa*, Böhlau Verlag Köln Weimar, 2007, p. 23. 此外,德语作家 Michael Braukmann 在他的作品中提出,Dernburg 将 pignus 源于 pangere 的原因归结为其希腊语形式 Πηγνυμι,并以希腊法中的担保术语 ενεχυρον 来自 εχνρος 作为其理论依据。Cfr. M. Braukmann, *Pignus*: *das Pfandrecht unter dem Einfluss der vorklassischen und klassischen Tradition der römischen Rechtswissenschaft*, WallsteinVerlag, 2008, p. 27.

[2] 关于古希腊的担保制度,可参阅 Arnaldo Biscardi, *Diritto Greco Antico*, Giuffrè, 1982, p. 219。进一步对罗马法和古希腊法上的担保制度进行比较研究的专著,参见 Roberto de Ruggiero, *Il Divieto d'alienazione del Pegno nel Diritto Greco e Romano*, Jovene, 1980。

以这三个著名的法律文本作为考察和分析文献的时间节点。[1]

(一)普劳图斯作品中的 pignus

笔者掌握的最早的拉丁语文学文献是普劳图斯(Titus Maccius Plautus,约公元前254—公元前184年)的戏剧。这是研究罗马法的重要工具之一。虽然其作品大都是对希腊喜剧的改编,用的是希腊的题材,但却是在反映罗马人的生活。[2] 其作品中有关各种法律术语的双关使用的笑话和法律情势,是现代作家推测罗马法上各种制度之形成的可靠依据。[3] 经过检索,在普劳图斯留存至今的21部作品中,至少有10部使用了 pignus 这一术语。[4] 在这些片段中,有这么几段值得特别注意:

1.《埃皮狄库斯》

埃皮狄库斯:就这样。来吧,打个赌,她不是女儿。

佩里菲斯:在她母亲拒绝承认她时?

埃皮狄库斯:好吧,打赌吧——1塔兰特对1个硬币——赌她不是她母亲的女儿。[5]

2.《俘虏》

廷达鲁斯:我希望,你刚才说的话能在行动上、在实践中得到

---

[1] 本书考察和分析的古罗马文献的范围,分别以《十二表法》和盖尤斯《法学阶梯》这两个经典法律文本为起始点和终结点,选取其间对后世持续产生影响的经典作品,检索关键词是 pignus 的各种形态,包括 pignere, pigneri, pignoribus, pigneribus, pignore, pignerisque, pignoris, pignera, pigneris, pignorum, pignori, pignora, pignus, pignorisque, pignoraque, pignusque, pigneribus, pignoribusque。这些文献的拉丁文本均出自"罗马法教研室"网站提供的"拉丁文库",下文不再一一指明出处。

[2] 参见朱维之等主编:《外国文学史》(欧美卷),南开大学出版社2009年版,第2页。

[3] 比如,徐国栋教授在《民法基本原则解释:诚信原则的历史、实务、法理研究》(再造版)一书中讨论罗马法中的诚信时,专门考察了普劳图斯对 fides 的使用方法。另一位罗马法学者艾伦·沃森在他的《罗马共和国晚期的债法》中讨论罗马人的信托制度时,也对普劳图斯作品中 fiducia 的使用进行了专门研究。

[4] 这十几部喜剧及使用 pignus 这一术语的段落分别是:Pseudolus. 1,1; Bacchides. 4,9; Captivi. 2,3; Capitivi. 3,4; Captivi. 5,1; Epidicus. 5,2; Rudens. 2,7; Poenulus. 5,4; Poenulus. 5,5; Mostellaria. ARG.; Mostellaria. 4,3; Amphitruo. 1, prol.; Truculentus. 2,2; Persa. 2,2。

[5] See Plautus, *Plautus* (Loeb Library Translation in 5 Vols., Vol. 2), Harvard University Press, 1988, p. 355.

兑现，我刚才还没把想说的话说完，请你现在继续注意听，也请不要因为它们而生我的气，你要记住，你是凭我的信誉，作价之后从这里放回去的。现在我的生命在这里为你作保，请你不要一离开我就忘了我，忘了我是为了你留在这里当奴隶的；也请不要认为自己已是自由人了，而当我仍然被留在这里作保，当你还没在能够送他的儿子回来交换我的时候。……[1]

赫吉奥：这两个可耻的奴隶今天把我耍弄够了没有？一个把自己装扮成奴隶，另一个把自己装扮成自由人。我把种子扔了，反把果皮拿来作保。他们今天把我这个傻瓜戏弄苦了。这一个别想再嘲笑我。喂，克拉福斯，科尔达利乌斯，克拉科斯，你们出来！带上鞭子！[2]

菲洛克拉特斯：我请求您将我离开时留下作保的奴隶还给我——他总是准备着为我牺牲自己！——让我能回报他给我的恩惠。[3]

3.《凶宅》

费罗拉切丝，在他父亲外出时买下了他爱的女子，并给予她自由，荡尽家财。老主人归来，特拉尼奥告知其宅闹鬼，家人不堪烦扰而搬走。放债人强迫特拉尼奥支付利息。老主人再度被骗，特拉尼奥骗称借钱买下了隔壁的宅子。老主人视察新宅。之后，尽管因被当作傻瓜而生气，他被友人劝说而平息怒火。[4]

---

[1] [古罗马]普劳图斯等：《古罗马戏剧选》，杨宪益等译，人民文学出版社2000年版，第133-134页。

[2] [古罗马]普劳图斯等：《古罗马戏剧选》，杨宪益等译，人民文学出版社2000年版，第146-147页。

[3] [古罗马]普劳图斯等：《古罗马戏剧选》，杨宪益等译，人民文学出版社2000年版，第163页。

[4] Plautus, *Plautus*(Loeb Library Translation in 5 Vols., Vol. 3), Harvard University Press, 1988, p. 289.

塞奥普辟德斯：他先付了四千定钱？[1]

4.《安菲特律翁》

现在，朱庇特让我告诉你们，独立的巡视员将在剧场里来回走动，如果发现有人为了剧场的利益而唆使观众鼓掌，那么请将他们的外衣扣押。[2]

首先，上述片段的译文中，普劳图斯对 pignus 的使用主要有这几种：(1)打赌；(2)以奴隶为质；(3)以物为质；(4)定金；(5)与 capio 连用，表示扣押。这些用法都与担保有着极其密切的关联。其中，与《十二表法》相一致的是第5种，但这种一致的表达形式已经开始表示不同的内涵：此时的 pignus capio 不再是一种司法程序，而是作为对某种允诺而做的经济性的保证。这应该是普劳图斯对该术语古老含义的继承性使用。其次，将 pignus 当作"打赌"理解，这不禁让人联想到古罗马法律诉讼中的誓金之诉（legis actio per sacramentum），即双方当事人在针对一项权利的归属产生争议诉至法庭时，根据案件的重要性缴纳誓金于国家并进行宣誓，以决定权利的归属。[3] 上述文本中体现出来的正是双方当事人就母女关系是否为真而以金钱为誓。这两者的区别，在笔者看来，恐怕仅在于是否向国家缴纳誓金。如此，可以不确定地推出，pignus 在此时可能也代表一种不受诉权保护的权属关系。[4] 再次，是作"定金"之意使用。这种使用方式表明 pignus 是依附于主债的，是为保证主债权实现而设立的当事人之间的约定。最后，是"以

---

〔1〕［古罗马］普劳图斯等：《古罗马戏剧选》，杨宪益等译，人民文学出版社2000年版，第49页。

〔2〕［古罗马］普劳图斯等：《古罗马戏剧选》，杨宪益等译，人民文学出版社2000年版，第11页。

〔3〕梅因对此进行了颇有趣的描述："两个带着武器的人因财产纠纷发生口角。司法官，即 vir pietate gravis，恰巧经过并进行干预以终止争斗。争议者向他陈述案情，同意他为他们仲裁；他们同意失败者除了放弃争议的标的外，还要向仲裁人支付一笔钱，作为他劳心费时的报酬。"参见［英］亨利·萨姆纳·梅因：《早期制度史讲义》，冯克利、吴其亮译，复旦大学出版社2012年版，第124页。

〔4〕周枏先生认为"凡权利不受特定诉权保护的，均可采取宣誓决讼以资救济"。参见周枏：《罗马法原论》，法律出版社2009年版，第941页。

奴隶为质”和“以物为质”。考虑到罗马法中往往以财产的名义提到奴隶,我们可以说,这证明至少在公元前3世纪,pignus就具有了这样的含义:为一个债的实现而由债权人对债务人(或者他人)的物设定负担,以对债务人造成心理压力,迫使其履行。这与我们所说的私法上的担保制度,已经没有什么差别了。

(二)老加图《农业志》中的pignus

有罗马法学者认为老加图(Marcus Porcius Cato,公元前234年—公元前149年)的《农业志》(De Agri Cultura)是一个确定私法上pignus制度诞生时间的重要作品。[1] 这是因为老加图的《农业志》为我们展现了当时农业交易活动中使用的pignus交易形式的基本形态。其中,以“带到地产上的物品”作为担保的制度,很像近现代民法上的抵押制度,因此导致“以带入物为标的是抵押制度历史发展的重要阶段”这一理论的产生。许多研究者基于这一理论进一步认为,抵押法律制度在公元前2世纪就已经成型了。

现将该作品中涉及术语pignus的相关片段的译文摘录如下:[2]

> 146.应按下述条件出售树上的橄榄。在维那弗鲁的田产上,出售树上的橄榄。橄榄买主应在购买的总金额外追加1%;付给拍卖人50塞斯退斯酬劳金,付给主人罗马橄榄油1500利布拉,绿油200利布拉,落下的橄榄50斗,摘下的橄榄十斗,润滑油十利布拉。为使用主人的度量衡器具,付两科泰拉第一次榨出的油。付款日期:从11月1日起10个月内,支付包出去的采摘橄榄和制橄榄油的费用,但如买主又包出去了,他就要在月之13日或15日偿付。他应彻底将这些花费全部付清,并办理妥善,而且要向主人或主人所委派的人提供保证,要答应并按照主人的意愿立下保证。在他付清费用或立下保证以前,他们带到地产上的物品,都被当作抵押

---

〔1〕 参见Cfr. Manlio Sargenti, *Il "De Agri Cultura" di Catone e Le Origini dell' Ipoteca Romana*, S. D. H. I. ,1956,(22):160。以及R. R. LÓPEZ, *Cláusulas de Garantía en las Leges de Agri Cultura*, Revue Internationale des Droits de l'antiquité,2006(53):345-365。

〔2〕 [古罗马]M. P. 加图:《农业志》,马香雪、王阁森译,商务印书馆1986年版,第67-70页。

品;他不得擅自从地产中运出任何物品;如果运出,它们就成为主人的财产。压榨机、绳索、梯子、碾磨机等举凡给他使用的全部物品,除因陈旧而破碎者外,他必须完好无损地归还。不归还,就得付出相等的代价。如果买主应支付而不支付在此地工作的采集工与榨油工的工资,假如主人愿意,可让主人支付。买主要归还这笔钱,并向主人提出保证,按前面叙述的方式以其财物作为抵押品。

149. 应按以下条件出租冬季牧场……如果租户、牧人或租户的牲畜给主人造成损失,要按公正人的裁断赔偿。如果主人、主人的奴隶或牲畜给租户造成损失,要按公正人的裁断赔偿租户。在未偿付赔款,或提出保证,或指定还债人以前,在该地的牲畜和奴隶,都应作为抵押品留下。如果关于此事发生争执,要在罗马进行裁判。

150. 应按下列条件出售绵羊的出产物……买户要提供牧人2个月。牧人要作为抵押留下,当主人被清偿或者放弃清偿,任质物去(pignoriesto)。

意大利学者萨尔真蒂(M. Sargenti)认为,由于老加图《农业志》有关以农事方面的"物"进行质押的协议,以及基于此产生的物权(jus in re)特征,邓博格(Dernburg)等学者将之称为具有物权效力的合同,并且进一步认为它是一个出售土地出产物的附属担保形式,所以其救济形式不能是萨尔维尤斯令状(Interdictum Salviano)或者塞尔维之诉(actio Serviana),但可能是准塞尔维之诉(quasi actio Serviana)。[1] 也正是基于这种认识,阿斯科利

[1] Cfr. Manlio Sargenti, *Il "De Agri Cultura" di Catone e Le Origini dell' Ipoteca Romana*, S. D. H. I. ,1956,(22):162. 艾伦·沃森也表达了类似的观点,参见 Alan Watson, *The Law of Obligations in the Later Roman Republic*, Clarendon Press, 1965, p. 180。他通过对文本的考察,指出因为这些交易都是买卖,所以不能适用针对农地出租适用的萨尔维尤斯令状,且由于文本149中提到的"如果关于此事发生争执,要在罗马进行裁判"而认为老加图将此项权利视为一项物权。关于该部分涉及的令状和诉权,将在下文进行详细的讨论。

(Alfredo Ascoli)确信抵押制度诞生于老加图的时代。[1]

大约在公元前2世纪,乡村和城市的区分变得明显起来,农产品交易随之发展,带来了一系列农业和商业的变革——以农场为中心的商业交易以及随之而来的交易关系中对农场主的倾向性保护。在此种情势下,从业者们制定了更加详细的契约以界定彼此的权利义务。老加图作为农场主阶层的一员,为了谋求利益的最大化,对于不同的交易根据风俗和法律拟定了更有利的优先权条款和更好的风险避免措施,亦即特殊的担保条款。[2]

从上面列出的文本来看,老加图给我们展示了三种担保交易:(1)清偿橄榄交易款项和租赁农场主工具款项的担保(以买主带入橄榄园之物品为担保品);(2)牧场租赁关系中,当事人双方因对方原因导致的损失之赔偿款的担保(以承租人带入牧场的牲畜和奴隶为担保品);(3)动物孳息交易中,延期支付的款项之担保(以牧人为担保品——若牧人是奴隶,则为物保;若是自由人,则可以看作人质)。据此,我们可以推测出共和时期此种农业交易的完整程序:某商人甲欲经营某项农产品,与某庄园主乙达成协议——或为甲收购乙庄园产出并就地加工,或租赁乙庄园土地自行养殖、生产,于获益后向乙支付应付款项,协议履行期间,以甲带入乙庄园之财产为担保品,确保应付款项之清偿。毋庸置疑,这完全是一个地主—隶农之间的耕地租赁协议的翻版:一无所有的隶农租赁地主的土地进行耕作,待收获时支付租金;地主为了避免隶农到期不支付地租的风险,以隶农仅有的带入土地的工具为担保品来确保收益的安全。

通说认为,这种从习惯发展而来的担保形式具有不移转占有的特征,亦即债权人不直接管控担保物,而其对债权人利益的保护最初仅仅是一个简

---

〔1〕 Cfr. Alfredo Ascoli, *Le Origini dell' ipoteca e l' interdetto Salviano*: *Studio Storico Esegetico di Diritto Romano*, Raff. Giusti, 1887, p. 55.

〔2〕 Cfr. R. R. lópez, *Cláusulas de Garantía en las Leges de Agri Cultura*. Revue Internationale des Droits de l'antiquité, 2006(53): 345-365.

单的协议,不具有法律上的强制力,后来裁判官发布令状以保护债权人对担保物的占有。[1] 而此种令状的出现具有标志性的意义:之前的担保权人对于担保物之占有的取得,是基于当事人双方的协议,而令状的颁布使基于这种协议产生的占有具有了法律的强制性;此种令状与之后的“塞尔维之诉”、“准塞尔维之诉”一起,使罗马法上的担保具有了对物的效力。[2]

由此,这里的 pignus 指称的是就债务人支付交易款、赔偿款或者地租所生之债的、针对债务人财产(奴隶和物)的、不移转占有的担保形式。[3] 由于担保物虽然处于出租人/卖出人的土地上,但实际由承租人/买受人管控、使用,所以,后世的研究者往往将之认定为抵押(hypotheca/pignus conventio)制度的起源。

(三)西塞罗和恺撒、奥维德作品中的 pignus 的含义

作为著名的古罗马作家之一,西塞罗(Marcus Tullius Cicero,公元前 106 年—公元前 43 年)遗留下来的文献是我们了解古罗马经济、政治和法律生活的最主要途径之一。在他的作品中,笔者找到 6 处使用了 pignus 的段落。[4] 而该词在这 6 处的意思有 4 种:(1)罚金[5];(2)担保或者保证[6];(3)承诺

---

[1] D. 2,14,7,4。乌尔比安认为简约仅能产生抗辩而不能产生债。

[2] 这是一种传统的观点. Cfr. Manlio Sargenti, *Il "De Agri Cultura" di Catone e Le Origini dell' Ipoteca Romana*, S. D. H. I. ,1956,(22):162. 反对者有阿斯科利、艾伦·沃森等。

[3] Cfr. Alberto Burdese, *Lex Commissoria e Ius Vendendi nella Fiducia e nel Pignus*, G. Giappichelli, 1949, p. 98.

[4] 这 6 处分别是 de Oratore, 3, 1、Pro M. Caelio Oratio, 78、Phil. 1, 4、Phil. 1, 12 和 Phil. 13, 3, 6.

[5] Cicero, de Oratore, 3, 1. 菲利浦斯……企图以课以罚金来制止克拉苏斯说话……当你把整个元老阶层的全部威望当作罚金……参见[古罗马]西塞罗:《论演说家》,王焕生译,中国政法大学出版社 2003 年版,第 503 页。J. S. Watson 认为此段落出现的 pigneribus ablatis 专指对元老们的一项惩处措施,即元老在被召集时不到场或不遵从最高长官的命令时,对他们处以罚款或者扣押他们的财产。参见 Marcus Tullius Cicero, *Cicero on Oratory and Orators: With His Letters to Quintus and Brutus*, trans. or edited by J. S. Watson, HG Bohn, 1871, p. 332, n. 1。格罗索告诉我们,“未受到合法原因阻碍的元老院议员均有义务参加会议;对于缺席者,执法官可以采取强制手段”。参见[意]朱塞佩·格罗索:《罗马法史》,黄风译,中国政法大学出版社 2018 年版,第 144 页。

[6] Pro M. Caelio Oratio, 78……既可以作为反对他的危险行为的抵押,又可以作为他的善意的保证。参见[古罗马]西塞罗:《西塞罗全集·演说词卷》(下),王晓朝译,人民出版社 2008 年版,第 334 页。

或者誓言[1];(4)证据[2]。

盖尤斯·尤流斯·恺撒(Gaius Julius Caesar)是罗马帝国的奠基者,与西塞罗生活在同一时期。《内战记》(*Commentarii de Bello Civili*)是他记述自己在公元前 49 年到前 48 年击败以庞培为首的贵族共和派政治势力历史事件的作品。该书中有一处使用 pignus 的片段。[3] 这一片段的上下文是说恺撒的部将盖尤斯·法比乌斯为了迎击庞培,从手下军官处借钱分发给士兵以激发士气。文中的 quod pignore animos centurionum devinxit 表达的就是盖尤斯·法比乌斯通过借钱的手段将债权人(军官)和债务人(盖尤斯·法比乌斯)结合为更紧密的利益联合体,借款是使百夫长们和他一条心的保证。pignore 在这里是押金或者保证的意思。

生于公元前 43 年、卒于大约公元 17 年的罗马诗人奥维德(Publius Ovidius Naso)如何使用 pignus? 其成书于约公元 8 年的《变形记》(*Metamorphoses*)

---

[1] Cic. Phil. 1,4. 光明似乎照耀着我们,被废除的不仅是暴政——我们忍受的,而且还有对暴政的恐惧;他希望这个国家是自由的,他使人确信他将彻底废除独裁者的头衔——一个经常由法律规定的公职——而人们对独裁已经有了持久的记忆。参见[古罗马]西塞罗:《西塞罗全集·演说词卷》(下),王晓朝译,人民出版社 2008 年版,第 585 页。pignus 即马库斯·安东尼给予共和国的,希望城邦是自由的承诺或者誓言。

[2] Cic. Phil. 13,3,6. 但若她回答说,"不会。你应当保卫你的生命、人格、幸福、私人财产,但要把这些东西置于自由之后;你不能只希望能在一个自由的国度里享受这些东西,为了这些东西而牺牲自由;如果这些东西导致非正义,那就应当为了自由的缘故而抛弃它们",那么我会好像听到了智慧女神的声音,把她当作神来服从。参见[古罗马]西塞罗:《西塞罗全集·演说词卷》(下),王晓朝译,人民出版社 2008 年版,第 772 页。在这个片段里似乎没有 pignus 的对应词语,所以笔者寻求英文译本的支持:But if the answer is, Preserve your life and your safety, Preserve your fortune, "Preserve your estate, still, however, considering all these things of less value than liberty; therefore enjoy these things if you can do so consistently with the freedom of the republic, and do not abandon liberty for them, but sacrifice them for liberty, as proofs of the injury you have sustained;"—then I shall think that I really am listening to the voice of Wisdom, and I will obey her as a god. See Marcus Tullius Cicero, *The Fourteen Orations (Philippics) of Cicero Against Marcus Antonius*, Digireads. com Publishing, 2010, p. 123.

[3] Caes. Civ. 1,39. 他听到说,庞培已经带着军团取道毛里塔尼亚,赶到西班牙来,很快即将到达。这时,他向军团指挥官们和百夫长们借了钱分给士兵。这是一件一举两得的事情:一方面,作为押金,它使百夫长们的心和他更紧密地连系在一起;另一方面,他的慷慨犒赏又换得了士兵们的爱戴。参见[古罗马]恺撒:《内战记》,任炳湘、王士俊译,商务印书馆 1986 年版,第 33-34 页。

中有 3 个涉及我们考察对象的段落，pignus 的意义分别是“证据”、“紧密的”和“作保的”。[1]

（四）苏维托尼乌斯《罗马十二帝王传》中的 pignus

苏维托尼乌斯（C. Suetonius Tranquillus，69－122）是罗马帝国早期的历史作家，政要小普林尼（Gaius Plinius Caecilius Secundus）的挚友。他的《罗马十二帝王传》号称“有闻必录，很少鉴别真伪”，但其遣词造句必定符合当时的用词习惯，从中可知 pignus 一词当时的含义。[2]

（1）Suetonius，Divus Julius，17。但是恺撒认为这种侮辱是无论如何不能忍受的，他请西塞罗作证，证明他曾把阴谋的某些细节主动报告过这位执政官。结果，库里乌斯没能拿到奖金；至于维提乌斯，则受到财产扣押，家中物品被宣布查抄，还遭到群集讲坛前的民众的痛打，差点没被撕碎，然后恺撒将其投入监狱。调查官诺维乌斯也进了监狱，由于他允许一个比他级别高的官员在他那儿受到指控。

（2）Suetonius，Divus Augustus，21。但是，若无正当或合适理由，他绝不对任何民族发动战争，也绝不想花出任何代价去扩大疆域和自己的军事荣耀。因此，他强迫一些蛮族首领到复仇者马尔斯神庙宣誓，保证恪守他们所乞求的和平。当然，有些时候，他极力逼他们交出一种新的人质，那就是妇女（因为他觉得蛮族人是不

---

〔1〕 Ov. Met. 2，38. 法厄同回答说：……证明他，我的父亲，证明我真是你的儿子，解除我心中的疑虑。Ov. Met. 3，134. 忒拜城建成了，卡德摩斯，你虽然被放逐，看来还是幸福的。玛尔斯和维纳斯做了你的岳父母，你的妻子又给你生了这样多的子女，还有你钟爱的孙儿女，他们也都成长为青年了。但是人生的最后一天终究要到来的，而在最后的葬礼没有举行之前，没有人能被称作是幸福的。Ov. Met. 11，543. 有的人忍不住就哭了，有的人吓得发呆，有的人说死了有人送葬的人才有福气呢，有的人伸手向看不见的苍天呼吁求援，有的人想起弟兄，有的人想起父亲、家人、儿女或任何留在家中的亲人。参见奥维德：《变形记》，杨周翰译，人民文学出版社 2008 年版，第 23 页、第 49 页、第 236 页。第一处 pignus 很明显作证据解；第二处 pignora 与 cara 连用，似乎可以解释成紧密的或者围绕之意；第三处的意思似乎以作保的、押出的意思为佳。参见 Ovid，*The Metamorphose*，Transl. by Horace Gregory，The Viking Press，1958，p. 313。

〔2〕 参见［古罗马］苏维托尼乌斯：《罗马十二帝王传》，张竹明等译，商务印书馆 1995 年版，第 13 页、第 90 页。

重视男性人质的),但他们都得到特权,可以随时要回他们的人质。

从上面的两个段落,我们可以得出苏氏在两个层面上使用 pignus 一词:一种是符合《十二表法》传统的用法,亦即指称扣押;另一种则当"人质"解,亦即以人为担保。但值得注意的是,后者的"人质"是"国际法"意义上的,是两个政权在交往关系中产生的,类似于我国古代的"质子"。

三、术语 pignus 在《十二表法》和盖尤斯《法学阶梯》中的内涵

pignus 作为法律术语,如上所述,被罗马法学者们认为最晚出现于《十二表法》时代:一个用法是与 capio 连用表示扣押;另一个用法则体现在第 7 表第 11 题,表示担保。[1] 事实上,与之相关的《十二表法》的两个文本,乃是后人通过盖尤斯《法学阶梯》中的片段还原而来;所以,与其说讨论的是这两个文献中 pignus 的具体特征,不如说讨论的是盖尤斯《法学阶梯》中术语的使用情况。[2] 盖尤斯大概生活在公元 100 年到 180 年,是个多产作家,其中《法学阶梯》大概写成于安东尼努斯·皮尤斯(Antoninus Pius)皇帝在位期间(公元 138—161 年)。对这本颇具传奇色彩的著作,徐国栋教授在他的《从盖尤斯〈法学阶梯〉到优士丁尼〈法学阶梯〉》一文中有精彩描述[3],这里不再赘言。

---

[1] Lex Ⅻ Tabul. 7,11-Venditae-et traditae(res) non aliter emptori adquiruntur, quam si is venditori pretium solverit vel alio modo satisfecerit, veluti expromissore aut pignore dato; quod cavetur-lege Ⅻ tab. Lex Ⅻ Tabul. 12,1. Lege autem introducta est pignoris capio, veluti lege Ⅻ tab. adversus eum, qui hostiam emisset nec pretium redderet; item adversus eum, qui mercedem non redderet pro eo iumento, quod quis ideo locasset, ut inde pecuniam acceptam in dapem, id est in sacrificium, impenderet. 关于第 7 表第 11 题,在 4 个《十二表法》拉丁文版本(C. G. Bruns, S. Riccobono, P. F. Girard & F. Senn, M. H. Crawford)中,只有前两个将之安排在这一题。Cfr. C. G. Bruns, *Fontes Iuris Romani Antiqui*(*I*), Tübingen, 1909, p. 15-40., S. Riccobono, *Fontes Iuris Romani Antejustiniani*(*I*), Firenze, 1941, p. 21-75. Girard 的版本里,相关的内容出现在第 6 表第 1 题 c 款。Cfr. P. F. Girard & F. Senn, *Les Lois des Romains*, Napoli, 1977, p. 22-73. Crawford 的本子里则根本未出现。参见 M. H. Crawford, *Roman Statutes*(*II*), London, 1996, p. 555-721, n. 40。

[2] Gai. 4,28. 第 7 表第 11 题是参照 I. 2,1,41、D. 18,1,19、D. 2,1,41 和 D. 6,2,8 还原而来,考虑到添加以及时间跨度的因素,这里不对这一题的内容进行讨论,留待下文处理。

[3] 参见徐国栋:《优士丁尼〈法学阶梯〉评注》,北京大学出版社 2011 年版,代序言部分。

言归正传,经过检索,在盖尤斯《法学阶梯》中,有如下片段与术语 pignus 有关:Gai. 2,60;Gai. 2,64;Gai. 3,200;Gai. 3,204;Gai. 4,12;Gai. 4,26;Gai. 4,27;Gai. 4,28;Gai. 4,29;Gai. 4,31;Gai. 4,32;[1] Gai. 4,62;Gai. 4,147。在这些片段中,第 1 个是关于债权人信托(fiducia cum creditore)形式下的担保物处分的规则,第 2 个是关于债权人对于担保物的转让权的,Gai. 3,200 和 G. 3,204 是关于质物盗窃的,接下来 7 个是关于扣押(pignoris capio)的规定,倒数第 2 个是关于质押和诚信审判的,最后一个是关于“萨尔维尤斯令状”适用的规则。下分述之。

(一)表明 Fiducia 与 Pignus 并列关系的法言分析

如上所述,与债权人信托,一般被认为是罗马法上最早的物的担保形式。它与典型罗马私法上的 pignus 的区别,大致可归为三点:前者移转所有权,后者不移转所有权;前者针对的是要式物,后者针对的是所有可以交易的物;前者受信托之诉的保护,而后者的保护手段多样。

那么术语 pignus 在这个讨论信托关系的原始文献中具体代表什么呢?让我们先来看 Gai. 2,60。

> Sed cum fiducia contrahitur aut cum creditore pignoris iure aut cum amico,quo tutius nostrae res apud eum essent;...

pignoris 是 pignus 的属格,用来修饰 creditore。上述句子被黄风先生译作“然而,信托关系或者是与质押债权人建立的,或者是与能够比较安全地保管我们物品的朋友建立的……”[2] 这样看来似乎 creditore pignoris 指的

---

[1] 黄风先生翻译的盖尤斯《法学阶梯》的拉丁文本中,Gai. 4,32 中没有术语 pignus,但经查阅 E. Seckel & B. Kuebler 1938 年出版于 Leipzig 的 *Gai Institutionum commentarii quattuor*,该片段缺失的部分之前有 per pignoris capionem 存在。

[2] 黄风先生将这个片段译为:然而,信托关系或者是与质押债权人建立的,或者是与能够比较安全地保管我们物品的朋友建立的。如果信托关系是与朋友建立的,显然,在任何情况下均可以实行时效收回;如果是与债权人建立的,在债务清偿后均可实行时效收回。如果债务尚未清偿,只有当债务人不是从债权人那里租用该物,也不是要求债权人允许他暂时占有该物时,才能实行时效收回。在这种情况下可以实行获利性时效取得。

就是质押债权人；与朋友(amico)相对，而pignoris则指"质押的"。

让我们看看这个词组在其他版本的译文中是什么样的：

1. The fiduciary alienee is eithera creditor holding the property as a pledge or a friend to whom the property is made over for safe custody;...[1]

2. Fiduciary ownership, however, is contracted either where the creditor holds the property by way of pledge, or through a friendwith whom our property is placed for safe-keeping;...[2]

3. Y como quiera que el pacto fiduciario pueda ser ó con un acreedor á título de prenda ó con un amigo á fin de asegurar las cosas nuestras que están en su poder;...[3]

4. Fiduciariamente si contratta, o col creditore dandogli un pegno, o con un amico, perche la roba nostra sia presso di lui piu sicura;...[4]

5. Ma la fiducia si contrae o colcreditore a titolo di pegno, o con l'amico, perche le cose nostre siano piu al sicuro presso di lui;...[5]

看起来，不同母语的研究者在这一片段的翻译上达成了一致，creditore pignoris在这里统一地被表达成"被授予担保(或者质押)物的债权人"，pignoris所要表达的意义即是"担保物"；而creditore pignoris结合上下文进行意译的话，应作"被授予担保物的债权人"解。[6] 这么看来，pignus在此处并

---

〔1〕 Gaius, *Gai Institutiones, Or, Institutes of Roman Law*, Oxford University Press, 1904, p. 51.

〔2〕 Parsons S. Scott, *The Civil Law*(1), AMS Press, 1973, p. 118.

〔3〕 Cayo Gayo, *La Instituta de Gayo, Descubierta Recientemente en un Palimpsecto de la Biblioteca Capitular de Verona*, Imprenta de la Sociedad Literaria y Tipográfica, 1845, p. 97.

〔4〕 Gaius, *Instituzioni di Gajus Commentarj Quattro, Volume* 1, Libreria alla Minerva Editrice, 1857, p. 103.

〔5〕 E. Nardi, *Istituzioni di Diritto Romano*, Giuffrè, 1975, p. 38.

〔6〕 意大利学者Carlo A. Cannata表达了同样的观点。Cfr. Carlo A. Cannata, *Corso di Istituzioni di Diritto Romano*(*I*), Giappichelli, 2001, p. 318, note 224.

不特指某种法律制度，而仅仅是指与当事人设立信托法律关系之人是接受了担保物的人。这在某种意义上证明了在盖尤斯生活的年代里（公元2世纪左右），pignus是与fiducia具有类似功能的不同制度。

（二）涉及质权人权利义务的法言

片段文本如下：

> Gai. 2,64。……债权人根据简约对质物做类似的事情，尽管那个物不是他的。但这或许是我们看到这样做的原因，债务人的意愿是将他的质物移转，这是曾经达成的简约，债权人卖掉质物，当金钱未清偿时。
>
> Gai. 3,200。……债务人窃取他质押给债权人的物……
>
> Gai. 3,204。由此推论，债权人可以因质物被盗窃提起盗窃之诉；甚至，即便该物是由它的所有主窃取的，也就是说由自己的债务人窃取的，债权人仍有权提起盗窃之诉。
>
> Gai. 4,147。所谓萨尔维尤斯令状也是为取得占有而设置的令状，土地的主人针对隶农的物品使用该令状，如果该隶农曾同意将这些物品为地租作质押。

这四个文本分属三编，第一个是在谈论债权人的转让权时提到的，中间两个则是在谈论因私犯而产生的债时提到的，第四个是在谈论令状时提到的。这四个文本都被优士丁尼的《法学阶梯》继承（Gai. 2,64的对应条款是I. 2,8,1，Gai. 3,200对应I. 4,1,10，G. 3,204对应I. 4,1,14，Gai. 4,147对应I. 4,15,3）。在为我们指出公元2世纪左右质押债权人的权利义务后，第四个文本还告诉了我们当时存在一种不涉及担保物占有之移转的特殊质押类型，以及该种担保形式中对债权人的救济方式。

第一个文本告诉我们债权人享有变卖质物的权利，这种权利是根据债权人和债务人之间的简约（pactum）产生的。简约的内容是：债务人不履行清偿义务时，债权人可将质物变卖以弥补因此产生的损失。它同时告诉我们,当时具有担保意义的法律关系,是通过双方当事人就同一事务达成的合意而设立的(D. 2,14,1,2)。结合周枏"共和国末叶,消费借贷、使用借贷、寄存和质权四种契约的成立,只要交付标的物就行了,不一定要移转所有权也不须另订信托简约,称为要物契约"的论述,可以推导出盖尤斯时代(公元2世纪)债权人的权利已经得到裁判官的承认和保护。

第二个和第三个文本告诉我们债权人在质押存续期间有占有质物的权利和义务,而它们都是盖尤斯用来说明盗窃(furtum)的具体类型并且明确哪些人有权提起盗窃之诉的。"债务人窃取他质押给债权人的物",这句话无疑指出了在质押关系中,质物实际上是由债权人实际管控的,而"自己的物"(suae rei)的说法更进一步告诉我们质押关系移转的仅仅是质物的占有,债务人仍然是质物的所有人。而债权人因其管控下的质物被窃取而能够对盗窃者提起盗窃之诉,一方面说明了立法者对债权人之占有的保护;另一方面说明了债权人对于质物负有维护安全的义务。至于这种义务有没有达到"善良家父"这样的高度,盖尤斯没有告诉我们。[1] 有学者认为此时债权人因占有质物而承担看管责任(custodia),但也有学者反对,如巴克兰(William W. Buckland)认为双方当事人都会因轻微过失(culpa levis)而承担责任。[2]

值得一提的是,盖尤斯在《行省告示评注》中曾述及"如果债权人使用担保物,他被视作盗窃"[D. 47,2,55(54)pr.]。然而,这一观点在《法学阶梯》中并未直接表现出来。盖尤斯虽然在《法学阶梯》中表达了"违背所有主的意愿染指其物品的情况"也会发生盗窃(Gai. 3,195),并列举了"某人把为某一用途而接受的物品挪作他用,他也因盗窃而负责"的例子(Gai. 3,196);但

〔1〕 关于质押物盗窃的进一步研究,请参见 J. A. C. Thomas, *Furtum Pignoris*, Tijdschrift voor Rechtsgeschiedenis, 1970, 38, p. 135。这里需要提一下,艾伦·沃森在他的《罗马共和国晚期的财产法》一书中提到,这种债务人窃取自己质押给他人的物的情况只会在质押中存在,而不会在信托质中发生。参见 Alan Watson, *The Law of Property in the Later Roman Republic*, Clarendon Press, 1968, p. 43。

〔2〕 See William W. Buckland, *A Text-book of Roman Law: From Augustus to Justinian*, Cambridge University Press, 1921, p. 473.

是他称“把借用物挪作他用的人”只有在明知“这样做违背所有主的意愿，并且假如所有主知道，也不会允许”时才构成盗窃，“如果他以为自己将获得允许，则不被视为犯有盗窃罪”(Gai. 3,197)。鉴于在借款关系中债权人始终处于一种优势地位，其要求一般不会受到债务人的拒绝。基于这种考虑，似乎可以认定在盖尤斯及其之前的时代，债权人是有权使用质物的。优士丁尼发展了盖尤斯对于盗窃的看法，不仅重申了债务人有可能自债权人处盗窃债务人的物的说法，也明确了债权人盗窃自己占有着的债务人的物(使用盗)的可能性：

> I.4,1,6。然而，不仅在某人为侵占拿走他人之物的情况下发生了盗窃，而且一般在某人违背所有人的意志接触他人之物的情况下，也发生了盗窃。因此，如果债权人使用质物……都实施了盗窃……

第四个文本的信息量很大。首先，这个文本提及一个令状——萨尔维尤斯令状。[1] 它大概出现于大约公元前2世纪末1世纪初。其命名是因为在共和末期这种令状才被叫作萨尔维尤斯(Salvius)的裁判官发布，用来取得担保物的占有。[2] 盖尤斯首先告诉我们这是获得占有令状(Interdictum

---

〔1〕 因为萨尔维尤斯令状最初处理的是不涉及物之占有的担保，所以被认为是抵押制度的起源；且由于其适用的领域是农地租赁关系，所以研究者们往往将之与老加图的《农业志》联系起来。就这些问题进行讨论，在西方学界有着深厚的传统，笔者所见到的文献，最早可以追溯到1774年C. B. Überschaer的Observationes quaedam ad interdictum Salvianum：occasione LI pr. et §. ID de Salviano interdicto iuncta LIC de precario et Salviano interdicto和I. T. Carrach的Observationes Quaedam Ad Interdictum Salvianum：Occasione LI pr. et. ID De Salviano Interdicto Iuncta LIC De Precario Et Salviano Interdicto。此后，Johann Jakob Reiset在1750年发表了Dissertatio inauguralis juridica：De Salviano interdicto，Otto Forch在1850年发表了De Salviano interdicto：dissertatio inauguralis。它们都是用拉丁文写成的。近一些的，有Ascoli在1887年发表的Le Origini dell' ipoteca e L'interdetto Salviano，G. Provenza在1957年发表的L'utile Interdetto Salviano e le Leggi Civili delle Due Sicilie。此外，M. Sargenti 1956年发表了Il “De Agri Cultura” di Catone e Le Origini dell' Ipoteca Romana，P. Frezza 1962年发表了I Formulary Catoniani e le Forme della Protezione del Creditore Pignoratizio，A. Watson 1970年发表了The Development of the Praetor's Edict。此外，A. J. M. Steven 2008年发表的Landlord's Hypothec in Comparative Perspective以及H. Van den Bergh & NM Slabbert & A. Jacobs 2009年发表的The Development of the Landlord's Hypothec都对这一问题有所涉及。

〔2〕 这种说法见于[英]巴里·尼古拉斯：《罗马法概论》，黄风译，法律出版社2004年版，第164页。彭梵得认为这一令状的诞生时间大约是在共和末期，算是对尼古拉斯观点的佐证。

adipiscendae possessionis),即裁判官发出的、一人从另一人处取得某些物的占有的命令。其次,这个令状的适用范围是:土地的主人对隶农同意提供的作为未来地租担保的物的收缴。根据盖尤斯的文本,我们知道这个令状的实际含义是当承租人持续不履行支付租金的义务时,出租人能够凭借此令状取得对担保物的物理性的支配。需要特别注意的是,这里被占有的承租人的物品,必须是被带入被出租的土地的物品(invecta et illata),亦即动产。[1] 而且,这种令状直到后古典法时期仍仅适用于担保租赁关系中租金的支付。[2] 最后,根据这个令状,我们可以推导文本暗含的其他内容:土地的主人并没有占有质物,否则他不用去请求裁判官颁给他这个令状,自己直接扣押担保物岂非更方便?于是,我们发现一种新的 pignus 类型:不移转担保物占有的交易形式。另外,值得一提的是,还有一种适用于城市房屋租赁关系的禁止搬离令状,它与萨尔维尤斯令状类似;但前者是授予承租人的,以便排除出租人对于带入物的不正当占有。这两者一同构成了当时非所有权移转型物的担保制度的例外。

如此,pignus 在这里的含义就很明显了:一般来说,它是指一种以移转质物之占有为前提的担保形式,但在特殊领域内,也可以不涉及质物的所有权和占有的移转。

(三)财产扣押之诉

盖尤斯在 Gai. 4,12 告诉我们,有五种根据法律提起诉讼的方式:誓金之诉、请求审判员或仲裁员之诉、请求给付之诉、拘禁之诉以及财产扣押之诉(pignoris capionem)。后面的 Gai. 4,26-27 和 Gai. 4,28-32 都是在说明财产扣押之诉的适用情况。

---

〔1〕 See Adolf Berger, *Encyclopedic Dictionary of Roman Law*, American Philosophical Society, 1953, p. 512.

〔2〕 关于萨尔维尤斯令状适用于租赁关系的说法,参见 C. 8,9,1 以及 D. 43,33,1pr. -1。对于这一令状的适用是否扩大到所有的法律关系之中,学者们有争议。Cfr. Mario Talamanca, *Istituzioni di Diritto Romano*, Giuffrè, 1990, p. 480.

如上所述,现存最早的含有术语 pignus 的文献之一是《十二表法》,其表现形态是 pignoris capio,中文多译为“扣押或财产扣押之诉”,是指起诉前行使特种债权的程序,而非纯粹的诉讼方式。[1] 起初,有人因其须采用套语而认为它是法律诉讼的一种;也有人因执行时无须长官乃至对方当事人在场,同时无须避讳凶日,而否认其法律诉讼属性。一般认为,它是一种原始的制度,在文明时期成为执行程序的一种。[2] 根据塔拉曼卡的说法,“根据法律提起的诉讼”即法律诉讼,分为两类:审判的(dichiarative)和执行的(esecutive),财产扣押之诉属于后者。[3] 另据梅因所说,它起初完全是一种法律之外的程序,后来成为对经过法院裁定的财产进行执行的模式。[4]

从盖尤斯为我们提供的文献来看,在《十二表法》中,适用扣押之诉的情况有三种:拖欠购买牺牲品的价款、拖欠被用来承担祭祀费用而出租驮兽的租金以及欠缴税款,这些扣押是由法律引进的。[5] 此外,还有三种由习惯引进的扣押:军饷(aes militare)、马款(aes equestre)和饲料款(aes fondiarium)。[6]

扣押程序大概如此:古罗马大部分的契约都是以当事人的财产或其保证人来保证履行的,如果某个契约发生上面述及六种违约事由之一,那么债权人不必提起诉讼,而仅仅需要在集会场所(也有可能是债务人或者保证人财物所在地)当众讲一遍套语,然后就可以占有债务人或者保证人的财产(根据 D. 50,16,238,2,很有可能是动产)。如果债务人或保证人履约,则将占有的财产归还;如果债务人或保证人拒不履行,则这些财产最终由债权人

---

〔1〕 参见曲可伸:《罗马法原理》,南开大学出版社 1988 年版,第 383 页;周枏:《罗马法原论》,法律出版社 2009 年版,第 939 页;江平、米健:《罗马法基础》,中国政法大学出版社 2004 年版,第 441 页。

〔2〕 Gai. 4,29。Cfr. Mattoe Marrone, *Istituzioni di Diritto Romano*, Palumbo, 2006, p. 68.

〔3〕 Cfr. Mario Talamanca, *Istituzioni di Diritto Romano*, Giuffrè, 1990, p. 283.

〔4〕 参见[英]亨利·萨姆纳·梅因:《早期制度史讲义》,冯克利、吴其亮译,复旦大学出版社 2012 年版,第 127 页。

〔5〕 Gai. 4,28.

〔6〕 Gai. 4,27. 对这六种扣押的进一步研究,参见 H. Hill, *The History of Pignoris Capio*, The American Journal of Philology, 1946, 67(1): p. 60-66。

通过时效取得。[1]

至于套语的内容,以及债务人的抗辩情况,我们无从得知。[2] 盖尤斯在其《法学阶梯》中针对财产扣押之诉的执行,似乎有过介绍,但这一段落佚失了(Gai. 4,31)。此外,Gai. 4,32 给我们提供了一个特殊程式(forma),与正常的程序相反(contra),这是为包税人拟制的,是说责令债务人交付的钱款数额,以在扣押财产之诉中为免除扣押而支付的钱款数额为准(Gai. 4,32)。[3]

从语义来看,capio 在这里是名词,意思是征收、收取;加上名词 pignoris,意思就成了征收担保物。[4] 而此种对担保物的征收,更像是一种间接地强制债务人履约的制度,理由在于债权人剥夺了债务人对财产的占有,却不能将之发卖以实现契约目的。[5] 由此,我们说这一时期的扣押主要是神法和公法性质的;它们与私法上物的担保的共性,在于都不涉及人身,[6]而是通过占有对方当事人的财产来施加心理上的压力,确保给付或契约的履行。[7]

有学者认为,pignoris capio 在后古典法时期发展成为一种同时活跃在民法和公法领域的规制手段,其公法的一面体现在纳税人欠付税款时包税人可以通过扣押的形式来收税,私法的一面则体现在剥夺当事人的抵押品以

---

〔1〕 还有一种变卖担保物可能性。Cfr. A. Díaz-Bautista Cremades, *El Embargo Ejecutivo en la Extraordinaria Cognitio(pignus in causa iudicati captum)*, Proyecto de Investigación:2012, p. 25.

〔2〕 参见 John H. Roby, *Roman Private Law in the Times of Cicero and of the Antonines Vol.* 1, Cambridge University Press, 1902, p. 115。另可参见 Cfr. Giovanni Pugliese, *Istituzioni di Diritto Romano*, 3^a, G. Giappichelli, 1991, p. 78。

〔3〕 黄风先生翻译的盖尤斯《法学阶梯》中的拉丁文本是以 item 开头的,意思是类似的、一样的;但 E. Seckel & B. Kuebler 的 *Gai Institutionum commentarii quattuor* 中该句是以 contra 开头的,意思是相反的。本文采用的是后者。

〔4〕 参见谢大任主编:《拉丁语汉语词典》,商务印书馆 1988 年版,第 81 页。

〔5〕 Cfr. Mario Talamanca, *Istituzioni di Diritto Romano*, Giuffrè, 1990, p. 296.

〔6〕 See William W. Buckland, *A Text-book of Roman Law: From Augustus to Justinian*, Cambridge University Press, 1921, p. 619.

〔7〕 Cfr. Mario Talamanca, *Istituzioni di Diritto Romano*, Giuffrè, 1990, p. 479.

迫使他履行判决，即“已决案诉讼中的扣押”（或称为司法质押，pignus in causa iudicati captum）。[1] 德国学者沃尔夫-鲁迪格（F. Wolf-Rudiger）认为后者是古罗马皇帝安东尼努斯·皮尤斯以敕令的形式将 pignoris capio 的规则扩大而形成。[2] 通过对优士尼《市民法大全》的考察，我们发现对它的讨论主要集中在《学说汇纂》第 42 卷第 1 题和《法典》第 8 卷第 22 题，而这些相关原始文献的记载告诉我们扣押制度借助其担保性构造直到罗马帝国晚期仍然作为一种有效而普遍的判决执行程序活跃在公法和私法领域中。

（四）作为诚信关系之一种的 pignus

Gai. 4,62。诚信审判是涉及下列事项的诉讼：买卖（emptio venditio）、租赁（locatio conductio）、无因管理（gestio negotiorum）、委托（mandatum）、寄托（depositum）、信托担保（fiducia）、合伙（pro socio）、监护（tutela）、嫁资（rei uxoriae）、使用借贷（commodatum）、质押（pignus）、遗产分割（familiae erciscunda）、共有财产分割（communi dividundo）。

诚信审判（诚信诉讼，actio bonae fidei/ iudicia bonae fidei）是一种产生于行省环境，审判标准不是严格地由法律或裁判官的告示确定的，审判员享有较宽裁量权，可以根据诚信（bona fides）的标准决定被告是否应当承担给付义务，与严法诉讼（actio stricti iuris）相对立的诉讼。[3] 徐国栋教授告诉

---

[1] 司法质押是指有关长官的属吏占有被告的财产，如果在限定的期间内被告仍不履行，则将财产拍卖，但以清偿债务为限。参见 A. Rudakov，*Pignus in Causa Iudicati Captum and Execution of Judgment According to Post-classical Roman Law*[EB/OL]，http://works. bepress. com/alexey_rudakov/1，2012-5-23。另可参阅 Cfr. A. Díaz-Bautista Cremades，*El Embargo Ejecutivo en la Extraordinaria Cognitio*（*pignus in causa iudicati captum*），Proyecto de Investigación：2012，p. 25。

[2] See A. Rudakov，*Pignus in Causa Iudicati Captum and Execution of Judgment According to Post-classical Roman Law*[EB/OL]，http://works. bepress. com/alexey_rudakov/1，2012-5-23. 另可参阅 Cfr. A. Díaz-Bautista Cremades，*El Embargo Ejecutivo en la Extraordinaria Cognitio*（*pignus in causa iudicati captum*），Proyecto de Investigación：2012，p. 25。此外，彭梵得也认为“已决案诉讼中的扣押”第一次出现在安东尼·比乌时代，参见[意]彼德罗·彭梵得：《罗马法教科书》，黄风译，中国政法大学出版社 2005 年版，第 79 页。“已决案诉讼中的扣押”的基础是“扣押之诉”的观点似是通说。Cfr. Mario Talamanca，*Istituzioni di Diritto Romano*，Giuffrè，1990，p. 371.

[3] 参见黄风编著：《罗马法词典》，法律出版社 2002 年版，第 6 页。

我们，所有“发生于立法者确定的诚信关系的纠纷，以诚信诉讼审理之”，诚信关系的具体内容是从共和时期最伟大的法学家之一昆图斯·穆丘斯·谢沃拉（Quintus Mucius Scaevola）开始讨论的。[1] 谢沃拉认为这个诚信关系包括监护、合伙、信托、委任、买受和出售、租和赁以及所有以社会生活为基础的事务；古典法时期又增加了无因管理、妻财两种；塞维鲁皇帝（Septimius Severus）时期，增加了共有财产分割和遗产分割两种；公元 2 世纪的法学家盖尤斯列举的诚信诉讼除以上 10 种外，又增加了寄托、使用借贷、质押 3 种；公元 6 世纪的优士丁尼《法学阶梯》又增加了互易、关于代销的相当给付之诉和要求遗产之诉 3 种，同时剔除了信托质。而这些诚信关系又可以归纳为要物合同、合意合同、准合同和某些物权关系四项，术语 pignus 指代的质押关系就是要物合同之一种。

优士丁尼在其《法学阶梯》中将质押放入“通过物缔结债”标题之下，盖尤斯在 Gai. 3,90-91 列举消费借贷和非债清偿是“实物之债”的两种形式。盖尤斯在《金言集》将消费借贷、使用借贷、寄托和质押纳入要物合同的范围（D. 44,7,1,2-3/5-6），但是《盖尤斯摘要》在述及要物之债时却只提及消费借贷而不论其他。同一作者的作品为什么会出现差异？如果将这种差异归因于优士丁尼法典编纂委员会的添加以及《盖尤斯摘要》的编者的处理，那么为何盖尤斯将质押排除在要物契约之外呢？对于这些问题，蒋军洲博士在他的博士论文里进行了详细的讨论，本文不做赘述。[2]

为什么要将 pignus 代表的质押合同纳入诚信关系的范围呢？法学家杰尔苏和乌尔比安给了我们答案：因为它是基于他人的诚信缔结的后来又将物返还的合同（D. 12,1,1,1）。并且，基于这个理由，裁判官授予了出质人“对人的质物返还之诉”，要求债权人在债务履行后将质物返还。

---

〔1〕 参见徐国栋：《民法基本原则解释：诚信原则的历史、实务、法理研究》，北京大学出版社 2013 年版，第 130 页。

〔2〕 参见蒋军洲：《要物合同研究——对其或存或废的思考》，厦门大学 2009 年博士学位论文，第 39-40 页。

关于质押法律关系成为诚信合同的时间，根据上面的描述，我们可以猜测大约是在公元 2 世纪左右。

至此，我们可以得出结论，在盖尤斯时代，pignus 已经是一种成熟的物的担保形式，它与信托质制度并列，共同承担着维护交易安全的重任。并且，在这一时期，代表着“非所有权移转型物的担保制度”这一概念的 pignus，已经形成占有质和非占有质并存的雏形。但它仍然与近现代民法上的担保物权有着很大的区别：尽管类似于“非占有质”的农具抵押制度已经体现出了对物特性的萌芽；但它的“属”仍然被认为是一种合同关系，是对人的而非对物的。

第二节 罗马债务担保法简介

一、Cautio 和 Garanzia

担保在现代民法上有两层含义：一是对某一事项的保证；二是债的担保。〔1〕后者又可细分为“以债务人的全部财产承担债务履行责任”和“财产范围的扩大或特定化”（亦即债的一般担保和债的特别担保）。〔2〕罗马法中，与囊括上述法律现象的术语——担保（garanzia）相对应的词是 caution。它是要式口约的一种，也称裁判官要式口约，具有特殊性，通常在程式诉讼中由裁判官依利害关系人的请求命令某人缔结，以使其承担在发生某种事件时对相对人偿付一定金钱的义务。〔3〕它可以做成书面文件，用来表示债

〔1〕 参见郭明瑞、房绍坤：《担保法》（第 2 版），中国人民大学出版社 2012 年版，第 9 页。武汉大学的陈本寒教授认为，担保有广义和狭义两个层面：广义上，一切能保障债权人债权实现的法律措施，都可称为担保，除债的担保制度外，还包括债的保全制度；狭义上，民法上的担保仅指债的担保制度。参见陈本寒主编：《担保法通论》，武汉大学出版社 1998 年版，第 1-2 页。

〔2〕 参见朱岩等：《中国物权法评注》，北京大学出版社 2007 年版，第 528 页。

〔3〕 Cfr, *Dizionario Giuridico Romano: a Cura di Federico del Giudice e Sergio Beltrani*, Esselibri Simone, 2010, p. 88.

务人承认债务内容，以为不受法律保护的债或责任提供一项债权关系。[1]这与现代民法中的情形有些类似，担保在法律上除了债的担保的内容外，还包括例如潜在损害担保、被监护人财产免受损害的担保等内容。[2]

众所周知，早期的罗马法采取严格的形式主义，口头性是其特征之一。[3] 如果人们在缔结要式口约(stipulatio)时漏掉了一些内容，那么只有说过的那些是有效的，没说的部分则不对之产生法律责任。[4] 这样，人们就需要在一项适法行为(negozio giuridico)中使用担保，来确保当事人之间议定而因种种原因未表述出来的条款的履行。但是当时大多数人都不熟悉法律，只能寻求法学家的帮助。[5] 法学家们不仅仅在言辞上纠正缺乏法律知识的市民的错误，而且在文本的拟定上发表自己的意见。最初只有此种法学家拟定的以保护为目的的协议文本或条款被人们叫作 cautio，后来这一名称则扩大到所有的担保性条款上。[6]

这里还须提及古罗马法学家保罗(Julius Paolus)[7]对债的定义：债的本质不在于我们取得某物的所有权或者获得役权，而在于迫使他人向我们或者给某物，或者为某事，或者供(Obligationum substantia non in eo consistit，ut

〔1〕 See Adolf Berger, *Encyclopedic Dictionary of Roman Law*, American Philosophical Society, 1953, p. 384.

〔2〕 参见徐国栋：《罗马私法要论——文本与分析》，科学出版社 2007 年版，第 183 页。

〔3〕 参见[意]朱塞佩·格罗索：《罗马法史》，黄风译，中国政法大学出版社 2018 年版，第 95 页。

〔4〕 See E. S. Shumway, *Ex Pacto Actio Non Nascitur*, The American Law Register (1898－1907), 1903, 51(5): p. 268－277.

〔5〕 在这方面，谢沃拉给我们提供了一个典型的例子：D. 31, 88, 17。出自谢沃拉，《解答集》第 3 卷。"我，路裘斯·提图斯，于此写下我最后的遗愿和遗言，因为没有学过法律之人的帮助，所以这更贴近我的意思，而不一定符合过分特别和极端精确[的法律规定]……"另有学者认为，大概从公元前 3 世纪中叶起，古罗马的法律开始世俗化，法学家们开始向公众提供咨询意见。参见[意]朱塞佩·格罗索：《罗马法史》，黄风译，中国政法大学出版社 2018 年版，第 83 页。

〔6〕 Cfr. Massimo Colamonico & Raffaele Zingarelli, *Le Garanzie delle Obbligazioni*: *Lezioni di Diritto Romano*, Vincenzo Cavaliere, Libraro-Editore, 1897, p. 7.

〔7〕 塞维鲁皇帝时代的法学家，可能是谢沃拉的学生，古罗马五大法学家之一。主要作品是 78 卷的《告示评注》、16 卷的《萨宾评注》等。

aliquod corpus nostrum aut servitutem nostram faciat, sed ut alium nobis obstringat ad dandum aliquid vel faciendum vel praestandum.)。[1] 在这个定义中,对于dare(做)和fare(给),罗马法学者基本已经达成一致:dare是指移转所有权或其他物权的义务;fare是一种单纯的行为,它并不暗含着权利的转移。[2] 而praestare(供),按温德沙伊德(Josef Hubert Bernhard Windscheid)的概括,有"一般之债给付说"、"'dare'和'facere'混合给付说"、"担保之债说"和"私犯之债说"四种学说。[3] 意大利罗马法学者彭梵得(Pietro Bonfante)认为"它含有类似于做、给、履行的意思,或许更多涉及的是保证、责任,而不是直接的目标或债务"。[4] 另一位意大利罗马法学者乔瓦尼·布列西(Giovanni Pugliese)也表达了类似的观点,他认为praestare无法用现代法律术语来总结,并列举了该术语在不同情景中的不同含义,如dolum praestare、dolum abesse praestare、custodiam praestare、sanum esse praestare等,并宣称这些有关praestare的原始文献总是涉及担保一方当事人承担法律责任,并且以praestare的方式履行的债事实上是以dare、facere方式履行的债中的独立部分。[5] 从这个角度来看,以praestare方式履行的是caution产生的债,而以dare和facere方式履行的则是我们现在所说的主债。

因此,我们可以说早期罗马法中的担保是一个"债",授予某人一项确保已存在的、不受法律保护之债(或义务)的履行之权利。[6] 它同时具备替补性和偶然性的特征,这是因为担保总是当事人的第二手准备,债很可能顺利地被履行,它不一定总能用得上。

---

〔1〕 D. 44. 7. 3. pr.

〔2〕 参见[意]彼德罗·彭梵得:《罗马法教科书》,黄风译,中国政法大学出版社2005年版,第218页。

〔3〕 参见齐云:《对D. 44. 7. 3pr. 的文本分析:以praestare的含义考察为中心》,载罗马法教研室网2014年10月31日,http://romanlaw.cn/sub7-73.htm。

〔4〕 参见[意]彼德罗·彭梵得:《罗马法教科书》,黄风译,中国政法大学出版社2005年版,第218页。

〔5〕 Cfr. Pugliese Giovanni, *Istituzioni di Diritto Romano*, 3^{a}, G. Giappichelli, 1991, p. 514.

〔6〕 See Adolf Berger, *Encyclopedic Dictionary of Roman Law*, American Philosophical Society, 1953, p. 384.

不仅如此，担保还总是和“信用”产生联系：甲向乙借某物或者金钱，乙为什么借给他？这里必然存在一种“信用”（credito）。此种由债权人授予的信用产生于债务人的个人品性，也产生于债务人的个人资产，债务人借此从债权人处取得有价值的物而无须立即进行等价物的返还。按照现代法的观念，前者是人的担保，后者就是物的担保。根据科拉莫尼科（Massimo Colamonico）和津加雷利（Raffaele Zingarelli）二位学者的说法，在古罗马，如果某人未给将来应履行之债提供担保，或者在某些情况下债权人要求另一当事人提供担保以避免损害结果，裁判官或者法律往往需要一个确定的人来承担这项责任。这一强制性分配担保责任（impone l'obbligo di dare cauzione）的制度叫作诉讼担保（satisdatio），而这种担保往往是由保证人承担的，甚至于“担保”（garanzia）往往被理解为人的担保。[1]

二、罗马法中物的担保制度概述

近现代民法学者一般将担保划分为“人的担保”和“物的担保”两种。[2]这种划分方法在罗马法研究上被大部分学者接受。[3] 在罗马法中，前一种担保形式是人们经常使用的，这大概能归因于古代罗马人之间基于“信”

[1] Cfr. Massimo Colamonico & Raffaele Zingarelli, *Le Garanzie delle Obbligazioni: Lezioni di Diritto Romano*, Vincenzo Cavaliere, Libraro-Editore, 1897, p. 73-74.

[2] 近现代民法中，主流学说认为这是按照担保标的不同来划分的，参见陈本寒主编：《担保法通论》，武汉大学出版社 1998 年版，第 59 页；郭明瑞、房绍坤：《担保法》（第 2 版），中国人民大学出版社 2012 年版，第 14 页；邹海林、常敏：《债权担保的理论与实务》，社会科学文献出版社 2005 年版，第 9 页，等等。有学者则认为这种划分是以担保权人的权利属性为标准的结果，比如“作为债权保障的担保权，其法律功能的实现机制有二：一是物的担保，即担保权作为一种物权……二是人的担保，即担保权作为一种债权……”参见韩松主编：《民法学》，中国政法大学出版社 2004 年版，第 466 页。此外，对于人的担保的内容的认识，主流观点认为人的担保包括保证、连带债务、并存的债务承担等内容，但尹田教授认为人的担保就是保证，参见尹田：《物权法》，北京大学出版社 2013 年版，第 463 页。

[3] 塔拉曼卡教授指出人的担保是由第三人来承担所谓主债务人的责任，而物的担保是为了满足债权人而使债务人或者为同一担保提供物的第三人的一物或者数物附有负担。Cfr Mario Talamanca, *Istituzioni di Diritto Romano*, Giuffrè, 1990, p. 570, p. 477. 除了 Max Kaser、Paul Girard 和 F. Schulz 等外，使用英语写作的罗马法学者通常也采用这个区分，参见 Robert Dundonald Melville 和 William Alexander Hunter 等体系书。

(fides)建立起来的庞大人际关系。[1]

这里有必要对上文中的“信用”和这里的“信”作一区分。前者的拉丁文动词不定式是 *credo*,原意是“信托,委任,托付;借出,贷款;依靠,信赖,信任;相信,信仰”。而后者则来自 fieri,意为“已经做成”,后来转为“信”的意思,被西塞罗解释为“行其所言谓之信”,徐国栋教授认为它相当于中文的“言必信,行必果”。[2] 这两个术语在某种意义上是相通的,比如西南政法大学的徐洁先生就将“信用”的第一层含义解释为一种“对人的行为的伦理要求”“每个人在与他人合作或交往时应对他人诚实守信,不欺骗、不毁约”。[3] 但在债的关系中,“信用”则专指以现有财物或货币履行将来支付义务的一种承诺,是“一种具备货币媒介和支付职能的交易手段”;它在法律上的表现,“就债权人而言,表现为对已承诺的将来偿付的请求权;就债务人而言,表现为将来必须履行的具有强制性的义务”。[4] 从这个角度看,此处的“信用”,似乎可以划入“客观诚信”的范畴。

按照科拉莫尼科和津加雷利的总结,罗马法历史上有债的担保作用的制度包括:(1)人和不动产的担保(cautio praedibus praediisque);(2)出庭担保(vadimonium);(3)执行阶段的保证(vindex);(4)副承诺人(adpromissores);(5)债务协议(constitutum);(6)承保(receptum);(7)信用委任(mandato qualificato/mandatum credendi);(8)信托担保(fiducia cum creditore);(9)质押

[1] 参见 Max Kaser, *Roman Private Law*, Translated by Rolf Dannenbring, University of South Africa,1984,p. 154。另可参见 Fritz Schulz,*Classical Roman Law*,Translated by Ernst W,Clarendon Press,1969,p. 402。

[2] 参见谢大任主编:《拉丁语汉语词典》,商务印书馆 1988 年版,第 141 页;徐国栋:《客观诚信与主观诚信的对立统一问题》,载《中国社会科学》2001 年第 6 期。

[3] 参见徐洁:《我国担保物权制度评析与展望》,载《西南民族大学学报(人文社科类版)》2004 年第 8 期。

[4] 参见徐洁:《我国担保物权制度评析与展望》,载《西南民族大学学报(人文社科类版)》2004 年第 8 期。

(pignus);(10)抵押(hypotheca)。[1] 按照我们的观念,上述第1种担保形式兼具人保和物保的性质,中间6种是人的担保,后3种则可以纳入物的担保的范围。[2] 和本文主题相关的是第1种和后3种。

(一)兼有"人保"和"物保"属性的担保形式

当罗马人的国库或者自治市的金库与个人签订合同时,通常要求个人提供名为 cautio praedibus praediisque 的担保。[3] 蒙森(Christian Matthias Theodor Mommsen)告诉我们,这种担保形式并未被法学家们的作品提及。[4] 它最初是纯粹的人的担保,后来具有了物的担保之特征:praedibus 即 praes 的夺格,指的是保人、担保者;praediisque 则是 praedia 的夺格,指的是以土地、不动产为担保。[5] 而约翰·克鲁克(John Crook)通过对波利比乌斯(Polybius)和西塞罗作品的考察告诉我们"在公法中,所有与国家订立契约者必须为自己的契约提供双份担保,一份人保,一份物保(praedes 和

---

〔1〕 Cfr. Massimo Colamonico & Raffaele Zingarelli, *Le Garanzie delle Obbligazioni: Lezioni di Diritto Romano*, Vincenzo Cavaliere, Libraro-Editore, 1897, p. 21-53. 这些术语的翻译参考了黄风教授编的《罗马法词典》,及其翻译的《罗马法教科书》的索引部分。

〔2〕 英语作家亨特认为罗马历史上"人的担保"的种类不超过5种,分别是誓约(sponsio)、承保(fidepromissio)、偿还保证(fidejussio)、委托(mandatum)、承认债务简约[pactum de constituto (constituta pecunia)]。参见 William A. Hunter, *A Systematic and Historical Exposition of Roman Law in the Order of a Code* (*4th Edition*), Sweet & Maxwell Limited, 1903, p. 565。另一位英语作家 Melville 更精确地指出上面五种合同类型中,只有后三种在优士丁尼皇帝时期依然使用,前两种已经废除。参见 R. D. Melvillea, *A Manual of the Principles of Roman Law Relating to Persons, Property, and Obligations: with a Historical Introduction for the Use of Students*, W. Green, 1915, p. 440。意大利学者 G. Pugliese 认为罗马法上最古老的人的担保形式有保证(vades)、保证人(praedes)和债务人人身保证(nexi),它们都在前古典法时期消失或者演进成其他的形式,仅有保证人(praedes)随着誓金法律诉讼(legis actio sacramento)一直沿用到公元1世纪左右;在前古典时期和古典时期主要使用的是 sponsio 这种形式;到了后古典和优士丁尼皇帝时期,三种以担保为目的的要式口约(stipulatio)只有 fideiussio 仍然使用。Cfr. Pugliese Giovanni, *Istituzioni di Diritto Romano*, 3^a, G. Giappichelli, 1991, p. 614, p. 913.

〔3〕 舒尔茨认为这种担保形是古典法时期物的担保的一种类型。See Fritz Schulz, *Classical Roman Law*, Translated by Ernst W, Clarendon Press, 1969, p. 412.

〔4〕 See Renwick, *Roman Laws and Charters: Three Spanish Charters and Other Documents*, trans. by Ernest George Hardy, Lawbook Exchange, Ltd., 1912, p. 110, note 36.

〔5〕 See J. Muirhead, *Historical Introduction to the Private Law of Rome*, the Lawbook Exchange, Ltd., 2009, p. 142.

praedia)”。在此种担保中,担保物的所有和占有均不移转,债权人仅有变卖担保物的权利。它的设立,一种说法认为,根据瓦罗(Varrone)和费斯图斯的记录,是通过口头契约的方式达成的,由形式庄重的一问一答构成。[1] 另一种说法认为它由土地的拥有者签署一份声明设立,这份签署的文件会被当作政府文件保存。[2] 它在古典法时期一直被罗马人使用,与后来的抵押形式类似,[3]但没有明显的证据证明两者之间有联系。[4]

有关这类担保形式的实例是:一个关于在普提里奥(Puteoli)建造一堵墙的合同向我们展示了契约当事人和自治市当局处于平等地位,承担平等义务:

> 为在 Serapis 神庙前道路尽头的地方建造一堵墙的契约:成功的契约竞标人给出担保并将财产按照长官的判决封存……支付日期:一半的价钱将在足够的财产被封存之后立即支付,剩下的一半将在完工并验收后支付。[5]

相关的立法例出现在同盟者战争后的意大利城市的自治市章程中。例如,1894 年发现于意大利城市塔兰托古代城墙上的《塔兰托姆自治市法》(Lex municipalis Tarentina),要求担任自治市的公职者提交 praedes 和 praedia 作为他们合理掌控公共资金的保证。[6] 并且在《弗拉维尤斯法》(Lex

---

〔1〕 Festus(ex libris de significatu verborum)Praes est is,qui populo se obligat interrogaturque a magistratu si praes sit;ille respondit:praes. Varro,de lingua latina Ⅵ. N. 74,Itaque praes qui a magistraiu inierrogatus,in publicum ut praestet;a quo et,cum respondet,dicit:praes. Cfr. Massimo Colamonico & Raffaele Zingarelli,*Le Garanzie delle Obbligazioni*:*Lezioni di Diritto Romano*,Vincenzo Cavaliere,Libraro-Editore,1897,p. 19.

〔2〕 See Fritz Schulz,*Classical Roman Law*,Translated by Ernst W,Clarendon Press,1969,p. 412.

〔3〕 Cfr. Alfredo Ascoli,*Le Origini dell' ipoteca e l' interdetto Salviano*:*Studio Storico Esegetico di Diritto Romano*,Raff. Giusti,1887,p. 52-54.

〔4〕 意大利学者 M. Colamonico,R. Zingarelli 主张这种担保形式是抵押的古代法形式。Cfr. Massimo Colamonico & Raffaele Zingarelli, *Le Garanzie delle Obbligazioni*: *Lezioni di Diritto Romano*,Vincenzo Cavaliere,Libraro-Editore,1897,p. 21-53.

〔5〕 Cfr. S. Riccobono. & G. Baviera. & C. Ferrini. & G. Furlani. & V. Arangio-Ruiz,*Fontes Iuris Romani Anteiustiniani vol.* 3,apud S. a. G. Barbèra,1943,no. 153.

〔6〕 Cfr. S. Riccobono. & G. Baviera. & C. Ferrini. & G. Furlani. & V. Arangio-Ruiz,*Fontes Iuris Romani Anteiustiniani vol.* 3,apud S. a. G. Barbèra,1943,no. 18.

Flavius)和西班牙的城市马拉加(Malaga)发现的《马拉加法》(Lex Malacitana)中有同样的规定。[1]

(二)物的担保

除了居于主要地位的人保,罗马人同样使用物的担保。按照近现代学者的解释,罗马法中的物的担保,是指将一个动产或不动产上的权利授予债权人,以确保债的履行。[2] 塔拉曼卡教授认为,近现代法学理论中的担保物权的根本特征,在于追及权和优先权(il ius sequelae ed il ius praelationis)——前者是指在担保物已被债务人或第三人转让的情况下,债权人仍有权要求对转让于他人的担保物实行扣押,以保障对自己债权的清偿;后者是指一名债权人被授权优先于另外一名债权人,用担保物权的标的满足自己的债的权利。这都在罗马法中物权性质的担保制度中得到体现——它导致权利人获得对物直接支配的对物之诉,权利人早时可以根据流质约款直接获得所有权,而无须司法手段的保护,后来借助拍卖程序来取得担保物的价值。[3] 但由于这种性质的获得是一个历史的过程,所以本书仍以物的担保来指称这一制度。

根据授予债权人的具体权利之不同,物的担保也可以划分为许多类型。下面一一陈述:

根据是否移转担保物的所有权,物的担保制度可以分为所有权担保和非所有权担保;根据是否移转担保物的占有,它又分为移转占有型担保和非移转占有型担保;根据担保物的价值是否确定,还可以分为确定价值的担保和非确定价值的担保。[4] 根据这种依据特征进行划分的方式,我们可以在古罗马找到至少四种类型的物的担保形式:

---

〔1〕 Cfr. S. Riccobono. & G. Baviera. & C. Ferrini. & G. Furlani. & V. Arangio-Ruiz, *Fontes Iuris Romani Anteiustiniani vol.* 3, apud S. a. G. Barbèra, 1943, no. 24.

〔2〕 See Fritz Schulz, *Classical Roman Law*, Translated by Ernst W, Clarendon Press, 1969, p. 400.

〔3〕 Cfr Mario Talamanca, *Istituzioni di Diritto Romano*, Giuffrè, 1990, p. 477.

〔4〕 参见徐洁:《担保物权制度的发展趋势》,载《甘肃社会科学》2007 年第 3 期。

(1)移转所有权的担保形式。在这种担保形式中,债务人或第三人授予债权人担保物的所有权,当债务清偿时,担保物的所有权归还。在此种形式下,债权人的权利具有多样性:他可能仅仅被授予所有权而未被授予物的占有,也可能同时取得了物的所有和占有;当债务到期而债务人不能清偿时,债权人可能无视担保物的价值而直接成为物的所有者,也有可能被限制在债务的范围内以担保物变卖所得受偿。

(2)将物的用益(usufructus)授予债权人以作担保。罗马人的用益权源于习俗和祭司的解释活动,可能产生在公元前 3 世纪末到公元前 2 世纪前叶,是妇女社会地位提高和无夫权婚姻兴起的结果。〔1〕 其拉丁文形式 usufructus 由 usus 和 fructus 构成。根据肖俊博士的研究,usus 作为一个法律术语,在早期意味着时效取得,在用益权产生的阶段意味着占有,后来则被当成一种独立的物权使用权;而 fructus 则表示孳息,不仅包括"客观有形的自然果实",而且包括"主观上的对物享有"。〔2〕 换言之,孳息不仅包括收益,而且包括使用。这就使债权人在债关系中变得有利可图,从而乐于接受以物的用益为担保,促使借贷关系的产生。〔3〕 这种担保关系因受用益权人生命的长短影响而显得不稳定:用益权的消灭,或因用益权人死亡,或因大、中两种人格减等。〔4〕

(3)移转担保物的占有给债权人以作担保。这种形式下,债权人的权利仍然具有多种可能性:债权人可能仅仅享有一项留置权(ius retinendi),只能对抗将担保物移交给他的人;也可能享有一项他物权(ius in rem alienam),受

〔1〕 Cfr. Pietro Bonfante, Corso di Diritto Romano: Diritti Reali, Giuffrè, 1972, p. 59ss.

〔2〕 参见肖俊:《用益权的罗马法基础与现代演进》,厦门大学 2012 年博士学位论文,第 21-24 页。

〔3〕 肖俊博士以 D. 7,9,1pr. 为基础进行了分析,认为用益权担保(cautio usufruttuaria)与授予债权人物的用益以作担保并非同一概念。前者实为用益权人保证自己不损害用益物的保证:若其对用益物的使用超出了"善良之人"的标准或进行了不正确的使用,所有权人可以凭借这个担保起诉,取得担保金,以获偿用益物所受损害。参见肖俊:《用益权的罗马法基础与现代演进》,厦门大学 2012 年博士学位论文,第 77-79 页。

〔4〕 I. 2,4,3。参见徐国栋:《优士丁尼〈法学阶梯〉评注》,北京大学出版社 2011 年版,第 205 页。

到对物之诉(actiones in rem)的保护;对于担保物,如果当事人之间订立了简约那么他可以使用之,如果没有订立简约则擅自使用会造成“使用盗”;如果债务到期而债务人不履行,与在第一种形式中发生的情况类似,债权人可能会直接变成担保物的所有者,也可能仅仅被授权以担保物的变价所得受偿。[1]

(4)以取得担保物之占有的权利为担保标的。采用这种担保形式的债权人,既不能取得担保物的所有,也不能取得担保物的占有,对于担保物的用益之取得也须依当事人之间的约定。债权人唯一获得的是一种取得担保物之占有的可能性:如果债务到期而债务人不履约,则债权人可以提起对物之诉,占有担保物,或变卖之,或收取其孳息。[2]

除此之外,根据英语作家格贝尔的看法,以担保物占有和所有的移转为标准,罗马法中物的担保制度能够划分为四类:(1)债务人基于债而将担保物的所有权和占有统统移转给债权人,直至债被履行后,债务人方得取回担保物之所有和占有;(2)债务人将担保物的所有权移转给债权人,但通过租赁或容假占有的方式将占有保留在自己手中;(3)债务人保留担保物的所有权,仅将物的占有交付给债权人,待债被履行后得取回担保物;(4)债务人同时保留担保物的占有和所有权,移转给债权人的权利仅仅是一项“财产上的占有权益”(possessory interest in the property)。其中,前两种形式为信托,第三种形式为质押,第四种形式为抵押。[3]

当然,无论如何划分,这些物的担保制度的类型都可以归结为三个术语:fiducia、pignus 和 hypotheca;而具体到古典时期的罗马法,则只存在信托担保(fiducia)和质押(pignus)两个形式。

---

[1] See Fritz Schulz, *Classical Roman Law*, Translated by Ernst W, Clarendon Press, 1969, p. 401.

[2] See Fritz Schulz, *Classical Roman Law*, Translated by Ernst W, Clarendon Press, 1969, p. 401.

[3] See Goebel J. Roger, *Reconstructing the Roman Law of Real Security*, Tul. L. Rev., Vol. 36: p. 29-66(1961). Goebel 认为从技术结构上看前两种形式并非物的担保,因为债务人仅有“重新取回物的对人的权利”(a personal right to recover the res)。

(三)信托担保和质押的关系

1. 已有的观点

传统的观点认为罗马法中物的担保制度的演进过程如下:[1]

共和时期最早的担保形式是信托担保(fiducia),亦即在事实层面和法律层面上将担保物的所有权移交给债权人,债务到期得到履行后债权人将担保物归还。到共和晚期,担保物的占有也随所有权一起移交给债权人,债务人通过租赁或者容假占有的方式保留占有的情况才成为常例。

信托担保过于严厉,且债权人出让担保物的行为受到法律的保护,对债务人来说风险过大。虽然债务人能够提起信托之诉对抗债权人的转让行为,使债权人有遭受"破廉耻"的风险,但它毕竟不能让债务人直接取回担保物。基于上述不便,狭义上的质押(pignus)制度在共和时期产生,亦即给予债权人担保物之占有,而债务人保留担保物所有权的担保形式。选择此种担保形式的债务人可以通过对物之诉对抗第三人以保护自己的所有权,而债权人亦得依裁判官的令状来保护自己的占有。但是债务人通常不能使用担保物,这就给生产生活带来不便。

为了弥补这个缺憾,债权人(尤其是农庄主)越来越多地允许债务人通过租赁或容假占有的方式,保留对担保物的占有。这种允许债务人保留担保物之占有的担保形式逐渐发展,大约在帝国中期演变成广义上的质押(不移转担保物之占有的抵押)制度,亦即担保物的所有权和占有都由债务人保留,债权人仅享有占有权益(possessory interest,一种最终的关于占有的法定权利)。它在很长一段时间都被限定为债权人仅能运用其权益对抗债务人,亦即被当作纯粹的债权关系。但阿德里亚努斯皇帝(Publius Aelius Traianus Hadrianus)颁布敕令,宣布授予债权人一项对物诉权(塞尔维之诉,actio Serviana)以对抗第三人之后,广义上的质押至少在不动产担保的领

---

[1] 此传统的罗马法中物的担保制度的演进过程,盛行于19世纪,具体内容可以参阅Bonfante、Colquhoun、Buckland、Schulz、Sohm以及Colamonico、Zingarelli等人作品中有关"物的担保"或"pegno e ipoteca(pignus et hypotheca)"的章节。

域成为普遍运用的制度。帝国晚期,狭义上的质押和广义上的质押两个术语的区别被模糊化,特别是在优士丁尼《市民法大全》中二者经常互换使用。与此同时,因为能够让债权人得到最强有力的保护而一直被使用的信托担保制度,随着要式买卖和拟诉弃权制度的弃用,在帝国中期消逝在历史长河当中。

这种传统观点在19世纪末20世纪初的时候开始受到学者们的质疑,典型代表是在1897年发表了《质押的理念:一个基于比较法思想的研究》(*The Pledge-Idea:A Study in Comparative Legal Ideas*)的美国比较法学家威格摩尔(Wigmore),和在1910年发表了《论古典时期罗马人的质权》(Beiträge zum römischen Pfandrecht in der klassischen Zeit)的瑞典罗马法学者马丁·费尔(Fehr)。[1] 他们的核心观点是抵押(hypotheca)并没有一个独立的制度起源,而是依附于其他制度发展而来——古老的信托担保制度在当时进化成与原始结构完全相反的制度:所有权和占有归债权人所有,变成两者同属债务人。到了帝国晚期,狭义上的质押和此种新的信托担保两种担保形式规则的混同,造成了它们之间区别的模糊。由于新的信托担保与古希腊法上相关制度类似,且新的信托担保与古代法中的同一术语所表达的意思已经彻底对立起来,使熟悉希腊文化的优士丁尼《市民法大全》的编纂者们引入希腊术语hypotheca以取而代之。[2]

中国对罗马法中信托担保、质押和抵押的认识,最先体现在老一辈罗马法学者的体系书当中。譬如黄右昌先生依“发展之阶级”逐次讨论fiducia、pignus、hypotheca和pignus nominis、pignus pignoris;[3] 曲可伸先生认为pignus是fiducia、pignus和hypotheca的上位概念;[4] 周枏先生认为fiducia和pignus、hypotheca是不同历史时期的产物,前者与后两者的区别是是否移转所有

〔1〕 See Goebel J. Roger, *Reconstructing the Roman Law of Real Security*, Tul. L. Rev., Vol. 36:p. 29-66(1961).

〔2〕 这种观点被Albertario、Sohm和Mitteis等学者采纳,Cuq、Girard和Manigk等学者反对此观点,Rabel、Kaser、Jors和Kunkel等学者部分认同此观点;Buckland、Schulz、Radin、Burdick、Lee和McNair等人则将这一问题忽略不谈。

〔3〕 参见黄右昌:《罗马法与现代》,中国方正出版社2006年版,第188-191页。

〔4〕 参见曲可伸:《罗马法原理》,南开大学出版社1988年版,第216-218页。

权,后两者之间的区别是是否移转占有;[1]陈朝璧先生认为 fiducia、pignus 和 hypotheca 统称“担保物权”,以前者为最古;[2]江平和米健教授将 fiducia 视为市民法上的质权,将 pignus、hypotheca 和 pignus nominis、pignus pignoris 视为万民法上的质权[3]。至于制度间的关系及相关历史演进问题,则多以上文所述的传统观念为准。这些观点极大地影响了现今国内的民法学者。[4]

自 20 世纪 90 年代以来,随着徐国栋、黄风、费安玲等教授对意大利罗马法学著作和研究方法的引入,中文罗马法学界开始了对这几个术语之间关系的重新认识。这方面首先应该提及的是徐国栋教授,他在 2007 年出版的《罗马私法要论——文本与分析》一书中,首先提出担保物权体系并非从罗马法开始就有的,并以优士丁尼《法学阶梯》的文本为依据讨论了质押和抵押这两个术语。此外,厦门大学史志磊博士在他的硕士学位论文《罗马法中的信托担保研究》中,将移转所有权的担保(fiducia,信托)与非移转所有权的担保进行了区分。这些新的学术成果很快就对民法研究者产生了影响。比如徐同远博士在《担保物权论:体系构成与范畴变迁》一书中认为罗马法上的担保物权分为 fiducia 和 pignus 两大类,后者是继前者发展起来的,是一个上位概念,是用来描述罗马担保物权的通用术语;而 pignus 和 hypotheca

---

〔1〕 参见周枏:《罗马法原论》,法律出版社 2009 年版,第 422-427 页。

〔2〕 参见陈朝璧:《罗马法原理》,法律出版社 2006 年版,第 325-326 页。

〔3〕 参见江平、米健:《罗马法基础》,中国政法大学出版社 2004 年版,第 257 页。

〔4〕 例如,陈本寒教授在论述担保法的历史时说道“罗马法将物权分为自物权和他物权……他物权依设定的目的不同又分为用益物权和担保物权两大类……罗马法上的担保物权制度经历了由信托到质权到抵押权的发展过程……”参见陈本寒主编:《担保法通论》,武汉大学出版社 1998 年版,第 21 页。在另一本著作中,陈本寒教授又写道:“……但就整个担保物权体系的形成而言,则应归根于罗马法的功劳……信托、质权和抵押三种担保方式……在罗马法上也不是同时出现的,而是经历了一个由信托—质权—抵押权的漫长发展历程。”参见陈本寒:《担保物权法比较研究》,武汉大学出版社 2003 年版,第 3 页。再如屈茂辉教授在他的论文里提道“到优士丁尼大帝时,质权制度的兴起取代了信托让与这一担保制度”。参见屈茂辉:《质权基本问题初探》,载《法学家》1994 年第 3 期。与此类似的表达在民法学者的作品中频现,比如陈祥健主编的《担保物权研究》(中国检察出版社 2004 年版)第 59 页、唐义虎的《担保物权制度研究》(北京大学出版社 2011 年版)第 25 页、蔡永民的《比较担保法》(北京大学出版社 2004 年版)第 57 页,等等。

并非对应着现代术语“占有型担保”和“非占有型担保”，两者之间的区别在于侧重不同；hypotheca 在塞维鲁皇帝之前用在与希腊人的交易中，描述“不转移物之占有的质”。[1]

2. 信托担保概述

这种形式也被称为与债权人信托。信托担保，通常被认为是罗马人最早的物的担保形式，盛行于古典法时期。[2]

盖尤斯告诉我们，信托分为两种：与能够比较安全地保管我们物品的朋友建立的，被称为与朋友信托（fiducia cum amico）；与担保债权人建立的，被称为信托担保（Gai. 2,60）。意大利法学家彭梵得结合圣依西多禄的观点给信托担保下了定义：“可以定义为一种协议，其规定当事人一方（受信托人）从另一方（信托人）那里以要式买卖或拟诉弃权的方式接受物，承担义务，并为一定目的使用它且（至少一般如此）在实现此目的之后返还。”[3]如此，我们可以对信托担保做这样的解释：债权人从债务人那里通过特定的形式取得要式物的所有权并占有之，在信托担保目的达到时将之返还。

它具体表现为担保人（债务人或者第三人）通过要式买卖或者拟诉弃权的方式，将要式物市民法上的所有权（dominium ex iure Quiritium）转让给信托债权人，作为其债权的担保，同时当事人之间订立信托简约，确保担保目的达到后担保物以规定的方式返还。[4] 此种担保形式被称为“出卖—买回式担保”（the Sale for Purchase）。[5]

---

〔1〕 参见徐同远：《担保物权论：体系构成与范畴变迁》，中国法制出版社 2012 年版，第 2-33 页。

〔2〕 Cfr Mario Talamanca, *Istituzioni di Diritto Romano*, Giuffrè, 1990, p. 570, p. 477.

〔3〕 圣依西多禄，《词源》，5,25,23。“信托是为获得现金消费借贷而以要式买卖或者拟诉弃权的方式转让物。”另参见[意]彼德罗·彭梵得：《罗马法教科书》，黄风译，中国政法大学出版社 2005 年版，第 260 页。

〔4〕 参见史志磊：《罗马法中的信托担保研究》，厦门大学 2012 年硕士学位论文，内容摘要部分。这个定义还可以参见艾伦·沃森的 The Law of Obligations in theLater Roman Republic 第 172 页以及乔洛维茨的 Historical Introduction to the Study of Roman Law 第 318 页。意大利学者 Antonio Guarino 则认为该制度盛行于前古典时期，以及古典时期很短一段时间内。Cfr. Antonio Guarino, *Diritto Private Romano*, Jovene, 2001, p. 750.

〔5〕 See John H. Wigmore, *The Pledge-Idea: A Study in Comparative Legal Ideas*(*I*), Harvard Law Review, Vol. 10, 6: p. 321-326(1897).

为了解决信托债务人无法使用信托担保物的麻烦,并解决时效收回制度(usureceptio)造成的债务人重新取得担保物所有权的风险,此制度被改造成信托人依然可以通过容假占有或者租赁的方式使用信托财产。这种形式在古典法时期变得越来越形式化和明确化。[1]

在债权到期之后,如果债务人没有按期清偿债,则债权人就不再有义务返还担保物,信托所有权就自动地转变为一种纯粹的和真正的所有权,这就是"流质约款"(lex commissoria)。[2] 除了流质外,一般来说双方协议中会规定债权人有变卖信托物的权利。[3] 如果信托物的价值与债权的价值不相等,无论是债权人还是债务人,都无权要求就差额部分得到补偿——对债权人而言,当担保物的价值小于债的价值的时候,他不能继续要求债务人履行不足的部分;对提供担保物的债务人或第三人而言,当信托物的价值大于债的价值的时候,他不能要求债权人返还多余部分。[4] 若担保目的达到后信托债权人不返还信托担保物,则信托债务人可以对债权人提起信托之诉(actio fiduciae);若信托债务人不遵守信托简约,则法律允许信托债权人提

---

〔1〕 Cfr. Antonio Guarino, *Diritto Private Romano*, Jovene, 2001, p. 750.

〔2〕 See Tomislav Karlović, *Fiducia Cum Creditore-Risk Management and Double Ownership*, Annals of the Faculty of Law in Belgrade(1452-6557)58(2010), 3: p. 96-107. 流质约款在黄风先生编著的《罗马法词典》中被翻译为"解除约款",是指可以分别适用于买卖、质押和信托关系的附加简约——在买卖关系中,如果买受人未在预定的期限内支付价款,出卖人有权据此条款单方面解除契约;在质押关系中,如果出质人未按约定履行清偿义务,则质物转归债权人所有,它就是我们常说的流质;信托关系中的情况与质押关系中的情况一致。参见黄风编著:《罗马法词典》,法律出版社 2002 年版,第 157 页。君士坦丁皇帝时期,流质约款被禁止。关于它的中文文献,可参阅费安玲主编:《罗马私法学》(第 2 版),法律出版社 2020 年版,第 196-197 页;李媚:《流质契约解禁之反思——以罗马法为视角》,载《比较法研究》2013 年第 5 期。学界通说认为,债权人不得成为担保物的所有人,哪怕是以间接的方式达到这一目的;禁止债权人变卖质物的条约无效。参见 William W. Buckland, *A Text-book of Roman Law: From Augustus to Justinian*, Cambridge University Press, 1921, p. 471。

〔3〕 See William W. Buckland, *A Text-book of Roman Law: From Augustus to Justinian*, Cambridge University Press, 1921, p. 471.

〔4〕 Cfr. Alberto Burdese, *Lex Commissoria e Ius Vendendi nella Fiducia e nel Pignus*, G. Giappichelli, 1949, p. 10-20. 另可参见 Max Kaser, *Roman Private Law*, Translated by Rolf Dannenbring, University of South Africa, 1984, p. 155-156。相反的观点认为:债权人不得通过担保物获利,因此质物的产出或者租金之类的都须抵消利息,变卖质物所得的"溢价"归债务人所有。Cfr. Alberto Burdese, *Lex Commissoria e Ius Vendendi nella Fiducia e nel Pignus*, G. Giappichelli, 1949, p. 10-20.

出信托反诉(actio fiduciae contraria)以自保。[1]

信托担保制度在债权人看来是一项极好的制度,但对于债务人来说不利至极。这是因为债务人只能借助对人之诉对抗债权人,且他承担了全部的风险,而且这种制度的特性造成了一个担保物只能设立一项担保。尽管这种制度对债务人有着种种的不便利,但直到中世纪早期它仍然在实践中被使用。它不是本文要研究的重点。[2]

3. 对既有理论的反思

首先必须回答的问题是,在制度起源时期和古典法时期,罗马法中有担保物权吗?徐国栋教授明确地回答:没有。理论上,担保物权的出现有两个条件:一是物权、债权二元体系的建立;二是他物权体系的出现。尽管古代罗马人早就区分了物权和债权,但构成物权法体系之一的担保物权制度,并不存在于优士丁尼法中,各种起到担保功能的制度零散地出现在《市民法大全》的各个部分当中——将这些制度汇集起来并筑成近现代法上"三国式"的担保物权制度,是让·多玛(Jean Domat)和雅松·德·马伊诺(lason de Mayno)等近代法学家的工作成果。[3] 塔拉曼卡教授也认为,罗马法中的物的担保与近现代法中的担保物权并不能等同对待——在塞尔维之诉(actio Serviana)扩用到给付质押关系上之前,它只是一种占有。[4] 意大利学者阿纳尔多·比斯卡尔迪也提出了类似的解释:在古代和古典法时代的罗马法中,并不存在担保物权——抵押(ipoteca)只不过是准物权(qualificata come diritto reale),严格意义上的质权(给付质押,pignus datum)仅仅是一种占有

---

〔1〕 债权人改良质物的费用被允许以信托之诉的方式讨还。Cfr. Alberto Burdese, *Lex Commissoria e Ius Vendendi nella Fiducia e nel Pignus*, G. Giappichelli, 1949, p. 10-20.

〔2〕 对信托担保制度进行深入研究的中文专著,参见厦门大学史志磊博士的硕士学位论文:《罗马法中的信托担保研究》。

〔3〕 关于罗马人早就区分物权和债权的观点,参见徐国栋:《论罗马法对物权与债权的区分》,载《江汉论坛》2015年第2期。关于担保物权体系之构建,参见徐国栋:《罗马私法要论——文本与分析》,科学出版社2007年版,第169-175页。

〔4〕 Cfr. Mario Talamanca, *Istituzioni di Diritto Romano*, Giuffrè, 1990, p. 477.

的事实状态。[1]

那么,信托担保和由质押、抵押共同构成的非所有权移转型物的担保之间的关系如何呢?

(1)二者并非相继关系

单论这一术语出现的时间,很明显,fiducia 和 pignus 都起源于不可考察的时期。那么 pignus 是在 fiducia 之后出现的吗? 或者说,是在“罗马共和国早期在信托质的一侧开始兴起”[2]的吗?

先来看 fiducia。作为物的担保的一种类型,信托担保被不少学者认为是最早出现的。[3] 这种观点持有者的依据可以归结为:信托担保法律关系实际上是一个以确保借款人还款为目的的物的所有权移转法律关系,当事人受到对物之诉的保护;而从最古老的《十二表法》来看,此种法律关系要早于

---

[1] Cfr. Arnaldo Biscardi, *Appunti sulle Garanzie Reali in Diritto Romano*, Cisalpino - Goliardica, 1976, p. 14.

[2] 徐同远:《担保物权论:体系构成与范畴变迁》,中国法制出版社 2012 年版,第 3 页。

[3] 意大利学者阿斯科利的《抵押的起源和萨尔维尤斯令状:罗马法的历史训诂学研究》第一句话就是“毫无疑问,罗马人使用的第一种物的担保(garanzia reale)形式就是信托”。Cfr. Alfredo Ascoli, *Le Origini dell' ipoteca e l' interdetto Salviano: Studio Storico Esegetico di Diritto Romano*, Raff. Giusti, 1887. 而被奉为权威的塔拉曼卡教授在其《罗马法初阶》中也持此主张。Cfr. Mario Talamanca, *Istituzioni di Diritto Romano*, Giuffrè, 1990, p. 477. 在英语学界,亨特教授也认为信托是第一种物的担保形式。参见 William A. Hunter, *A Systematic and Historical Exposition of Roman Law in the Order of a Code* (*4th Edition*), Sweet & Maxwell Limited, 1903, p. 430-431。另一位罗马法学者艾伦·沃森在他的论文中主张古老的罗马式物的担保的形式也许是信托,参见 Alan Watson, *The Origins of Fiducia*, Z. S. S., LXXIX: p. 329-330 (1962)。此外还可参阅 J. A. C. Thomas 和 Buckland 等知名学者的教科书。与上面的表述相比,意大利学者 Biscardi 表达了另一种观点:信托质是最早产生的一种担保性质的要物之债。Cfr. Arnaldo Biscardi, *Appunti sulle Garanzie Reali in Diritto Romano*, Cisalpino-Goliardica, 1976, p. 14. 舒尔茨认为古典时期唯一使用物之诉保护债权人市民法上权利的物的担保形式是信托;pignus 虽然当时也已经存在,但是它不受对物之诉的保护。此外,pignus 又细分为 pledge 和 hypotheca,其中 pledge 在古典时期就已经广为使用,且其诞生可能要早于信托。参见 Fritz Schulz, *Classical Roman Law*, Translated by Ernst W, Clarendon Press, 1969, p. 406-407。Mattoe Marrone 则告诉我们 pignus 是针对非要式物的担保形式,其最初的形态 pignus datum 的使用不晚于公元前 3 世纪,公元前 2 世纪时,pignus conventum 出现。Cfr. Mattoe Marrone, *Istituzioni di Diritto Romano*, Palumbo, 2006, p. 337. 乔洛维茨持相反的观点,认为罗马法中最早的物的担保形式是 pignus。参见 Herbert H. Jolowicz, *Historical Introduction to the Study of Roman Law*, Cambridge University Press, 1971, p. 317。

其他任何私法上的物的担保形式。除此之外,如上所述,原始的所有权观念也是将信托担保看作最早的物的担保形式的理由之一。

问题在于,当时的法律保护的是买卖关系还是担保关系?乔洛维茨(Jolowicz)认为信托关系中的买回部分最初并不包括法律制裁(legal sanction)。他指出非要式的交易安排和术语信托(fides,“信”或“信义”)的使用暗示着信托物的买回只能依靠债权人的诚信来实现,而不能靠法律强制来达到目的。〔1〕蒋军洲博士在他的博士论文中分析信托质不属于要物契约的理由时提到信托具有寄生性,当协议附加于要式移转时它才产生,但要式移转与附加于其上的协议仍是相互独立的制度,后者才是信托。〔2〕众所周知,信托制度在诞生之初不受法律保护,后来因源于裁判官的诉讼而有效,这才产生了保护信托质法律关系的信托之诉(actio fiduciae),而这个时间是在大约公元前1世纪。〔3〕所以,作为物的担保形式之一的信托担保制度开始受到法律保护的时间,应该不会早于公元前1世纪。〔4〕

接着来看pignus。如上所述,它源于神法和公法,算是一种强制措施。事实上,在更加古老的制度起源时代,我们唯一能观察到的是上文出现过

---

〔1〕 See Herbert H. Jolowicz, *Historical Introduction to the Study of Roman Law*, Cambridge University Press, 1971, p. 299.

〔2〕 参见蒋军洲:《要物合同研究——对其或存或废的思考》,厦门大学2009年博士学位论文,第39-40页。

〔3〕 Cfr. Mario Talamanca, *Istituzioni di Diritto Romano*, Giuffrè, 1990, p. 478. 公元前1世纪,裁判官采用了信托的事实诉保护信托人从受托人收回物的行为,后来转化为“依诚信的信托法律诉”。参见徐国栋:《客观诚信与主观诚信的对立统一问题》,载《中国社会科学》2001年第6期。

〔4〕 另一说这个时间应该是公元前3—2世纪。Cfr. Pugliese Giovanni, *Istituzioni di Diritto Romano*, 3^a, G. Giappichelli, 1991, p. 497. 相反的观点是艾伦·沃森提出的并不存在独立发展起来的原初表现为事实之诉的信托之诉,信托担保在原初阶段就受到《十二表法》第6表第1条“实施要式现金借贷或要式买卖的,按宣告的言辞具有法律效力”的保护。参见Alan Watson, *The Origins of Fiducia*, Z. S. S., LXXIX: p. 331-332(1962). 意大利罗马法学者Pasquale Voci与Watson的观点一致。Cfr. Pasquale Voci, *Istituzioni di Diritto Romano* (*Quinta Edizione*), Giuffrè, 1996, p. 439。史志磊博士认为此种观点的核心是对《十二表法》中术语“nuncupatio(言辞)”的扩大解释造成的。参见史志磊:《罗马法中的信托担保研究》,厦门大学2012年硕士学位论文,第29-37页。

的、被称作扣押(pignoris capio)的制度,而对于纯粹私法领域中的 pignus,我们则最多只能将研究的时间上限推至古典法时代。[1]

在古典法时期的私法中,pignus 同时指代债务人以物作保的行为和与此相关的提供担保的合同。[2] 作为一种非所有权移转型物的担保法律制度,它被设计成不涉及标的物所有权直接移转的物的担保:这又分为狭义的质押和移转占有的质押,亦即以物的物理上的支配之移转为前提的给付质押(pignus datum),和担保权基于质押协议(仅仅系当事人间的合意)设立、无须移转物的支配的协议质押(pignus conventum,后来被称为抵押,hypotheca,系古典法晚期的法学家传播的希腊概念)。[3] 这两种术语在公元前 1 世纪就已经普遍存在,罗马人对这两种术语的使用仅仅基于当事人的意愿:有可能会出现以动产(特别是奴隶)为标的的协议质押,也可能会出现以不动产为标的的狭义上的质押,并且,此种体系一直到优士丁尼法律体系中仍然

---

〔1〕 将私法上的 pignus 制度追溯到法律诉讼程序 pignoris capio 的观点被 Buckler 否认,但是他没有说明具体的理由。参见 William H. Buckler, *The Origin and History of Contract in Roman Law:Down to the End of the Republican Period*(*Being the Yorke Prize Essay for the Year* 1893),CJ Clay and Sons,1895,p. 191。

〔2〕 See Adolf Berger, *Encyclopedic Dictionary of Roman Law*, American Philosophical Society, 1953,p. 384.

〔3〕 德国学者马克斯·卡泽尔认为,pignus 在古典法和优士丁尼法中始终如一:在担保物的占有移转给债权人的情况下,罗马人称之为 pignus datum;在出质人保持占有的情况下,罗马人称为 pignus obligatum。Hypotheca 这一术语可能在古典法时期开始取代 pignus obligatum。参见 Max Kaser, *Roman Private Law*, Translated by Rolf Dannenbring, University of South Africa, 1984,p. 156-157。舒尔茨则认为 pignus 的含义就是担保,在古典时期的私法当中,它包括两种类型:一种类似于现代法上的质押,另一种类似于现代法上的抵押。其中,类似现代法上质押的制度在共和国早期就已经存在了,甚至于这种制度可能比信托还要古老。参见 Fritz Schulz, *Classical Roman Law*, Translated by Ernst W, Clarendon Press, 1969, p. 407。与之相反,稍早些的罗马法学者们认为 pignus 不是一个通用的术语,它被限制为针对动产并涉及移转担保物占有的物的担保形式,这种观点可以通过阅读 Girard, Mackenzie, Tomkins and Jencken, Hunter, Sandars, Morey, Salkowski, Sohm, Chamier 和 Buckler 等人的作品得出。美国 19 世纪比较法学家威格摩尔的观点是上面两种说法的中和,其认为 pignus 不加区分地适用于动产和不动产、要式物和略式物、移转或保留担保物占有的情况;在古典法中,pignus 是一个通用的术语,到了优士丁尼时期,pignus 被限制为涉及占有移转的、针对动产的物的担保形式。参见 John H. Wigmore, *The Pledge-Idea: A Study in Comparative Legal Ideas*. Ⅲ, Harvard Law Review, Vol. 11:1, p. 18-39(1897)。

有效。在这两种交易形式之间,更古老的无疑是给付质押,尽管关于它的原始文献最早不过公元前3世纪晚期,但它无疑是一种自发的可以追溯到原始时代的指定一物以担保期待利益的行为。[1]

此种担保形式中的债权人利益,在古典法早期是通过裁判官授予的令状来保护的。[2] 意大利学者朱塞佩·格罗索(Giuseppe Grosso)在阐述裁判官通过有关制裁的许诺创造实体法律关系时,对质权法律关系做了说明。他是这样论述的:"裁判官宣布:如果某人已将某物交给了自己的债权人以作为质物并且在债务被清偿之后该债权人未将上述质物退还,他将授予债务人向债权人提起诉讼的权利;裁判官就是以此种方式调整自己的活动,许诺授予诉权。他并不直接地要求质押债权人必须实行返还;但是,由于裁判官授予了诉权,使得未返还质物的债权人面临被诉的可能性并且可能像一个负债者那样受到制裁。因而人们可以说:根据裁判官法,该债权人成为负债者。"[3]舒尔茨(Schulz)则认为只有移转占有的pignus datum在早期由占有令状保护。大约在阿德里亚努斯皇帝汇编所有的告示之前,占有令状开始授予债权人对物之诉(塞尔维之诉,actio Serviana)。[4]

经过上面的阐述,我们可以得出结论,非所有权移转型物的担保和信托担保的关系绝非通常所说的相继的关系。两者都诞生于制度起源时期,具

---

〔1〕 Cfr. Mario Talamanca, *Istituzioni di Diritto Romano*, Giuffrè, 1990, p. 479. 此外, D. E. Phillipson 认为 pignus 早在公元前5世纪就已经出现,但未被《十二表法》采用。对这种担保形式的使用大概开始于公元前4世纪。参见 Phillipson E. Donald, *Development of the Roman Law of Debt Security*, Stanford Law Review, Vol. 20:6, p. 1230-1248(1968)。

〔2〕 Cfr Antonio Guarino, *Diritto Private Romano*, Jovene, 2001, p. 752. 另可参见 M. Brutti, *Il Diritto Privato nell'antica Roma*, G Giappichelli, 2011, p. 360。彭梵得说"向质押债权人让渡物,作为返还义务的根据,使'导致令状保护的占有(possessio ad interdicta)'向质押债权人转移",但这是在讨论质押合同的时候提及的。参见[意]彼德罗·彭梵得:《罗马法教科书》,黄风译,中国政法大学出版社2005年版,第283页。

〔3〕 [意]朱塞佩·格罗索:《罗马法史》,黄风译,中国政法大学出版社2018年版,第206页。

〔4〕 See Fritz Schulz, *Classical Roman Law*, Translated by Ernst W, Clarendon Press, 1969, p. 402. 意大利罗马法权威 Talamanca 教授则将这一时间定位在公元前1世纪左右。Cfr. Mario Talamanca, *Istituzioni di Diritto Romano*, Giuffrè, 1990, p. 479.

体谁先谁后,由于资料的缺失,我们无法判断。但从法律对当事人权利的保护方面来看,涉及担保物占有之移转的给付质押似乎要早于信托;而不涉及担保物占有的协议质押,鉴于其产生与老加图的《农业志》成书时间的关系,以及禁止搬离令状、萨尔维尤斯令状[1]的诞生时间,可以推测它与信托质关系受到法律保护的时间相差不远。

但是,这个判断有不可忽视的缺陷:为什么古典时期有的法学家的作品会把信托担保单列出来讨论,而不涉及所有权移转的 pignus 没有得到这种待遇呢?[2] 对于这个问题,首先,以诉讼为先导的古罗马法学家思维有可能导致有关 pignus 的法律问题集中于令状或口头之债的部分当中;[3]其次,彭波尼(Sextus Pomponius)[4]的《萨宾评注》很可能是按照萨宾的市民法体系来排列的,所以按照萨宾的做法将信托放到了物法的部分,而 pignus 始终是作为一种要物合同存在的,哪怕在优士丁尼《法学阶梯》中,都是以合同的面貌出现在"以何种方式通过物缔结债"这一题;最后,这种现象只能推出信托可能在古典法时期的社会实践中处于优势地位,因此导致部分法学家将目光集中在信托上,而不能说明信托与 pignus 是一种相继的前后关系。

---

〔1〕 对于这两种令状的产生时间及其与质押的关系,下文会做进一步的讨论。

〔2〕 肖俊博士在"第一届拉丁法律术语译名统一国际研讨会"上发表了《〈萨宾评注〉、〈告示评注〉的内涵及其体系谈——古罗马法律评注作品类型介绍》一文,介绍了罗马法研究权威奥托·勒内尔还原彭波尼《萨宾评注》、保罗《萨宾评注》和尤里安《永久告示》以及萨宾市民法体系的大致结构的工作。在这几部作品中,我们可以发现彭波尼的《告示评注》第 35 卷是有关信托的,萨宾的市民法体系在物法部分中为信托单设一个单元,而保罗《萨宾评注》和尤里安《永久告示》从目录上看则没有与信托和质押有关的信息。参见肖俊:《〈萨宾评注〉、〈告示评注〉的内涵及其体系谈——古罗马法律评注作品类型介绍》,载徐国栋:《罗马法与现代民法》第 8 卷,厦门大学出版社 2014 年版,第 156-171 页。

〔3〕 通过对 Otto Lenel 还原的《城市裁判官的永久告示(Edictum Perpetuum Praetoris Urbani)》的检索,我们发现与术语 pignus 相关的词汇出现了三次:一次在第 17 题合同之债(De rebus creditis)中,两次在第 43 题 De interdictis(关于令状)中。

〔4〕 生活于阿德里安努斯、安东尼·皮尤斯和马尔库斯·奥勒留皇帝时期(大约公元 2 世纪)的罗马法学家,代表作有 39 卷的《对昆图斯·穆丘斯的课文的评注》,35 卷的《萨宾评注》等。

(2)信托担保和非所有权移转型物的担保是否在后古典法时期趋于统一?

为什么在《学说汇纂》和《法典》中没有出现信托担保,而仅能找到表征非所有权移转型物的担保的 pignus 和 hypotheca 这两个术语? 美国著名的比较法学家威格摩尔在回答这个问题时指出,主要原因在于,《市民法大全》的编撰者们将其收集的涉及信托担保的法学家作品进行了改动,将 fiducia "添加"为他们比较熟悉的 hypotheca。[1] 他的理由是:第一,随着罗马经济的繁荣,设立方式繁琐的信托质不再适应社会经济的发展,后来的罗马法学家讨论的信托质已经与以前的不同,内涵发生了变化。在优士丁尼时期,作为非所有权移转的担保形式之一的 hypotheca 主要适用于土地等不动产,在适用对象上与信托相同,且非移转所有权担保的规则已经开始适用于信托质。第二,截至 19 世纪末发现的一些未被《市民法大全》"添加"而流传下来的法学著作中只出现了 pignus 和 fiducia 两种担保方式,但是在《学说汇纂》中收录的盖尤斯和保罗的著作中出现了 pignus 和 hypotheca 两种担保方式。最关键的是,相同作者的原始片段在不同的版本中有了不同的表达,例如,《保罗论点集》PS. 2,17,15 中以 pignora vel fiducias 概括所有的物的担保制度,但是同一个片段在《学说汇纂》中被"添加"为 pignus vel hypotheca。第三,作者认为优士丁尼法中的抵押之诉(actio hypothecaria)就是古典法中的塞尔维之诉(actio Serviana),后者源于返还原物之诉(actio rei vindicationes),是对物的,与此同时质物请求之诉(actio pignoraticia)源于占有之诉,这样推导下来,塞尔维之诉就是信托担保权人的救济方式。除了上面三个原因,作者还分析了数条在笔者看来不能自圆其说的《市民法大全》的片段以及西塞罗作品,最终得出了 fiducia 被"添加"为 hypotheca 的结论。[2]

---

〔1〕 See John H. Wigmore, *The Pledge-Idea: A Study in Comparative Legal Ideas.* Ⅲ, Harvard Law Review, Vol. 11:1, p. 18-39(1897).

〔2〕 See John H. Wigmore, *The Pledge-Idea: A Study in Comparative Legal Ideas.* Ⅲ, Harvard Law Review, Vol. 11:1, p. 18-39(1897).

大约40年后,威格摩尔教授撰文再次重申了特里波尼安(Tribonian,约500-547年)及其编纂委员会使用hypotheca取代fiducia的观点。[1]

与威格摩尔得出的结论不同,奥托·勒内尔在1879年发表的《市民法还原》一书中则认为,保存在《学说汇纂》中的关于信托质的片段,被"添加"为讨论"质押或者抵押"的片段,也就是说当时的人们用pignus或者hypotheca代替了fiducia,而不单单只是用hypotheca代替fiducia。勒内尔的研究成果发表后,罗马法研究者对于原来讨论信托担保的片段遭特里波尼安及其编纂委员会篡改一事,已无异议。[2]

一般来说,信托担保用起来很不方便,在商业上也很不便利。因此,要借短期的小额债,人们都选择给付质押的形式,即把物交给债权人,除非债务人清偿,否则不交还担保物。[3] 这种选择上的倾向性,以及后来要式买卖和拟诉弃权这种交易方式的逐渐废弃(大约公元3世纪),使信托制度至少在帝国东部衰落。而其最明显的表现就是fiducia cum creditore这个术语在优士丁尼法中的消失——pignus和(或)hypotheca完全取代了信托担保。[4] 而经过上面的分析,我们知道pignus和hypotheca在古典法时期实际上是一个制度——非所有权移转型物的担保,只不过后人将之细化成两

---

〔1〕 See John H. Wigmore, *Pledge-Mortgage Idea in Roman Law: A Revolutionary Interpretation*, Ⅲ. L. Rev., 36:371-393(1941).

〔2〕 See Ernst Rabel, *Real Securities in Roman Law: Reflections on a Recent Study by the Late Dean Wigmore*, Seminar Jurist(47), University of Michigan, 1943, p. 32-47.

〔3〕 Cfr. Alfredo Ascoli, *Le Origini dell' ipoteca e l' interdetto Salviano: Studio Storico Esegetico di Diritto Romano*, Raff. Giusti, 1887, p. 20. 周枏先生认为信托担保因为弊大于利而最终被质权取代。参见周枏:《罗马法原论》,法律出版社2009年版,第424页。曲可伸先生说"信托质权"因不适应社会经济发展的需要被"物件质权(pignus)"取代。参见曲可伸:《罗马法原理》,南开大学出版社1988年版,第217页。

〔4〕 根据威格摩尔的研究,信托在帝国西部继续存在,这种制度的使用一直延续到优士丁尼时期,甚至于优士丁尼以后的时代。参见John H. Wigmore, *The Pledge-Idea: A Study in Comparative Legal Ideas*. Ⅲ, Harvard Law Review, Vol. 11:1, p. 18-39(1897)。塞尔维亚学者Magdolna Sič认为这种担保形式的使用甚至延续到了中世纪早期。参见M. SIč, *Fiducia and Pignus in Sources of Post-Classical Roman Law-Synonyms or Terms Utilized for Different Kinds of Pledges*, ZbornikRadova, 42: p. 475(2008)。

个不同分支，所以，讨论取代信托担保的究竟是狭义上的 pignus 还是 hypotheca，毫无意义。

人们会把苹果和梨子的嫁接产品苹果梨错当苹果或者梨子，但是没人会把苹果或梨子跟鸡腿弄混——稍微有些理智的人都不会将完全无关的两个东西当成一个。所以，无论是使用 hypotheca 取代信托担保，还是使用 pignus 和（或）hypotheca 取代信托担保，都暗示我们在古典法及之后的时期，信托担保和表征非所有权移转型物的担保的 pignus 逐渐地融合。

对于此问题，克罗地亚的托米斯拉夫·卡洛维奇（Tomislav Karlović）博士认为信托担保有着类似“双重所有权”的构造，并且直至其消失为止一直保持着原本的法律结构。[1] 但是，很多学者都提到在古典法时期（很有可能是末期），债务人通过容假占有的方式保留对担保物的占有和使用成为普遍适用的规则。其中，布尔德塞（Alberto Burdese）提到《西哥特罗马法》的编纂者有意识地将信托质融合进不移转所有权的担保之中，但他并没有做进一步的讨论。[2] 史志磊博士在其硕士学位论文中指出，这项工作由塞尔维亚的玛多拉·西琪（Magdolna Sič）博士完成。她的论文《后古典时期罗马法中的信托担保和质押——同义词或用于不同形式质押的概念?》首先分析了西罗马帝国晚期和中世纪早期关于信托和质押的法律文献，探讨二者之间在解释学意义上是否仍然保持着某种区别——信托担保是关于所有权的，而质押仅涉及占有，并得出这一时期的信托担保制度并不必然暗示担保物所有权的移转，它与 pignus 有成为同义词的趋势。

值得一提的是，费安玲教授主编的教科书《罗马私法学》在讨论信托担保中债权人权利之一的流质约款时说到，流质从信托质法律效力的“常素”变成“偶素”，使信托担保在法律效力上与质押非常接近，这导致信托担保制

---

〔1〕 See Tomislav Karlović, *Fiducia Cum Creditore-Risk Management and Double Ownership*, Annals of the Faculty of Law in Belgrade(1452-6557)58(2010),3:p. 96-107.

〔2〕 Cfr. Alberto Burdese, *Manuale di Diritto Private Romano* (*Quarta Edizione*), UTET, 1993, p. 205, n. 3.

度逐渐被质押制度取代。[1] 这一论断与诸多意大利罗马法教科书中“信托担保的功能逐渐由寄托、借贷和质押的功能取代”的论断一起,加强了后古典时期信托担保和非所有权移转型物的担保趋于统一理论的说服力。

〔1〕 参见费安玲主编:《罗马私法学》(第2版),法律出版社2020年版,第197页。

第二章

古典时期的非所有权移转型物的担保制度

著名的罗马法学者乔洛维茨参照蒙森对罗马史的分期方式，将罗马法的历史划分为五个阶段：推测时期（约公元前450年之前）、从十二表法到共和晚期（约公元前450年—公元前1年）、帝国第1个世纪（公元1世纪左右）、古典时期（约公元2世纪—公元3世纪上半叶）、后古典时期到优士丁尼皇帝时期（约公元235年—公元527年）和优士丁尼皇帝时期（公元527年—公元565年）。[1] 本章探讨私法上非所有权移转型物的担保制度的形成，及其在古典阶段的样貌。

第一节　从习惯法制度到裁判官法制度的转变

上文已经指出，在《十二表法》的时代，已经出现了物的担保的形式，但这种形式往往与人身控制有关，属于公法和神法上的制度。而不移转所有权的物的担保形式，亦即所谓的 pignus，受到裁判官的承认和保护，并获到"诚信关系"这种法律地位，是大约公元前1世纪发生的。

我们知道，在绝大多数社会，为了确保债的履行，债权人会要求债务人提供比他许诺的更多的信用来保证债务得到清偿。正如前所述，罗马人通过两种形式来满足这个需求：以保证支付债务的人的担保形式，和以物的经济价值为担保标的之物的担保形式。在罗马上千年的历史中，人的担保在很小的程度上发生了变化，而物的担保制度则发生了非常大的变革。[2] 这种变革的诱因往往是经济和社会的变化，特别是从共和国扩张到帝国建立这一历史阶段，剧烈的社会变革和经济发展导致债的概念变更、新的所有权观念形成以及诉讼制度的更替，从城邦到帝国的根本性变化与这些法律

---

〔1〕 See Herbert H. Jolowicz, *Historical Introduction to the Study of Roman Law*, Cambridge University Press, 1971, p. 4-6.

〔2〕 Cfr. Paolo F. Girard, *Manuale Elementare di Diritto Romano*, Società Editrice Libraria, 1909, p. 762-769.

制度的互动,使物的担保制度逐渐从其原始状态发展成现代人所熟知的样子。

一、债的术语的变更对物的担保制度的影响

在罗马法的历史中,有两个表述“债”的术语:早先使用的是 nexus,现在一般被翻译作“债务口约”,它与要式买卖(mancipatio)共同区分了罗马法中的债权和物权;[1] 稍后采用的,同时也是现代法中人所熟知的,是 obligation。[2] 罗马人对确保债的履行的最早探讨,是在对债务口约制度的阐述中。[3] 这两个术语的更替,使以保障债的履行为目的的担保制度发生了根本性的变革。

债务口约最初用来借钱,后来扩大为适用于所有可计量之物的借贷,成了普通的消费借贷契约。这种契约的违约后果很严重,因为其中须规定关于债务人自我买卖的条款,换言之,债务的履行是以债务人的人身作为保障的,所以它涉及人身自由和生命安全。[4] 债务人一旦违约,就会变成“债奴”(nexi)。根据《十二表法》的规定,“实施要式现金借贷或要式买卖的,按宣告的言辞具有法律效力”,如果“债务人不执行判决,或无人在长官前为他担保,则原告可将他押至家中,拴以重量不轻于 15 磅的铁链或脚镣,如果愿

---

〔1〕 根据徐国栋教授的解释,Nexum 来自动词 nectere,意思是“编织、束缚”。该词有两意:其一,指一种交易形式,订立中,要用铜和称,5 名证人和一名司称。其二,债奴。它和 Mancipium 都有交易形式的意思,关于两个词之间的关系,罗马法学家有彼此独立说和同一说两说。曼尼流斯认为:所有通过称和铜块实施的行为,都是 Nexum,其中包括 Mancipium。但昆图斯·穆丘斯·谢沃拉(约公元前 140 年—公元前 82 年)认为,Nexum 只包括通过铜块和称实施的旨在产生债的行为,此外还有移转所有权(mancipium)的行为。参见徐国栋:《论罗马法对物权与债权的区分》,载《江汉论坛》2015 年第 2 期。

〔2〕 参见[意]彼德罗·彭梵得:《罗马法教科书》,黄风译,中国政法大学出版社 2005 年版,第 270 页;另可参见 William W. Buckland, *A Text-book of Roman Law: From Augustus to Justinian*, Cambridge University Press, 1921, p. 426.

〔3〕 参见 Boak A. E. R., *A History of Rome to 565 AD*, New York: Macmillan, 1946. 36 以及 Cfr. Paolo F. Girard, *Manuale Elementare di Diritto Romano*, Società Editrice Libraria, 1909, p. 500-502。

〔4〕 参见周枏:《罗马法原论》,法律出版社 2009 年版,第 716-717 页。

意,可以加重分量”,若是继续不履行或者当事人之间未能达成协议,则债务人可能被私行处死或者被卖到外国。[1]

这种残酷的做法到公元前326年才得以改变,《关于债奴的佩特流斯和帕皮流斯法》(Lex Poetelia Papiria de nexis)解放了债奴(尽管并不彻底)。[2] 李维(Titus Livius)评论说,对于罗马平民来说,这像是自由的开端,因为除了那些因为犯罪而受罚的人以外,任何仍在受违约金条款约束(donec poenam lueret)的人不应受到束缚或监禁,所欠的钱款应当用债务人的财产而不是躯体来偿还。[3] 这意味着债之履行的保障不再是人身,而转变成纯粹的财产。

债务人和债权人之间的斗争是罗马共和国最初2个世纪社会发展的主旋律之一,而《佩特流斯法》(Lex Poetelia)的颁行无疑是债务人的胜利。但债权人的利益如何保障?彭梵得在他的《罗马法教科书》中解释说:“在‘法律诉讼’程序中,执行对物之诉的判决……当然,在债的诉讼中,通常所采用的程序是……《佩特流斯法》,废除了拘禁之诉的刑罚特点……一种财产性程序的萌芽,至少在后果方面,出现在或许由裁判官鲁第里奥·鲁佛(Rutilio Rufo)引进的财产拍卖(bonorum venditio)中……”[4]财产拍卖是与拘禁之诉并行的一种程序——只有当债权人主动提起,或者债务人缺席甚至逃跑使拘禁之诉不能执行时,才可以启动这个程序。具体来说,就是在有多数债权人的情形下,长官应一个或多个取得占有的债权人的请求,授权他们占有债务人财产,在一个固定的期限过后,长官授权债权人会议选出一个财产托管人负责编制拍卖计划、债权和债务的状况以及拍卖的条件,然后拍卖财产

---

〔1〕 参见徐国栋等:《〈十二表法〉新译本》,载《河北法学》2005年第11期。

〔2〕 Cfr. Giovanni Rotondi, *Leges Publicae Populi Romani*, Georg Olms Verlag, 1912, p. 230. 对于《关于债奴的佩特流斯和帕皮流斯法》的实际影响,学界有争议。参见李怀国:《罗马波特里乌斯债务法的历史作用质疑》,载《辽宁大学学报(哲学社会科学版)》2002年第3期。

〔3〕 参见[意]彼德罗·彭梵得:《罗马法教科书》,黄风译,中国政法大学出版社2005年版,第270页。译文按照徐国栋教授《罗马私法》课程第12讲的讲义进行了改动。

〔4〕 [意]彼德罗·彭梵得:《罗马法教科书》,黄风译,中国政法大学出版社2005年版,第78页。

给出价最高者,以拍卖所得补偿债权人。被拍卖财产的买受人接替债务人的法律地位,在规定的期间内对债权人履行债务。[1]

根据徐国栋教授的研究,在公元前2世纪,财产拍卖和财产占取(Missio in bona)两个制度聚合形成一种"财产概括的买受"制度,被视作继承的一种形式,债务人会承担"破廉耻"的后果。[2] 到了帝国初期(非常诉讼时期),财产零卖(bonorum distractio)制度开始实行,它伴生于财产拍卖制度,最初是原则中的例外,它意味着一项特权,适用于元老阶级成员和未成年人。[3] 这样,基于保护"尊者"和保护未成年人的理由,他们的财产并非全部而是部分被出卖,这样就没有"破廉耻"的结果。后来,它的适用范围逐步扩张,最后取代了财产拍卖制度。

到盖尤斯提出obligation概念的时代,亦即安东尼努斯·皮尤斯皇帝时期,已决案诉讼中的扣押(pignus in causa iudicati captum)制度出现,债权人在提出申请后,裁判官命令其属员占据债务人的财产,并授予债权人对这些物品的质权,如果债务人未在两个月内清偿债务,则将扣押物品拍卖,以拍卖所得补偿债权人的损失。

至此,作为确保债的履行的客体,担保标的从以债务人/担保人的人身、名誉为内容,最终发展成现代人熟知的以债务人或担保人的财产为内容,废弃了人身执行的方式。[4] 这是一个巨大的进步!

---

〔1〕 参见黄风编著:《罗马法词典》,法律出版社2002年版,第43页。

〔2〕 参见徐国栋:《优士丁尼〈法学阶梯〉评注》,北京大学出版社2011年版,第389页;徐国栋:《罗马破产法研究》,载《现代法学》2014年第2期。财产占取是指执法官授权原告对逃跑的未履行债务的被告的全部财产实行占有,以督促被告参加证讼程序,以便诉讼能继续进行,因为占有的原告并不具有出售财产的权利。参见前注,黄风书,第178页。彭梵得认为这种程序"只不过是一种为债务人财产设置新享有人的方式,这位新主人同意向债权人清偿",参见《罗马法教科书》,彭梵得书,第78页。从这个角度看,"新主人"取代了债务人的位置,这只不过是债的更新而已。

〔3〕 它可能由奥古斯都时期的一个元老院决议确立。Cfr. M. P. P. Alvarez, *Origine e Presupposti del Concorso dei Creditori a Roma*, Teoría e Storia del Diritto Privato, 4: p. 30(2011).

〔4〕 必须说明的是,这种废弃并不彻底。人身执行一直到优士丁尼时代依然以附带的方式存在。参见C. 9,11,1和C. 9,5,1,2。

二、所有权观念的演进对物的担保制度的影响

早期罗马人的所有权观念是以家父权为核心的，具有主权的特征，是对要式物的支配权，和对略式物的"经济归属"的确定。[1] 在这种观念下，所有关系和占有关系并没有严格的区分，物和对物权利之间也没有明确的界限。[2] 在制度起源时期（甚至于古典法早期），人们用来表达所有权的套语是"这是我的"，这种具有强烈主权宣示色彩的表达告诉我们，当时人们关注的是主权者（家父）对其家子、奴隶和家畜等财产的控制是否完整，而非对其最大限度的利用。这就使现代人所熟悉的，具有占有和所有、使用价值和交换价值相分离等特征的物的担保模式缺乏产生的土壤，造成当时债权人和债务人只能采取物的所有权移转的形式（具体来说，就是要式买卖和拟诉弃权的形式）来确保主债的履行。这就是信托担保（fiducia cum creditore）被认为是罗马人最早的物的担保形式的原因之一。

---

〔1〕 参见［意］朱塞佩·格罗索：《罗马法史》，黄风译，中国政法大学出版社 2009 年版，第 84 页。彭梵得将罗马法中的所有权定义为"对物最一般的实际主宰或潜在主宰"。参见［意］彼德罗·彭梵得：《罗马法教科书》，黄风译，中国政法大学出版社 2005 年版，第 148 页。根据彭梵得的理论，支配权具有主权特性，其主体是家父，客体是集体性质的要式物（一个经济和社会组织得以存续的不可缺少的物，是一种集体和社会性财产。其对应术语是略式物，最初仅仅包括家庭内部成员所属的具备个体性归属特征的动产）。参见汪洋：《罗马法"所有权"概念的演进及其对两大法系所有权制度的影响》，载《环球法律评论》2012 年第 4 期。另一位法学家舒尔茨告诉我们，古罗马的法学家们并未给出一个所有权的定义，并且认为罗马法上的所有权是指一种持有者对其持有之有形物（corporeal thing）的完全的权力，而此种权力可能会受到某些限制。参见 Fritz Schulz, *Classical Roman Law*, Translated by Ernst W, Clarendon Press, 1969, p. 338。

〔2〕 不区分占有和所有，是因为所有权仅仅被设想为一种较他人更好的占有的方式。以最古老的关于所有权的程序返还所有物之诉（actio rei vindicatio）为例，它最初采取的是对物的誓金法律诉讼（legis actio sacramento in rem）的程序。在这种诉讼中，双方当事人都主张物是归自己所有的，由裁判官以诉讼当事人一方的权利占优为依据判定物的归属。参见 Max Kaser, *Roman Private Law*, Translated by Rolf Dannenbring, University of South Africa, 1984, p. 116。而物和对物的权利之间不作区分，是因为"罗马法学家更倾向于具体形象的思维，他们将人与物之间存在的直接的法律关系直接的反映为物本身，将所有权与物等同……原因之一在于，当时喜好法律经验的实用性的罗马人尚不具备这一概念建构的能力和需求；原因之二在于……是因为他们仅仅将权利定义为一种限定性的权利或权力……但不可能存在一种无限定性的一般性的权利……"参见上注汪洋文。

在城邦制度建立和完善之后,习俗逐渐被法律替代,政治活动的中心也开始从氏族和家庭移转到共和国。这种家庭社会角色的弱化以及习俗重要性的削减,造成了父权的没落。恰逢其时,随着布匿战争等对外扩张的成功,商业经济开始活跃化,资本开始向商业领域移转,罗马人的交易活动从过去的城邦内外的接触迅速转变成罗马人、行省人的接触。这些变化使旧的所有权观念成为经济活动的桎梏。一种具有纯粹经济含义与个体性特征的更为技术性的所有权观念,应运而生。

在古典法时期,尽管"市民法所有权/奎里蒂法上的所有权"依然被看作一种"物",但通过法学家和裁判官们的努力,这一概念已经逐渐成为"权利"的近义词。这种努力的第一个标志就是设立新的诉讼工具来保护对物的占有这一"事实"。[1] 而保护占有的诉讼之出现,导致法律对债务人仅移转占有给债权人而自己保留所有权的担保方式的承认,并进一步为非所有权移转型物的担保的广泛使用奠定了理论基础。[2]

三、社会经济文化的发展对物的担保制度的影响

阅读古罗马文献,读者往往会发现提供和接受担保是一个经常出现在罗马人日常生活中的现象。与现代社会不同,在古罗马(特别是共和时期或古典法时期),最常见的担保是债务人的保护人或者朋友站出来,以他们的信用来为债务人的交易作保。[3] 这种担保关系构成了一个任何人都不能

---

〔1〕 参见[意]路易吉·卡珀格罗西·阔洛内塞:《所有权和物权:从罗马法到现代》,薛军译,载费安玲主编:《学说汇纂》(第2卷),知识产权出版社2009年版,第9-28页。

〔2〕 See William W. Buckland, *A Text-book of Roman Law: From Augustus to Justinian*, Cambridge University Press, 1921, p. 472.

〔3〕 对此,可能会有人以彭波尼在《萨宾评注》第11卷中所说"物的担保优于人的担保"(D. 50, 17, 25)为依据进行反驳。事实上,按照勒内尔的解释,彭波尼这个文本并不是在一般意义上说物的担保优于人的担保,而是特指在质物被盗窃的情况下,物的担保中的债权人有权提起盗窃之诉,而人的担保中的债权人则不能提起这种诉讼。Cfr. Massimo Colamonico & Raffaele Zingarelli, *Le Garanzie delle Obbligazioni: Lezioni di Diritto Romano*, Vincenzo Cavaliere, Libraro-Editore, 1897, p. 77.

脱身的关系网,以至于美国学者约翰·克鲁克提出古罗马人的“日常经济关系的粘合剂是人,而非物”的判断。[1] 这种人的担保形式在很长一段历史时期内,始终是罗马人首选的担保方式,同时也是法律和裁判官告示要求的首选担保方式。[2] 例如,乌尔比安在其《告示评注》第14卷中提道:“裁判官要式口约要求那些人以自己的行为给出担保,既不能通过质押的方式,也不能通过寄托的金子、银子或者钱币等可以清偿债的东西。”[3]这种选择的倾向性是由一系列的原因造成的。

古罗马人有个很重要的宗教仪式,叫作“涤罪礼”,每5年举行一次,最初是由王来主持,后来则是由监察官负责。这个仪式的过程是这样的:首先由监察官占卜,然后让信使以特定的方式召集人民,城中全体公民在指定的日子里齐聚城外,保持沉默,跟随祭祀和主持仪式的官员驱赶牺牲绕行三周,监察官在绕行完毕后宣读祷文,然后将牺牲献祭,至此仪式完成。[4] 这个仪式,除宗教上的意义之外,还承担着登记罗马市民、遴选元老院成员的任务,所以监察官会仔细核查市民的人数,并将之详细记录在册。早期罗马人类似这样需要全体公民到场的活动还有很多。这些活动充分说明了当时的罗马还处于熟人社会的状态当中——若市民人数过多,则这些活动完全不具备操办的可能性。在这种只要说出自己是“某人之子”或者“来自某地的某某”就会迅速被接纳的社会里,人与人之间往往有着某种特殊联系,这

---

[1] See J. A. Crook, *Law and Life of Rome*, Cornell University Press, 1967, p. 243.

[2] Cfr. Massimo Colamonico & Raffaele Zingarelli, *Le Garanzie delle Obbligazioni: Lezioni di Diritto Romano*, Vincenzo Cavaliere, Libraro-Editore, 1897, p. 73.

[3] D. 46,5,7。这种要求提供人的担保的裁判官要式口约有例外情况存在。第一种例外发生在“财产合算”的情况中,第二种例外发生在“因自由权而被判给财产者”的情况中。前者在乌尔比安的《告示评注》第40卷有记载,“但是裁判官规定,财产合算必须以提供恰当的担保为发生基础。彭波尼说担保应该以保证的方式提供,让我们看看是否可以通过交付质物的方式提供担保。彭波尼在他的《告示评注》第79卷说,为财产合算提供担保,通过人的允诺或者质押都是恰当的。我也赞同此观点”。后者则记录于马尔库斯皇帝的敕令,优士丁尼《法学阶梯》第3卷第11题沿用了该规则。

[4] 参见[法]菲斯泰尔·德·古朗士:《古代城市:希腊罗马宗教、法律及制度研究》,吴晓群译,上海人民出版社2011年版,第190-191页。

就使物的信用在借贷关系中变得不必要。

从文化和民族性格上看,“罗马居民不易激动,保守,注重传统和法规,严肃和责任感是罗马人的最高品质”,具有“顽固坚持合法秩序、坚持古老习俗的秉性”,并且重诺守信。[1] 徐国栋教授告诉我们,信义女神是罗马人信仰的神之一,每年的10月1日是信义女神节,信义女神殿位于卡皮托山上,始建于公元前258年,并在公元前115年重建,与主神朱庇特的庙宇为邻,罗马人在此庙中与外国签订条约,并将此等条约保管于此处,由信义女神作为履行他们的担保。[2] 她把一切背信行为当作对自己的侮辱而报复之。[3] 旅意日本学者盐野七生用公元前281年罗马人与皮拉斯(Pyrrhus)[4]之间战争的故事,为我们展现了罗马人对“信义”精神的尊重:皮拉斯应塔兰托人的邀请指挥军队与罗马人开战,获得胜利后派人与罗马和谈,在和谈过程中单方面同意释放大约600人的罗马俘虏回罗马,后来和谈未成,这600名俘虏又一个不少地回到塔兰托;差不多同时期,一名据说是皮拉斯的私人医生派出的使者造访罗马元老院,提出愿意毒杀皮拉斯以谋求好处,元老院将这一情况通报给了皮拉斯。[5] 有了这种在国人看来颇有宋襄公风格的认死理精神,古罗马人选择以人的信用为基础的人保形式作为债务履行的保障,也就不难理解了。

---

[1] 参见[英]J. C. 斯托巴特:《伟大属于罗马》,王三义译,上海三联书店2011年版,第2页、8页、54页。

[2] 参见徐国栋:《民法基本原则解释:诚信原则的历史、实务、法理研究》,北京大学出版社2013年版,第91页。

[3] 参见[古罗马]西塞罗:《论义务》,王焕生译,中国政法大学出版社1999年版,第347页。

[4] 皮拉斯(公元前319—前272),也译作皮洛士或皮瑞斯,古希腊的伊庇鲁斯国王。

[5] 参见[日]盐野七生:《罗马人的故事Ⅰ:罗马不是一天建成的》,徐幸娟译,台北,三民书局2008年版,第200-201页。但是西塞罗在他的《论义务》中给我们举了两个相反的例子。第一个例子不知真假:罗马人已经与敌人协定停火30天,而罗马的将领却以停火协议中说的是“白天”而非“天”夜袭了敌人的营地;第二个例子是真的:昆图斯·法比乌斯·拉贝奥(或者其他人)依照元老院的委派仲裁诺拉与那不勒斯的疆界纠纷,双方接受调停并各自退让,空出了两者之间的一大片中间地带,于是仲裁者将空出来的土地划给罗马。这两个例子让人对正文中描述的罗马人的品性产生怀疑。

从道德风俗方面看,一方面,早期的罗马人往往隶属于一切共有共享的家庭,以及以血缘和家庭关系连接起来的家族,其成员间往往有着密切而积极的关系,需要履行远超现代社会中类似关系者所负担的社会和道德责任;另一方面,以家族为基础构成的熟人社会中,每个社会成员之间都彼此负有各种各样的义务。[1] 而这些责任和义务当然包括给他人作保。约翰·克鲁克在他1967年出版的《罗马的法律和生活》中精辟地说:"罗马人的生活由两种观念导引:平等主体之间的相互帮助(我解决了你的麻烦,那么之后我有麻烦时可以在道德上要求你的帮助),以及高等级身份者对门客的恩惠。"[2]对于前者,西塞罗告诉我们,虽然根据市民法和各项法令,已经作为私有财产分配给个人的一切物都应该为私人所有,但是"朋友之间一切都是不分彼此的"[3]。对于后者,西塞罗告诉我们,门客与恩主是一种"投靠"关系。[4] 古代作家杰流斯(Gellius)也说,恩主要保护门客,比如给他钱,解决他的债务问题,作为他的代理人或者保证人。[5]

从法律制度层面上看,如同前文所述,当时罗马人对不履约的债务人的执行手段是同时涉及人身和财产的,而且这种人身执行一直存续到至少优士丁尼皇帝时期。这就意味着对于债权人来说,人保的安全性在当时要远高于物保——自由与生命带给债务人的压力,岂能是财货之得失所能媲美的。此外,这种情况的出现同时也是因为物的担保制度的本身缺陷,主要表现为移转所有权和占有的担保形式会导致生产、生活的不便,而不移转所有

[1] 斯多亚主义哲学认为"我们每个人都站在一系列同心圆圈的中心……第二圆圈包括我们的家庭;第三和第四圆圈包括我们家族的延展……倘若我是有德之人,那我就会将圆圈一起拉近,将堂兄弟当作亲兄弟,同时不断地把人们从外圈转入内圈"。这一过程被斯多亚学派称作"家庭化"。参见[英]安东尼·肯尼:《牛津西方哲学史》第1卷,王珂平译,吉林出版集团有限责任公司2010年版,第332-333页。

[2] See J. A. Crook, *Law and Life of Rome*, Cornell University Press, 1967, p. 93.

[3] [古罗马]西塞罗:《西塞罗三论》,徐奕春译,商务印书馆2005年版,第113-114页。

[4] 参见[古罗马]西塞罗:《论演说家》,王焕生译,中国政法大学出版社2003年版,第122页。

[5] See Gellius A. Cornelius, *Noctes Atticae* (*Loeb Library Translation in 3 Vols.*, *Vol.* 1), Translated by J. C. Rolfe, Harvard University Press, 1927, p. 419-421.

权和占有的担保形式不但缺少登记公示,而且会发生一物多质的情况。[1] 科拉莫尼科和津加雷利更进一步指出当时的质押制度缺少实现担保的手段,认为它只赋予债权人持有担保物的权利,而无出售质物以实现债权的授权。[2] 这种基于安全性进行的选择,可以从当时富人们的投资意向中看出:公元前 3 到公元前 2 世纪,大规模的罗马征服让巨大的财富流入罗马,财富纷纷被投入农业和金融业务当中。[3] 这种投资倾向一直持续到帝国初期:小普林尼就曾说过他的财富大部分投资在属于自己的由隶农(coloni)耕作的土地上,小部分则基于人的信用(personal credit)借出以生息。[4]

此种状况的改变,按照马克斯·卡泽尔(Max Kaser)的说法,至少是发生在帝国后期的事情了。笔者则认为这种情况的改变至少从罗马人开始将地中海变成"我们的海"就已经开始了。

在历次布匿战争之后,罗马无论是在人口还是财富等方面都迅速扩展。人口方面,徐国栋教授为我们提供了一组数字:罗马人口在公元前 174 年是 25.8 万人,公元前 86 年是 91 万人,增长了 3 倍多,到奥古斯都时代,罗马的人口,仅住公寓楼的,就达到了 1,165,050—1,677,672 人之多,加上 1797 个独立住宅的住户,以每宅平均住 20 人计,共 35,950 人许,这样,罗马的总人口达到 120 万许。[5] 这组数据说明罗马城里居民的陌生程度开始增加。而随着财富的聚集,罗马人开始更多地在行省投资金融产业和商业。这二者导致完全由陌生人构成的社会开始形成。在社会风俗方面,公元前 2 世纪以后,社会公德和个人道德都在堕落,政治上的腐败和婚姻责任的逃避使基于

---

〔1〕 See Max Kaser, *Roman Private Law*, Translated by Rolf Dannenbring, University of South Africa, 1984, p. 154.

〔2〕 Cfr. Massimo Colamonico & Raffaele Zingarelli, *Le Garanzie delle Obbligazioni: Lezioni di Diritto Romano*, Vincenzo Cavaliere, Libraro-Editore, 1897, p. 78.

〔3〕 参见[俄]科瓦略夫:《古代罗马史》(上),王以铸译,上海书店出版社 2011 年版,第 365 页。

〔4〕 Epist. 3, 19, 8。转引自 Fritz Schulz, *Classical Roman Law*, Translated by Ernst W, Clarendon Press, 1969, p. 403。

〔5〕 参见徐国栋:《罗马公共卫生法初探》,载《清华法学》2014 年第 1 期。

高尚品德而产生的人的信用缺失。[1] 此外,制度层面上,在一个债务人面对多数债权人时以物作保的债权具有优先性的制度发展起来了,到拜占庭时期,对于不移转占有的 pignus 也建立了公示制度(Pignus publicum)。[2]

此外,货币的使用和货物买卖市场的出现,对非所有权移转型物的担保制度的内容产生了巨大的影响。[3] 物的担保制度是通过物的信用来确保债的实现,而物的信用是通过物的价值来表现的,价值越大则信用越坚挺,亦即以有价值的东西来构建人和人之间的信任。这种信任的基础,是在债务人不履约的情况下,确保债权人能以物的价值弥补其损失,甚至于获利。这种弥补和获利的途径有二:直接占为己有,或者将之换成金钱后占为己有。用专业术语来表达,前者是我们所熟知的流质约款或者解约条款(lex commisoria),后者则是出售简约(pactum distrahendi 或 pactum venditionis)。作为给予债务人心理压力、迫使其还款的手段,流质约款的产生时间理所当然地早于出售简约——后者以货物买卖市场的出现为条件,这是不言自明的。具体到非所有权移转型物的担保制度中,大约在老加图之前的某个时期,这些市场因素导致了质押合同中解约条款的出现:当出现违约时,给予债权人质物在裁判官法上的所有权。[4] 但是,债权人直接将物据为己有会产生很多弊端:比如物的价值和债的价值不相当时,总会有一方当事人吃亏;而且可能会导致债权人乘人之危以谋取利益的现象出现。随着公元前 3 世纪罗马人开始以铜为本位建立货币体系,以及之后因迅速扩张的罗马贸

[1] 参见[英]J. C. 斯托巴特:《伟大属于罗马》,王三义译,上海三联书店 2011 年版,第 102-103 页。

[2] 公示质押制度是指运用文件的方式并在三个证人的见证下订立的不移转担保物占有的非所有权移转型担保。它的建立时间较晚,通说认为它的建立是 Leo 皇帝的功劳,后为优士丁尼采纳。

[3] See Phillipson E. Donald, *Development of the Roman Law of Debt Security*, Stanford Law Review, Vol. 20:6, p. 1230-1248(1968).

[4] 参见 William W. Buckland, *A Text-book of Roman Law: From Augustus to Justinian*, Cambridge University Press, 1921, p. 474,另可参见 Paolo F. Girard, *Manuale Elementare Diritto Romano*, Societa Editrice Libraria, 1909, p. 793 以及 Fritz Schulz, *Classical Roman Law*, Translated by Ernst W, Clarendon Press, 1969, p. 414-415。

易而开始采用银本位的货币政策,这一问题有了另一个解决办法。[1] 随着货币制度的产生,以及城市中日益活跃的贸易,物的价值开始可以用一般等价物来衡量,当事人可以将担保物出售以实现其交换价值,以货币的形式准确地满足自己的债,以多退少补的形式平衡债权人和债务人之间的利益。

种种社会现实和经济条件,迫使人们越来越多地选择以物的信用来确保债的安全,随着人们对物的担保制度的重视,以及比较完善的新担保形式的出现,旧担保形式逐步退出历史舞台。这种选择在立法上的体现,表现为专门探讨物的担保的法学家著作的出现,和《学说汇纂》第 13 卷第 7 题和第 20 卷的存在。[2] 但由于法典编纂活动的影响,种种不同名目和特征的物的担保制度让后世的研究者们产生了诸多的困惑。

第二节 非所有权移转型物的担保的概念之细化

一、非所有权移转型物的担保概念下的担保交易形式

如上所述,严格来说,术语 pignus 源于神法和公法,在早期的罗马私法上指所有不直接移转担保物所有权的物的担保制度。将 pignus 译作质押,是中文罗马法学界的惯例,但从广义上说,译为"非所有权移转型物的担保"似乎更佳。

19 世纪末,学界对 pignus 定义的通说,是担保物由债权人占有或者移交

---

〔1〕 See A. E. R. Boak, *A History of Rome to 565 AD*, Macmillan, 1946, p. 94.

〔2〕 从法学家的作品来看,盖尤斯、保罗、马尔西安都曾经写过以"抵押"为名的作品。从《学说汇纂》的目录来看,第 13 卷第 7 题是关于"质物请求之诉及对待诉权"的,第 20 卷整卷是关于质押和抵押的,而涉及人保的部分则只有第 46 卷第 1 题"关于诚意负责保证人(fideiussor)和委任保证人"(Mandator)。具体请参见斯奇巴尼教授选编、徐国栋教授翻译的《民法大全选译 · 法律行为》一书的附录二和附录三部分。此外,人的担保制度在实践中的适用,被认为直到优士丁尼皇帝时期仍然处于优势地位。Cfr. Massimo Colamonico & Raffaele Zingarelli, *Le Garanzie delle Obbligazioni: Lezioni di Diritto Romano*, Vincenzo Cavaliere, Libraro-Editore, 1897, p. 79.

担保物给债权人以担保债的履行的物的担保形式。[1] 20世纪以来,学界的通说是,共和晚期到帝国早期这个时间段内罗马法上有两种物的担保形式:fiducia cum creditore 和 pignus。前者是债权人取得担保物所有权的担保形式;后者则是不涉及所有权移转的物的担保形式,[2]包括协议质押(pignus conventum)和给付质押(pignus datum)两种。这两种质押的区别不在于担保标的是动产还是不动产,而在于结构模式——是否移转占有。到了罗马帝国晚期,pignus conventum 发展成为抵押(hypotheca,标的是不动产且不移转占有),[3]而 pignus datum 就是人们通常所说的质押(pignus,标的是动产且移转占有)。[4] 这种优士丁尼《法学阶梯》给我们的概念是后古典时期法学家的设计,看起来像是在乌尔比安的说法上增加了动产和不动产的区分。[5] 当然,这里我们还必须注意到马尔西安简单化了的说法:质押和抵押的区别只不过是名称不同而已。[6]

---

〔1〕 See Thurston Harry Peck, *Harpers Dictionary of Classical Antiquities*[EB/OL].

〔2〕 See Goebel J. Roger, *Reconstructing the Roman Law of Real Security*, Tul. L. Rev., Vol. 36:p. 29-66(1961).

〔3〕 抵押在早期被叫作协议质押(pignus conventum),出现在大约公元前1世纪左右,是 pignus 制度在特殊领域适用所导致的变形,后来由于受到希腊的影响而采用了现代人更加熟悉的名字 hypotheca。它在优士丁尼皇帝的《市民法大全》中的出现可能是"添加"的结果。参见[意]彼德罗·彭梵得:《罗马法教科书》,黄风译,中国政法大学出版社2005年版,第261页。另有说法认为术语 hypotheca 取代的是披着信托质外衣的新型担保形式。抵押关系的成立有赖于一个关于担保的协议之设立,即担保人和债权人之间达成一项协议,当事人据此协议首先在一物上设定负担,如果债务不履行则债权人取得担保物的占有。这种担保形式据说最初仅适用于农庄主—隶农之间。对于抵押的诞生和抵押关系中当事人的权利义务,笔者将在下文进一步讨论。另外,还须注意的是,阿斯科利认为抵押的存在应该不会早于公元1世纪,并指出在不涉及质物之占有移转的担保形式在罗马法史上早有例子:建城后259年,执政官 Servilio 就颁布了一个告示,在战争时期,当债务人的身份是士兵时,在既存有效的质押中,债权人不得在债务人缺席的情况下取走质物。Cfr. Alfredo Ascoli, *Le Origini dell' ipoteca e l' interdetto Salviano: Studio Storico Esegetico di Diritto Romano*, Raff. Giusti, 1887, p. 52, 56.

〔4〕 D. 50,16,238,2;I. 4,6,7。

〔5〕 D. 13,7,9,2。乌尔比安:《告示评注》,第28卷:我们正确的指出质押是将占有移转给债权人;占有不移转给债权人的,我们称之为抵押。I. 4,6,7。"……事实上,朕严格地说,'质押'的名称,只包括同时也交付物于债权人的情况,尤其是物为动产的情况下;而未经交付、根据裸体协议持有的物,朕严格地说它包括在抵押的名称之内。"参见徐国栋:《优士丁尼〈法学阶梯〉评注》,北京大学出版社2011年版,第501页。

〔6〕 D. 20,1,5,1。

Pignus 和 hypotheca 两个术语曾使许多罗马法学者感到困扰，比如艾伦·沃森（Allan Watson）就在他的译著中提到："Pignus 有时用来涵盖移转土地或者动产占有的物的担保；hypotheca 则不包括占有的移转。一般来说，文本对这两者的表述是不加区别的，且同等对待两者。我将两个术语均译作 mortgage……"[1]中文学界对其的理解也是五花八门，但主流的观点是将 pignus 理解为质押，将 hypotheca 理解为抵押，二者之间是相互独立的。[2] 这种观点，一方面可能源于19世纪和20世纪初英语、法语罗马法学家的作品，另一方面可以归结到乌尔比安对 pignus 和 hypotheca 两个术语的解释，以及优士丁尼《法学阶梯》对乌尔比安定义的进一步演变。[3] 如上文所述，威格摩尔和马丁·费尔提出 hypotheca 是新型的 fiducia，并得到部分学者的认同。但根据最新的研究和考据，hypotheca 是在 pignus 的附加条款和协议的基础上发展而来的观点已经成为主流。[4] 如上所述，前者被认为是拉丁术语 pignus conventum 的希腊文形式的转写，后者则是给付质押（pignus datum）后来的简称。这两者是从公元前3世纪末期开始演变的。

二、罗马法中非所有权移转型物的担保的性质：一种合同（contractus）

通说认为，pignus 最初是一种由当事人之间的简约产生的，仅移转担保物之占有的物的担保形式。占有的移转使质押债权人取得占有人的法律地位，并凭借这种地位受到占有令状的保护。[5] 这种简约在后来受到裁判官的保护，变成一种诚信合同，并进而在优士丁尼法中成为一种典型合同。此

---

[1] See Alan Watson, *The Digest of Justinian* (*Volume* 2), University of Pennsylvania Press, 1985, p. 123, n. 1.

[2] 特别值得注意的是，有的学者将 pignus 译作抵押，将 hypotheca 译作质押。参见唐勇：《债权质权：物债二分体系下的"骑墙者"》，载《中外法学》2013年第6期。

[3] D. 13,7,9,2。I. 4,6,7。当然，我们还要注意马尔西安将质押和抵押两个术语等同的解释。

[4] Cfr. Arnaldo Biscardi, *Appunti sulle Garanzie Reali in Diritto Romano*, Cisalpino - Goliardica, 1976, p. 150.

[5] Cfr Mario Talamanca, *Istituzioni di Diritto Romano*, Giuffrè, 1990, p. 479.

处的合同与现代的合同不同，它是与私法相并列的一种债的发生依据。〔1〕事实上，罗马法中债的产生根据有四：合同、准合同、非行、准非行。质押合同就是一种双务、要物合同。〔2〕它被这样定位，是因为当出质人履行到期债务后，质权人有义务向出质人返还为保障前者对后者的债而交付的担保物。质押合同取得这种地位的时间大约是在塞维鲁皇帝之后、盖尤斯《法学阶梯》写成之前。巴克勒（William Hepburn Buckler）认为，pignus 早在共和国晚期之前就成为万民法上合同之一种，是由基于事实的诉讼（actio in factum）保护的。〔3〕尽管他批评了乌别洛德（Ubbelohde）因"质物返还之诉"（actio pigneraticia）在"告示"（edict）中的位置处于使用借贷（commodatum）和寄托（depositum）之间，即认定裁判官引入质物返还之诉的时间要晚于使用借贷之诉而早于寄托之诉的观点，但仍然将 pignus 合同确定为借贷合同和寄托合同的同时代产物。

三、抵押的起源

抵押是既不移转担保物的所有权，也不移转担保物的占有的担保形式，最早是在租赁法律关系中崭露头角的。〔4〕在租赁关系中，承租人要支

---

〔1〕参见徐国栋：《罗马私法要论——文本与分析》，科学出版社 2007 年版，第 186 页。

〔2〕I. 3,14,4。D. 44,7,1,6。参见徐国栋：《优士丁尼〈法学阶梯〉评注》，北京大学出版社 2011 年版，第 398 页，另可参见［意］彼德罗·彭梵得：《罗马法教科书》，黄风译，中国政法大学出版社 2005 年版，第 283 页。要物合同的传统规定性在于其无偿和可返还，质押无疑符合第二点，但其是否具有无偿性？对此，蒋军洲博士在他的博士论文中有论述，这里不再赘述。

〔3〕See William H. Buckler, *The Origin and History of Contract in Roman Law*, C. J. Clay and Sons, 1895, p. 191.

〔4〕关于协议质押最早出现于城市房屋租赁关系还是农村土地租赁关系存有争议。按照 Mattoe Marrone 的说法，协议质押的使用大约开始于公元前 2 世纪，当事人之间仅订立一个简约而不发生担保物的交付。这个协议的内容是当债务人不履约时，债权人有权取得担保物的占有，类似于债权人依据协议实施了扣押，而这种自力救济的扣押行为在古典法时期始终被认为是正当的；但当主债消灭时，债权人须要返还质物，此返还行为可能是对债务人的，也可能是对第三人的。此种担保形式最初运用于庄园主—隶农的关系，后来扩大到所有的信用担保领域。Cfr. Mattoe Marrone, *Istituzioni di Diritto Romano*, Palumbo, 2006, p. 377－378. Giovanni Pugliese 持类似的观点，只不过他的表述是"前古典法时期末期"（la fine del sottoperiodo preclassico）。Cfr. Pugliese Giovanni, *Istituzioni di Diritto Romano*, 3^a, G. Giappichelli, 1991, p. 500.

付租金给出租人,否则,按照传统的做法,出租人可以将承租人带入被出租物业范围中的“带入物”(invecta et illata)扣押起来,并且借助“出售权”的规定,将之卖掉以弥补损失。[1] 这种扣押带入物的做法就成了抵押制度的起源。由于古罗马人往往因为城乡差别而分设不同的规则,所以下面也按照城乡的不同而分别叙述:

古罗马人用来居住的建筑有两种:一种叫作公寓楼(Insulae),另一种叫作别墅(domus)。前者多是用来出租给穷人住的,不少都达到六七层楼的高度。[2] 根据公元前1世纪的作家撒路斯提乌斯(Gaius Sallust Crispus)的报道,在当时,挥霍掉祖业的人、因不光彩的事情或罪行而不得不背井离乡的人以及在乡下靠手工劳动以维持悲惨生活的年轻人,在公家和私人施舍的引诱下跑到城里过闲散、无所事事的生活,而由于农业生产无法容纳更多劳动力的原因,许多农民也移居罗马。[3] 上文已述,徐国栋教授的研究显示,罗马共和国末年,罗马城有大约120万人。杨共乐教授进一步指出,“罗马城70-80万的居民中约有奴隶10万人,还有相当比例的被释奴隶和两三倍于此的平民和无产自由民”[4]。这些迅速增加的人口刺激了古罗马房屋租赁业的发展。但是作为贫民或者无产者,他们的支付能力受到房东的质疑,于是租客带入其所租房屋的物品就成为确保他们按期支付房租的担保物。因为这种带入物仍然处于房客的实际管控之下,债权人无法保证自己可以在债务人不支付租金时取得对担保物的占有,所以往往采用自力救济的方式将债务人锁在出租屋之外,实际控制担保物。为了防止这种自力救

---

[1] Cfr. Cristina Giachi, *L'interdetto de Migrando*, *Un Rimedio Contro l'abuso di Autotutela Estremamente Longevo*, Teoría e Storia del Diritto Privato, 1:7(2008).

[2] 参见[意]阿尔贝托·安杰拉:《原来古罗马人这样过日子》,廖素珊译,台北,商周出版社2011年版,第26页。

[3] 参见[古罗马]撒路斯提乌斯:《喀提林阴谋》,王以铸译,商务印书馆1996年版,第123-124页。

[4] 杨共乐:《罗马社会经济研究》,北京师范大学出版社2010年版,第96页。

济行为的滥用,裁判官授予令状,保护承租人带入租赁房屋的物品的安全。[1] 这种预防出租人滥用自力救济的令状,就叫作"禁止搬离令状"(interdictum de migrando)。[2]

让我们把目光转向罗马农村的抵押。按历史学家科瓦略夫的说法,公元前2世纪的意大利爆发了一场巨大的"经济变革"——当时的平民拥有从国家取得的土地的转卖权,但由于种种原因,他们往往不得不将土地卖掉,从而导致土地的集中和小生产者—农民的无产阶级化。[3] 罗斯托夫采夫认为这是持续的战争造成的,因为只有地主才有到罗马军中服兵役的义务,所以不胜兵役之苦的农民将土地卖给富有者,而自己以佃户的身份留在土地上,"为什么意大利中部的农民从地主一变而为替罗马及各城市的资本家耕种庄田的佃户,这就是一个主要原因"。[4] 这导致农民不得不租种农庄主的土地,并以其生产工具等财产来担保土地租金的支付。从农庄主的角度来看,虽然传统是每一家的全体成员都在田地里劳作,而且使用奴隶和门客来帮助耕耘也是罗马人的习惯,但土地兼并形成的大地产急需劳动力。而这一时期的罗马奴隶制度还不像之后那么发达,使用奴隶劳动的条件还不够充足,所以使用佃农就成为农庄主的首选项。[5]

---

〔1〕 Cfr. Cristina Giachi, *L'interdetto de Migrando. Un Rimedio Contro l'abuso di Autotutela Estremamente Longevo*, Teoría e Storia del Diritto Privato, 1:7(2008).

〔2〕 房子的主人在出租房子的时候对于租客的带入物可以依据"禁止搬离令状"(interdictum de migrando)对带入物设定担保。Cfr Antonio Guarino, *Diritto Private Romano*, Jovene, 2001, p. 760. 这种令状据说颁布于共和晚期。Frier 认为它是公元前 27 年由 Servius Sulpicius Rufus 授予的,参见 Bruce W. Frier, *Landlords and Tenants in Imperial Rome*, Princeton University Press, 1980, p. 106-107。这种说法应该可靠,因为通过对《学说汇纂》的检索,笔者发现对该令状的第一次解说,是由奥古斯都时期的法学家 Labeo 做出的,参见 D. 43,32,1,4。

〔3〕 参见[俄]科瓦略夫:《古代罗马史》(上),王以铸译,上海书店出版社 2011 年版,第 174-178 页。

〔4〕 参见[美]M. 罗斯托夫采夫:《罗马帝国社会经济史》(下册),马雍等译,商务印书馆 2009 年版,第 43-44 页。

〔5〕 参见[俄]科瓦略夫:《古代罗马史》(上),王以铸译,上海书店出版社 2011 年版,第 178 页。相反的观点,如杨共乐教授认为公元前 2 世纪意大利的小农业大量破产的观点并没有足够的证据。参见杨共乐:《罗马社会经济研究》,北京师范大学出版社 2010 年版,第 17-23 页。

我们知道,当时的人们可以选择的物的担保方式有两种:信托质和质押。可是承租人往往是贫困阶级的成员,他们往往因为没有要式物,而无法选择信托质的形式。[1] 所以,他们就只能选择质押的形式来为自己的债作保了,那么生产工具等财物的占有就要移转给农庄主。此种选择将导致财物使用上的不效率——对于债务人来说,他不能使用房屋和工具;对于债权人来说,不能使用房屋和工具的债务人,可能意味着生产的不能,并进一步导致债之清偿的不能。而且,对于一个穷人来说,姑且不论他能否找到可以为自己提供担保的人,就算他能找到朋友,凭借朋友的信用来担保地租的支付,这也很可能会让农庄主担心得睡不着觉。于是,他们借助出现在城市中的房屋出租中的担保形式来处理这一问题:以承租人带入被租赁土地的带入物为担保物,确保租金的支付。

但新的问题出现了。从救济的手段来看,在当时,如果债务人不履行到期债务,那么对于债权人来说,在当事人选择的是信托质的情形下,担保物就不用返还给债务人了;在当事人选择的是给付质押的情形下,对债权人的保护是通过占有令状来进行的——在这一阶段,给付质押中担保权人的法律地位与占有人的法律地位类似;在当事人选择的是这种新出现的协议质押的情形下,债权人既无所有权,有无占有,只能依据当事人之间的简约直接扣押债务人的财产,以自力救济的方式保护自己的利益(和近现代民法上的留置权类似)。[2] 可是,农村土地和城市房屋的租赁毕竟不同——城市房屋是有锁的,一旦承租人不能支付租金,出租人可以在承租人外出的情况下将房子锁起来,让他“净身出户”;但农村土地可没有围墙,承租人完全可以在不能支付租金时拿了自己的东西就跑。这就给出租人出了个难题:如何确保在承租人不支付租金时,取得担保物的占有以维护自己的利益?或

---

〔1〕 Cfr. Alfredo Ascoli, *Le Origini dell' ipoteca e l' interdetto Salviano*: *Studio Storico Esegetico di Diritto Romano*, Raff. Giusti, 1887, p. 54.

〔2〕 Cfr. , Pugliese Giovanni, *Istituzioni di Diritto Romano*, 3^a, G. Giappichelli, 1991, p. 500.

者怎样在承租人跑了之后将东西追回来？基于这种需要，公元前2世纪末、1世纪初，裁判官引入萨尔维尤斯令状，授权出租人在承租人不能支付租金时，取得对担保物的占有。这就让出租人获得了保护自己利益的法律手段，换言之，萨尔维尤斯令状给了协议质押中的债权人等同于给付质押中债权人的法律地位。[1]

这种发展最终导致了移转占有型担保（给付质押）和非移转占有型担保（协议质押）并存的状态。简单地说，就是通过给术语 pignus 加上两种不同的限定词，将 pignus 从单纯的不涉及所有权移转的物的担保形式，按照是否移转担保标的之占有，区分成两类：给付质押（近现代法意义上的质押）和协议质押（近现代法意义上的抵押）。[2]

值得注意的是，此时的抵押，还只能用来对抗债务人或者承租人，而不能对抗第三人。换句话说，如果保留担保物占有的债务人擅自将担保物出售，那么债权人只能追究债务人的责任，而不能向担保物的买受人要求返还担保物。所以，此时的质押和抵押关系中的债权人权利，还都称不上是一种建立在他人之物上的物权。

---

〔1〕 相反的观点：根据 Goebel 的报道，德国学者马克斯·卡泽尔对这种观点进行了抨击。在卡泽尔1955年出版的 Das Römische Privatrecht 第111节第394-395页，作者认为在古典法时期，质押关系中的债权人是被作为拥有完全所有权者对待的，他可以提起“返还所有物之诉”（actio rei vindicatio）。被卡泽尔认为诞生于公元前1世纪的萨尔维尤斯令状，其诞生的原因，是其便于当事人使用程式程序（formulary procedure），并且可以避免具体的诉讼形式的问题。参见 Goebel J. Roger, *Reconstructing the Roman Law of Real Security*, Tul. L. Rev., Vol. 36: p. 29-66note 40. (1961)。齐默尔曼也引用了卡泽尔的作品，但从他的引用情况来看，卡泽尔分明说的是出质人有权以市民法上所有权的拥有者的身份，在债权人不返还物时，提起原物返还之诉，或在自己是诚信占有人时提起普布里奇安诉讼。参见 Reinhard Zimmermann, *The Law of Obligations: Roman Foundations of the Civilian Tradition* Juta & Co, Ltd, 1990, p. 221。

〔2〕 在特定的历史阶段，将 pignus 和 hypotheca 两个术语合在一起，才能与现代法律术语“担保物权”相对应。Cfr. Manlio Sargenti, *Il “De Agri Cultura” di Catone e Le Origini dell' Ipoteca Romana*, S. D. H. I., 22: 158 (1956).

四、抵押(hypotheca)是变更质押合同的协议(conventio)[1]

盖尤斯认为:

D. 20,1,4。抵押通过简约缔结而成,当某人因债务而在自己的财产上设定义务,他们即受抵押的束缚。他们用了什么术语并不重要,犹如合意契约一般。所以,如果一份并非书面形式的抵押契约可以被证明,那么财产将依据契约承担义务。写下来的目的是更简单地证明交易,但是如果可以通过其他方式证明,即使没有写下来也是有效的,正如没有证人写下证言的婚姻。

根据这一文本以及上面的论述可知,抵押最初表现为出租人和承租人之间就租金支付设立担保而达成的补充协议,是基于给付质押的简约。这在盖尤斯另一处的论述中同样明显:"如果该隶农曾同意将这些物品为将来的[地租]作质押……"

对于"conventio"一词的含义,乌尔比安作出了解释:

D. 2,13,1,3。乌尔比安:《告示评注》第4卷。"conventio"是一个属概念,它适用于并来源于一切为缔结或谈妥交易在行为人之间达成同意的事情。因为正像从不同的地方被召集并来到一个地方的人被说成是汇合一样,从不同的内心动机出发就一件事情达成了同意,换言之,达成了一个意见的人也是如此。术语"conventio"就是这样一个属概念,正如Pedius准确地说,所有契约,无论是以口头方式设立的还是以要物方式设立的,都必须包含一项协议,否则不产生任何契约关系或债的关系。因此,口头达成的要式口约在缺少合意的情况下亦无效。

徐国栋教授是这样解释这个法言的:"协议是对多种交易的复数参加者

---

[1] 尼古拉斯·巴里认为抵押是一种"变相的质押"(variant of pignus)。参见[英]巴里·尼古拉斯:《罗马法概论》,黄风译,法律出版社2004年版,第164页。

心灵合致状况的描述,它可以涵盖多种交易,合同和简约都包括在内",并且协议并不附加债。[1] 除此之外,提奥菲鲁斯告诉我们合同是双方或多方当事人为达成债而订立并约束当事人的同意(agreement)或协议(conventio),[2]而蒋军洲博士进一步告诉我们:"在债法范围内,协议采用了典型的模式才会成为合同,从而产生债。"[3]这样一来,作为协议质押基础的conventio pignoris,就可以理解为是在pignus的基础结构上,根据当事人双方的合意达成的变更协议,或者说是采取了质押这一典型合同模式的协议。

至于术语pignus conventum向hypotheca的转化,可能是因为在古典法后期,适用于前者的规则已经同样适用于信托质,其特征及法律构造与希腊法上的担保制度类似,所以出身帝国东部的法学家特里波尼安及其编纂委员会进行了"添加"。[4] 而这种"添加"行为同时也造成了优士丁尼法中pignus只适用于担保物尤其是动产的占有被移转的情形,而hypotheca适用于不移转担保物之占有的情形,导致后世学者理解的混乱。

基于此,我们可以这样理解优士丁尼法中的pignus和hypotheca:两者的法律效果相同,都是对担保法律关系当事人进行保护的手段;但在具体的担保交易形式上,根据是否移转物的占有,区分为两个不同的术语。

第三节 古典时期非所有权移转型物的担保的内容

设定一个有效的担保在罗马法中似乎是一件很容易的事情,只要债务人或者第三人对用来设定质押的物是事实上的占有(in bonis,接近完成的占

---

[1] 参见徐国栋:《罗马私法要论——文本与分析》,科学出版社2007年版,第184页。

[2] See G. Diósdi & B. Neményi, *Contract In Roman Law: From The Twelve Tables To The Glossators*, Akadémiai Kiadó, 1981, p. 94-95.

[3] 蒋军洲:《要物合同研究——对其或存或废的思考》,厦门大学2009年博士学位论文,第32页。

[4] 关于"添加",请参阅[意]朱塞佩·格罗索:《罗马法史》,黄风译,中国政法大学出版社2018年版,第373-374页。

有)即可,无论当事人享有的权利是市民法上的所有权(dominus ex iure quiritium),还是事实所有权或者行省上的所有权(proprietario bonitario o provinciale),或者是赋税地上的所有权(titolare di un ius in agro vectigali)。[1] 而用来交付的作为担保品的物,早期只能是非要式物,后来则没有这个限制;而当动产和不动产成为物的分类方式后,标的物既可以是动产,也可以是不动产。[2]

前文已述,古典法中的 pignus 是由移转物的占有而产生的一种法律关系。至于 pignus conventum,我们则可以将之理解为最终是由债权人占有担保标的。它的特征,按照比斯卡尔迪的说法,是债务人本人或第三人为了债务人的利益将物作为担保标的交付给债权人,债权人的占有受到占有令状的保护。[3]

关于古典时期非所有权移转型物的担保中当事人的权利义务之内容,除了上文提及的之外,还须强调以下几点:(1)典质条款(antichresis)是避免债权人犯下盗窃质物罪名的有效手段;[4] (2)债务人清偿到期债务后,债权人必须返还质物;[5] (3)对于照管及维护质物的费用,债权人有权向债务人索取,债权人因过失造成的损失,应向债务人进行赔偿;[6] (4)如果质物并不是债务人的财产,而债权人被他人合法地剥夺了对质物的占有,那么债务人不论是否有意,都必须承担责任。[7] 此外,债务人享有的诉

---

[1] 塔拉曼卡教授认为这是有争议的。Cfr. Mario Talamanca, *Istituzioni di Diritto Romano*, Giuffrè, 1990, p. 481.

[2] Cfr. Arnaldo Biscardi, *Appunti sulle Garanzie Reali in Diritto Romano*, Cisalpino - Goliardica, 1976, p. 145.

[3] Ibid., p. 143. 不移交占有的情况下,质权也被认为是已经设立的,参见 Reinhard Zimmermann, *The Law of Obligations: Roman Foundations of the Civilian Tradition*, Juta & Co, Ltd., 1990, p. 221。

[4] D. 20,1,11,1; D. 20,2,8。

[5] D. 13,7,9,5; I. 3,14,4。

[6] D. 13,7,8pr.。

[7] D. 13,7,9pr.。

权是质物返还之诉,债权人享有的则是对待诉权。[1]

设定担保的目的,是确保债的履行,并且规避债务人不清偿时债权人所遭受的风险。在早期,质押表现为对债务人履行债务的间接强制(财产扣押之诉)。在古典法时代,当债务人在债务到期而不履行时,债权人通常有两种方式来实现担保权利:一是流质约款,二是出售权。[2]

流质约款是质押关系中债权人规避风险、挽救利益的首要手段。[3] 在当时,它必须由当事人特别约定才能产生。基于约定,当主债到期未履行时,债权人有权直接获得质押物的所有权。在古典法时代,情况有所变化——即使存在流质约款,债权人也不能直接取得担保物的所有权。债权人必须明示他利用流质约款来获得担保物所有权的意图。如果他不想获得担保物的所有权,即使存在流质约款,也仍然可以主张通过行使出卖权的方式来实现质押权。在这个意义上,债权人就必须做一道二择一的选择题:一方面,他可以依据曾经明示的流质约款而直接获得担保物的所有权,但如果这样的话,债权人将不能对于担保物的价值少于债的不足部分提出请求;另一方面,债权人也可以选择放弃利用流质约款,而对债务人提出对人之

〔1〕 对于这两种诉权,有学者认为在古典法时期它们仅有"基于事实的程式"。Cfr. Biondo Biondi, *Iudicia Bonae Fidei*, Annali del Seminario Giuridico della R. Universita di Palermo, 1918, p. 233.

〔2〕 Cfr Mario Talamanca, *Istituzioni di Diritto Romano*, Giuffrè, 1990, p. 482. 另可参阅 Fritz Schulz, *Classical Roman Law*, Translated by Ernst W, Clarendon Press, 1969, p. 414-418. 彭梵得指出,在古典法中,相关当事人通常为质押附加一项简约,指出在债权人未获清偿的情况下标的物将归之所有(流质约款),或其有权出售标的物(出售权,pactum distrahendi)。参见[意]彼德罗·彭梵得:《罗马法教科书》,黄风译,中国政法大学出版社 2005 年版,第 261 页。

〔3〕 See Max Kaser, *Roman Private Law*, Translated by Rolf Dannenbring, University of South Africa, 1984, p. 161.

诉,如此债权人就有可能获得他所应得的全部。[1] 当债权人依据流质约款获得担保物的所有权时,如果是给付质押,那么,先前的转移占有本身就被视作一种附停止条件的交付,而这个停止条件就是债务人不履行。如果担保物是略式物的话,债权人将立即取得担保物在市民法上的所有权;如果是要式物的话,他将获得裁判官法上的所有权,并且在取得时效届满之后获得物的市民法上的所有权。[2] 在协议质押的情形下,债权人必须先通过行使塞尔维之诉来获得对担保物的物理性支配,然后就是类似于给付质押的处理方法了。[3]

流质约款在公元 320 年被君士坦丁皇帝(Constantinus)在形式上废除。[4] 废除的主要原因,是公元 2 世纪发生的内战和应付野蛮人入侵的巨大开支严重损耗了经济,并导致银根紧缩。而银根紧缩的后果刺激了罗马阶层之间的仇恨——自耕农和富裕的城市居民间的仇恨。种种情况都扼杀了贸易的进行,最终造成一场发生在公元 235 年至 270 年的灾难性的经济下滑。[5] 此时出现了很多滥用高利贷的情况,当债权人接受的物的价值远超

---

〔1〕 Cfr. Arnaldo Biscardi, *Appunti sulle Garanzie Reali in Diritto Romano*, Cisalpino - Goliardica, 1976, p. 176 - 192. 另可参见 See Goebel J. Roger, *Reconstructing the Roman Law of Real Security*, Tul. L. Rev. , Vol. 36: p. 29-66(1961)和 Ernst Rabel, *Real Securities in Roman Law: Reflections on a Recent Study by the Late Dean Wigmore*, Seminar Jurist (47), University of Michigan, 1943, p. 32-47 以及 Fritz Schulz, *Classical Roman Law*, Translated by Ernst W, Clarendon Press, 1969, p. 414-415。

〔2〕 G. 2,64。另可参阅 Max Kaser, *Roman Private Law*, Translated by Rolf Dannenbring, University of South Africa, 1984, p. 161. 以及 Cfr. Paolo F. Girard, *Manuale Elementare di Diritto Romano*, Società Editrice Libraria, 1909, p. 824.

〔3〕 参见费安玲主编:《罗马私法学》(第 2 版),法律出版社 2020 年版,第 201 页。

〔4〕 C. 8,34,3。Cfr Mario Talamanca, *Istituzioni di Diritto Romano*, Giuffrè, 1990, p. 483. 另一说为公元 326 年。Cfr. Arnaldo Biscardi, *Appunti sulle Garanzie Reali in Diritto Romano*, Cisalpino-Goliardica, 1976, p. 190.

〔5〕 关于公元 2—3 世纪罗马帝国纷乱的社会状况,参见[俄]科瓦略夫:《古代罗马史》(上),王以铸译,上海书店出版社 2011 年版,第 114-149 页、第 186-223 页;杨共乐:《罗马史纲要》,商务印书馆 2007 年版,第 241-252 页。关于这一时期的经济状况,参见 T. Frank, *An Economic History of Rome*, Batoche Books, 2004, p. 476-500。以及[美]罗斯托夫采夫:《罗马帝国社会经济史》(下册),马雍等译,商务印书馆 2009 年版,第 559-590 页、第 648-684 页。

所担保债的价值时,因债权人想要挣得高额利润,往往会运用各种手段使债务人陷入支付不能的境地,由此导致立法者认为该条款对债务人过于苛刻,会使债务人受到过分的损害。[1] 流质约款因此成为违反法律的无效协议,并因此导致整个质押设立行为的无效。但是,债权人对债务人所拥有的对人之诉仍然有效。后来,优士丁尼皇帝再次确认这一制度,以保护被认为处于劣势地位的债务人或者是提供质押物的第三人,对实践中存在的取得质物所有权的权利进行了非常精细的规定。

之后,当事人习惯性地同意债权人应当通过出售质物来使债得到清偿。[2] 如同上文所述,这是因为伴随着货币制度的发达,债权人注重的不再是使用价值,而是担保物的交换价值,且城市中日益活跃的贸易不仅提供了一个现成的为质押财产而设的市场,而且给债权人一个提供了通过出售担保标的而取得货币的投资机会。[3] 为此,设立质押关系的当事人事先订立一个出售的简约,排除流质约款的效力,而要求债权人必须以出售所得的价金来满足其债权。

最初,关于出售担保物的简约只是偶尔出现,且必须经当事人的明示才被认为存在,后来,出售简约成为质押合同的默认条款,它被认为是当事人

---

〔1〕 在先前规则里解约条款中允许的自由裁量行为与前几百年相比开始被滥用,例如,债权人在债务人违约时被授权保有远超出债务价值的质权财产。D. 20. 11. 6(马尔西安)。参见 Max Kaser, *Roman Private Law*, Translated by Rolf Dannenbring, University of South Africa, 1984, p. 161。

〔2〕 彭梵得认为出售权(pactum distrahendi)取代了流质约款,并且,"随着塞维鲁时代古典法的产生,出售权变成了该关系中最自然的成分,因为,人们认为这是不言而喻的,除非有相反的约定"。参见[意]彼德罗·彭梵得:《罗马法教科书》,黄风译,中国政法大学出版社 2005 年版,第 261 页。另一种观点是,早在共和时期,这种出售简约就逐渐成为一种习惯。Cfr. Paolo F. Girard, *Manuale Elementare di Diritto Romano*, Società Editrice Libraria, 1909, p. 824-825. 出售简约通常也被称为 the pactum venditionis 或者 the pactum de vendendo,威格摩尔认为它与债权人信托下的 the pactum de distrahendo 是同一个意思。参见 John H. Wigmore, *Pledge-Mortgage Idea in Roman Law: A Revolutionary Interpretation*, Ⅲ. L. Rev. , 36:371-393(1941)。与两种不同的出售简约表达形式相对应,罗马法中的出售权有两种表达形式,分别是 ius distrahendi 和 ius vendendi。但通过对彭梵得的《罗马法教科书》进行考察,笔者发现前一种用法多用在担保领域,后一种则用在家父出卖家子的情形。

〔3〕 See Phillipson E. Donald, *Development of the Roman Law of Debt Security*, Stanford Law Review, Vol. 20:6, p. 1230-1248(1968).

默示同意了此条款为契约内容。[1] 到了优士丁尼皇帝时期,出售简约成为质押的实质性要素,法律规定当事人不得通过简约对其加以变通。基于出售简约,债权人取得处分质押物的权利。其出售担保标的的依据,根据优士丁尼的说法,“因为质押物的转让被认为出于债务人的意志,因为他在契约的开头订定,如果他未偿付金钱,允许债权人出售质物”。[2] 在将担保物变成金钱并弥补了自己的损失后,债权人有义务向出质人或第三人返还溢价(出售所得超出债的总数的部分)。[3] 这种返还溢价的义务之履行,是通过对人的质物请求之诉(actio pignecaticia in personam)来保障的。如果债权人在借助出售担保物的手段来满足自己债权的过程中遇到困难,比如潜在买受人出价不合理,或者根本没有买受人,他可以向皇帝请求获得其占有的质押物的所有权。这就是“取得质物所有权”(impertratio iure dominii)。[4] 虽然这一制度很早就已经存在,但该权利一直受到严格的控制,只有当债权人的确不可能通过出售担保物来满足自己的债时,它才被允许使用。质押关系中债权人的权利大致如此。

那么对于债务人来说,如果他在清偿债务后不能拿回出质的担保物,又

---

[1] D. 13, 7, 4。Cfr. Paolo F. Girard, *Manuale Elementare di Diritto Romano*, Società Editrice Libraria, 1909, p. 825-826.

[2] I. 2,8,1。译文有改动。关于优士丁尼规定的实现担保权的程序规定在 C. 8,33,3。内容是(1)当事人有协议的按协议办;(2)在债权人对债务人作出三次催告后或法院作出判决后两年出售担保物;(3)在无人购买的情形下,债权人应自行或通过法院催告债务人赎回担保物;如不能实现,债权人自己取得担保物的所有权,但溢价部分须返还给债务人;债务人在两年内有权回赎担保物,两年后债权人取得担保物的完全的所有权。参见徐国栋:《优士丁尼〈法学阶梯〉评注》,北京大学出版社 2011 年版,第 230 页。

[3] 参见费安玲主编:《罗马私法学》(第 2 版),法律出版社 2020 年版,第 201 页。相反的观点认为,债务人有权取得售卖质物的收益盈余,哪怕债权人和债务人间有相反的明示条款。参见 D. 13. 7. 23(特里波尼);P. S. 2. 13. 1(保罗)。另据 C. 8,28,20 记载,戴克里先和马克西米利安皇帝在公元 294 年授予债务人,在没有特别约定的情况下,可以使用对人之诉要求债权人返还出售担保标的所得盈余部分。

[4] 当然,如果债权人因为债务人的阴谋而不能找到买家,允许债权人取得所有权。C. 8,22,3。(哥尔迪安,A. D. 239)。公元 326 年,解约条款废止后,所有的债权人变成了“取得质物所有权”的对象,因为对于债权人来说没有其他方法直接获得所有权。

如何得到保护呢？通说认为，债务人通过质物请求之诉来达到此目的。而在这一诉权被授予债务人之前，可能是通过适用借贷的规则来达到返还担保物之目的。[1] 需要特别指出的是，意大利罗马法学者比斯卡尔迪推测，质物返还之诉的前身可能是质物返还令状（interdictum de pignore reddendo）。[2] 这一推测是学者在综合比较了禁止搬离令状和对人的质物返还之诉的程式之后得出的。

第四节　古典时期非所有权移转型物的担保中的权利保护

一、作为事实状态的担保权

（一）对质押债权人的救济

在古典法时期，当债务人不履行到期债务时，如果设定了抵押，乔洛维茨认为债权人最初只能通过占有令状得到保护，而在令状制度被引入法律体系之前，债权人得不到任何保护，或者换句话说，债权人只享有事实上（de

---

〔1〕 D. 12,1,1,1。乌尔比安：《告示评注》第 26 卷：在我们开始解释题目中的术语之前说明关于其的意义是恰当的。正如裁判官在这一题加入的一些涉及各种合同的规则，他先在题目之前加上"关于信用的事务"这句话，因为它包括了一切我们将谈论的合同类型，基于他人之诚信的；因此，正如杰尔苏在《问题集》第一卷中陈述的那样，术语"关于信用"是一个属概念，因此在这一题之下裁判官处理关于财物借贷及质押的问题。因此我们将基于他人的诚信缔结的后来又将物返还的合同叫作给予信用。裁判官用的术语"事务"同样是一个属概念。D. 12,1,2,3。保罗：《告示评注》第 28 卷：因此信用区别于消费借贷，正如它们不是一个属；一个信用可能不依赖于一个可以称重、计数或衡量的物而独立存在，所以当别人返还给我们一个同样的物，就叫作信用。不仅如此，消费借贷不能存在于以金钱为标的物的情形中，除非金钱是支付了的，但是对于信用来说，哪怕没有支付的存在，信用依然存在；正如，举个例子，嫁资在婚后被许诺。

〔2〕 Cfr. Arnaldo Biscardi, *Appunti sulle Garanzie Reali in Diritto Romano*, Cisalpino - Goliardica, 1976, p. 144.

facto)的担保。[1] 在质押的情形中,因为担保物由债权人占有,他可以直接通过留置担保物,借助流质约款的规定或者变卖权的践行来弥补损失。具体的救济方法上文已述,这里不再重复。

(二)对质押债务人的救济

在债务人履行了清偿义务使主债消灭,而债权人不返还质物的情况下,按照马克思·卡泽尔的观点,债务人/出质人通常能够采用对物之诉来保护自己的权利。首先是返还原物之诉。这项诉权无疑是一项对物诉权:不仅能自第三人处请求标的物的返还,而且同样可以对债权人行使——但债务人需要证明自己拥有的是市民法上的所有权(ex iure Quiritium)才能提起这样的诉讼。[2] 其次是普布里奇安诉讼(actio Publiciana),但债务人需要证明自己有事实上的所有权(in bonis esse)。[3]

如果这些救济手段都不能保护债务人,他可以选择质物请求之诉(actio pigneraticia)来保护自己的利益。[4] 这种诉讼,是后来出现的抵押(协议质押)和原本存在的质押(给付质押)在古典法早期的标志性区别:后一种形式中,当债务清偿之后,债权人不履行返还担保物的义务时,债务人受合同性

[1] See Herbert H. Jolowicz, *Historical Introduction to the Study of Roman Law*, Cambridge University Press, 1971, p. 302, note1.

[2] D. 4,19,2。安东尼皇帝致阿乌鲁扎诺:你说占有物归你所有,你可以提起该诉讼,因为占有人没有责任证明占有之物归他所有。因此,如果你不能证明物之所有权属于你,所有权便属于他(占有人)。D. 6,1,24。盖尤斯:《行省告示评注》:决定请求返还某物的人应考虑是否可通过某个令状取得对该物的占有,因为通过令状占有并让对方承担原告的负担远比对占有物的对方提起诉讼容易。参见[意]桑德罗·斯奇巴尼选编:《民法大全选择·物与物权》,范怀俊、费安玲译,中国政法大学出版社1999年版,第66页。

[3] See Reinhard Zimmermann, *The Law of Obligations: Roman Foundations of the Civilian Tradition*, Juta & Co., Ltd., 1990, p. 220.

[4] 此处的质物请求之诉是对人之诉。它分两种:对人(in personam)的和对物的(in rem)。对人的质物请求之诉是指在履行了有关的清偿义务后,如果质押债权人仍不返还质物,出质人可提起的要求质押债权人履行自己返还义务的诉讼,系对债关系的对人之诉;对物的质物请求之诉是指当质物被他人非法占有时,质押债权人以及其他对质物享有权利的人可提起的,以物的所有人的名义要求非法占有人返还质物的诉讼,系以维护物权为目的的对物之诉。参见黄风编著:《罗马法词典》,法律出版社2002年版,第15页。

诉权(contractual action)的保护(质物请求之诉)。[1] 抵押则因为不涉及担保物占有的移转,所以不存在债务清偿后债权人不返还担保物的问题。

二、以对人的质物请求之诉作为对债务人的保护手段

根据勒内尔还原的《裁判官告示》,这种债务人享有的对人之诉被安排在"De rebus creditis"这一题中,并且与返还之诉(condictio)和使用借贷之诉(actio commodati)密切相关。被记录在D.12,1,1,1的、由乌尔比安转述的杰尔苏的观点,对这种安排做了强有力的证明:

> 乌尔比安,《告示评注》第26卷:"……术语'关于信用'是一个属概念,因此在这一题之下裁判官处理**关于财物借贷及质押**的问题……"

至于《学说汇纂》将质物请求之诉安排在第13卷,原因可能是优士丁尼时代质物请求之诉具有对物属性,不像使用借贷之诉(第12卷)、寄托之诉(第16卷)、委任之诉(第17卷)、出租之诉(第19卷)等具有对人的特性。

让我们来观察质物请求之诉中的基于事实的程式。根据勒内尔的还原,它是这样的:

> 为了它,我们现在起诉:Aulus Agerius为了自己的利益向Numerius Negidius交付质物以借款,之后清偿被履行,或者由于Numerius Negidius的原因清偿未能进行,Aulus Agerius的物未被返还,判处Numerius Negidius向Aulus Agerius支付相应的金钱。如果不是事实,则开释。[2]

---

[1] See See Alan Watson, *The Law of Obligations in the Later Roman Republic*, Clarendon Press, 1965, p. 180.

[2] 这个程式的重构,主要参考了盖尤斯、保罗和乌尔比安三位法学家被《学说汇纂》摘录的《告示评注》中的文本。Cfr. Lenel Otto, *Das Edictum Perpetuum*, Verlag Vonbernhard Tauchnitz, 1927, p. 255. "tantam pecuniam iudex Nm Nm Ao Ao codemnato, si non paret, absolvito."这一句是齐默尔曼所加。参见Reinhard Zimmermann, *The Law of Obligations: Roman Foundations of the Civilian Tradition*, Juta & Co., Ltd., 1990, p. 220。

虽然克雷勒(Kreller)在他1942年发表于《萨维尼基金会法律史杂志》的《Formula fiduciae und Pfandedikt》一文中也重构了这个程式,但他的程式与勒内尔的程式并没有根本性的差别。[1] 而后者的还原成果被大部分学者保留性地接受,比如齐默尔曼(Zimmermann)。这位学者在他的《债法:民法传统的罗马法基础》一书中谈到这个程式可以溯源至共和早期,并对之进行了评注。[2] 首先,他认为pignori dedisse的说法表明在这种诉权类型中,交付质押物的观念仍然存在。这个程式同时说明了古罗马法学家把pignus描述成要物之债的原因——盖尤斯在《金言集》中谈论债的时候称,"接受了质押财产的债权人同样缔结了债,并且有义务返还与他接受的同样的物"。[3] 然而,质物请求之诉仍然适用于非占有性质押,理由是债权人最终将掌握标的物。[4] 其次,套语的原告诉求中并未声明质押标的物必须属于出质人,因此它同时适用于出质人以他人财产负担的情形。[5] 最后,同样按照原告诉求,不仅所担保的债务被清偿或者债权人违约时诉可以被提起,而且在之后"按数额清偿"(satisfied on the account)时也可以提起。何时或者是否清偿,由债权人根据自己的意愿决定。他是否实际上接受履行无

---

〔1〕 Cfr. Bernardo Albanese, *Actio Pigneraticia in Personam ed Inesistenza del Credito Garantito*, Studi in Onore di Cesare Sanfilippo, Milano: Giuffrè, 1982, p. 1-19.

〔2〕 See Reinhard Zimmermann, *The Law of Obligations: Roman Foundations of the Civilian Tradition*, Juta & Co., Ltd., 1990, p. 220-221.

〔3〕 D. 44,7,1,6。乌尔比安在《萨宾评注》中有完全相反的说法。D. 13,7,1pr.。乌尔比安:《萨宾评注》第40卷:质押的缔结不仅可以通过交付,也可以通过协议,哪怕没有交付的践行。

〔4〕 Cfr. Max Kaser, *Studien Zum Romischen Pfandrecht* Ⅱ-*Actio Pigneraticia und Actio Fiduciae*, Tijdschrift voor rechtsgeschiedenis, 47: p. 195-234(1979).

〔5〕 D. 13,7,9,4。乌尔比安:《告示评注》第23卷:一人质押陌生人之物的,当他还钱之后,仍可提起质物请求之诉。D. 13,7,16,1。保罗:《告示评注》第29卷:很确定,一个对待的质物请求之诉被授予质权人。据此,出质人将会因其以他人之物或已经出质之物或已为国家设定负担之物为质而承担责任,尽管他也构成了刑事诈欺。但他是在已知还是未知的情况下承担责任?如果他不知,那么对于刑事负担他有抗辩理由。然而,马尔切勒在他六卷本的《学说汇纂》中写到,在反诉中不知不能作为抗辩。另外,如果债权人明知而接受了属于他人的担保物,已明确,他将不能提起反诉。D. 13,7,32。马尔西安:《规则集》第4卷:贷方有权提起对待的质物请求之诉对抗以陌生人之财产出质的债务人。他可以这样做哪怕债务人有偿债能力。

关紧要,或者至少在同等的价值上,他认为自己得到了清偿。[1]

让我们回到文本中来。这个程式的文本告诉我们四个信息:(1)原告移交给被告一个物,(2)移交的理由是担保,(3)之后债务人履行了清偿义务,或者由于债权人的原因导致履行不能,(4)被告以原告未清偿为由拒绝返还质物。

根据施瓦茨(F. Schwarz)和伍贝(F. B. J. Wubbe)两位学者的分析,此时,担保关系当事人享有的只不过是对人之诉(actio in personam),谈不上担保物权意义上的权利,理由在于不能对抗第三人。[2] 限于能力,他们的论证过程我们无从得知。不过艾伦·沃森在一定程度上对上述两位学者的说法做了反证:古典时期的质押债权人以及其他对质物享有权利的人,拥有的对物之诉是塞尔维之诉和准塞尔维诉权,其中后者被称为抵押之诉(actio hypothecaria)。[3]

这些观点与前文对给付质押和协议质押的论述,将我们导向这样一种认识:作为非所有权移转型的物的担保制度的 pignus,在这一时期还未取得担保物权的地位。尽管在萨尔维尤斯令状适用于协议质押之后,整个质押体系得到了裁判官法的保护:从债权人的角度来看,他可以在债务人不履行

---

〔1〕 D. 13,7,9,3。乌尔比安:《告示评注》第 23 卷:出质人的质物请求之诉仅在所有的债务被清偿或义务被履行的情况下才产生。我们所理解的"履行"是债权人需要的,哪怕没有做出实际的支付行为;无论他希望应该给他另一个质物,或者保证,或者通过提供另一个债务人,或者通过支付金钱,或者仅仅一个协议,设立一个新的担保以便让他放弃旧有的担保,然后质物请求之诉就产生了。并且,一般来说,无论何时债权人想要放弃质押,它被认为是履行了的,如果他接受了他所希望得到的担保,哪怕他会因此遭受不利益。D. 13,7,11,2。乌尔比安《告示评注》第 28 卷:如果,我作为给你钱的人,自你处拿走了担保物,尔后什么也没给你,那么我将承担质物返还之诉的责任,哪怕在此之前你没有任何的履行行为。同样,如果与质物有关的金钱被给付,那么债被豁免,或者条件未达成,或者一个有效的简约被缔结:不能提起有关金钱的诉讼。

〔2〕 参见 Fritz Schwarz, Die Kontrarklagen, (1954) 71 ZSS, 138sqq 以及 F. B. J. Wubbe, res aliena pignori data(1960)。转引自 Reinhard Zimmermann, *The Law of Obligations: Roman Foundations of the Civilian Tradition*, Juta & Co., Ltd., 1990, p. 220-221。

〔3〕 See Alan Watson, *The Law of Obligations in the Later Roman Republic*, Clarendon Press, 1965, p. 180. 对于塞尔维安之诉和抵押之诉的进一步讨论,可参阅 Alan Watson, *Actio Serviana and Actio Hypothecaria (a conjecture)*, S. D. H. I., 27: p. 356(1961)。

到期债务的情况下通过占有令状来维护自己的权益;从债务人的角度来看,他可以通过质物请求之诉,在已清偿到期债务而债权人不返还质物的情形下,要求债权人返还质物。但此种保护仍然是一种债权性的保护,不能对抗第三人。所以,此时的担保权在某种意义上就是占有,可以将之视作一种事实状态。

三、以令状作为对债权人的保护手段

上文已述,裁判官授予债权人取得"带入物"之占有的权利,是通过两个令状达成的:一个是萨尔维尤斯令状,另一个是禁止搬离令状。两者针对不同的情形,保护不同当事人的利益。

从两个令状在《学说汇纂》的分布位置看,它们分别单独成题(禁止搬离令状位于D. 43,32,萨尔维尤斯令状位于D. 43,33。)。在上文探讨抵押的诞生时,我们已经涉及了禁止搬离令状。它与萨尔维尤斯令状的区别主要在于前者涉及的是城市中的房屋租赁,而后者涉及的是乡村中的农土租赁。

(一)禁止搬离令状

禁止搬离令状被一些研究者认为是公元前27年由赛尔维·苏尔皮其·鲁服(Servius Sulpicius Rufus)授予的。[1] 但是从格罗索的介绍来看,该人生于公元前106年,卒于公元前43年,在公元前65年担任裁判官,在公元前51年担任执政官,是西塞罗的朋友,被西塞罗赞誉为具有把法

---

〔1〕 See Paul Du Plessis, *The Interdictum de Migrando Revisited*, Revue Internationale des Droits de l'antiquité, 54: p. 219-244(2007). 相反的观点认为,该令状颁布的时间可能会早于萨尔维尤斯令状,大约在公元前2世纪甚至更早的时间。Cfr. Franca La Rosa, *La Protezione Interdittale del Pignus e l'actio Serviana*, Studi in Onore di Cesare Sanfilippo(7), Milano: Giuffrè, 1987, p. 286. 持论者的论据是两个令状在《学说汇纂》中位置的前后,以及禁止搬离令状的内容符合公元前2世纪的社会经济需求等。

学上升为科学的才能。其对后世的罗马法学家影响极大,其观点常常被援引。[1] 其中“卒于公元前 43 年”就否决了其在死后 16 年的“公元前 27 年”授予令状的观点。

禁止搬离令状在《学说汇纂》中的位置,排在萨尔维尤斯令状之前,位于 D. 43. 32 这一题,它的程式由乌尔比安记录了下来:

D. 43,32,1pr. 。乌尔比安:《告示评注》第 73 卷:裁判官说:“如果你和原告缔结了一个协议,规定所有带入或运进系争住处的,或生于此或带入此的物或奴隶,应质押给你作为住处租金之担保,而系争之奴隶并未被囊括在上述协议之中;或者如果该奴隶属于上述应被作为担保之物,但是租金已付给你,或者已经提供担保,或者因为你的过失导致担保未能提供,则禁止你使用强力阻止原告带出被质押的系争奴隶。”[2]

这段话描述了这样一个事例:一个城市中房屋的承租人,因到期不能支付租金而违反了他与出租人的合同,此种违反行为使出租人可以按照合同的约定将承租人锁在房屋之外,并占有事先已经质押给出租人的,用来担保租金支付的承租人带入上述房屋的动产。承租人想要对抗出租人对已经锁入出租屋的上述动产之占有时,他能使用禁止搬离令状来保护自己。[3]

承租人援引禁止搬离令状保护自己权益的基础有四:(1)被作为客体而

---

〔1〕 参见[意]朱塞佩·格罗索:《罗马法史》,黄风译,中国政法大学出版社 2018 年版,第 213-214 页。他被认为是一位高产作家,彭波尼说他留下了约 180 卷著作。同时他是一个学派的领导人,与昆图斯·穆求斯·谢沃拉同为共和国时期最伟大的法学家之一,并且被认为是后者反对派的成员。参见 Richard A. Bauman, *Lawyers in Roman Transitional Politics: a Study of the Roman Jurists in Their Political Setting in the Late Republic and Triumvirate*, CH Beck, 1985, p. 4。

〔2〕 对于这个片段,根据 Franca La Rosa 的报道,Lenel 和 Berger 认为是“添加”过的。前者认为 actore 的位置上本来是 illum, Berger 和 Kreller 认为该词取代的是 conductore。Cfr. Franca La Rosa, *La Protezione Interdittale del Pignus e l'actio Serviana*, Studi in Onore di Cesare Sanfilippo (7), Milano: Giuffrè, 1987, p. 289.

〔3〕 Cfr Cristina Giachi, *L'interdetto de Migrando, Un Rimedio Contro l'abuso di Autotutela Estremamente Longevo*, Teoría e Storia del Diritto Privato, 1:7(2008).

由出租人扣押的人或者财产,并未包含在出租人与承租人之间最初达成的,关于以带入出租屋内的物品或者生于或被带入出租屋内的奴隶或者财物为按期支付租金的担保之协议内;(2)由出租人扣押的客体虽然被上述协议囊括在内,但承租人已经支付了屋子的租金;(3)虽然租金未付,但承租人已经为出租人提供了足额的担保;(4)因出租人的过错导致担保未被提供。

除这四条之外,拉贝奥(Labeone)[1]还告诉我们,除非承租人已经准备支付租金,否则这个令状只能在房屋租期已满的情况下援引使用。(D. 43,32,1,4)彭波尼也对被作为担保物的带入物进行了限定:仅有被带入并且(长期地)放置在出租屋内的物才能作为担保物。(D. 20,2,7,1)这一令状也被扩用到其他关系中:在“无偿住宿”(Si tamen gratuitam quis habitationem habeat)的情形中,禁止搬离令状也可以被授予。(D. 43,32,1,3)

对此,马尔西安为我们呈现了彭波尼的观点:

> D. 20,2,5pr. -1。如果某人让我免费住在他租来的屋子里,我带进这个屋子的所有财物都将不被认为是默示质押给屋子的房东;同时,如果通过担保物之主人的同意,而将其带入出租屋,此时担保物将为(租金)债务承担部分责任。

必须指出的是,古罗马人的人权保护政策做得很好。在物的担保领域,这种保护性政策体现为对债务人生活必需品的担保责任之免除,而这种免除的范围甚至扩大到了感情必需品。(D. 20,1,6)而我们正在讨论的禁止搬离令状中所涉及的作为担保物的带入物往往是承租人衣食起居的必需品,因此罗马人也对其做了严格的限定。(D. 20,1,7-8)

需要指出的是,关于该令状是否是古典法上的制度,有学者提出了质疑。质疑原因是 D. 2,14,4pr. 被“添加”过,持论者还以此为由认为 D. 20,2 中涉及抵押的片段必须被当作已经“添加”过的处理;而且,根据勒内尔的还

---

〔1〕 拉贝奥,普罗库鲁斯学派的创始人,被誉为“进行了大量创新”的法学家。

原成果，禁止搬离令状的程式中并没有涉及抵押的内容。[1] 因此，持论者认为，禁止搬离令状只能说是优士丁尼法中的规定，而非古典法时期的制度。

行文至此，我们已经可以得出这样的结论：《罗马法词典》中的“禁止搬离令状”的译名值得商榷。“禁止”二字事实上点出了这一令状的属性：盖尤斯说“令状或者是禁止性的，或者是返还性的，或者是出示性的”（Gai. 4, 142）；同时，“搬离”点出了它是维护占有令状：保护承租人搬离自己带入房屋的不属于担保范围的物的权利。但将“禁止”和“搬离”连用，似乎产生了禁止承租人搬离房屋或者禁止出租人将某物搬离房屋的意思，容易误导读者。而该令状事实上是预先假定了一种可能发生的出租人滥用带入物留置权的情况，然后遵照意思自治的原则限定了可以被出租人质押的对象，并在承租人付清租金并准备搬出的情况下，授予承租人一个自由取走自己财产的机会。在这个意义上，徐国栋教授将之称为“迁居”似乎更为合理。

（二）萨尔维尤斯令状

因上文已经述及盖尤斯《法学阶梯》中关于萨尔维尤斯令状的文本，这里仅对其及后来的演变做进一步的讨论。

奥拓·勒内尔在其著作《永久告示》中提到，由于法律制度有了很大的变动，所以优士丁尼皇帝的编纂委员会并没有把完整的萨尔维尤斯令状的文本保留下来。幸运的是，我们还能从《学说汇纂》“关于萨尔维尤斯令状”一题看出该令状最初的构成要素：（1）农地所有人；（2）属于隶农的用来给租金作保的物；（3）物被带入租来的农地；（4）仅能对抗隶农，而不能对抗第三人。[2] 通过对原始文献的观察，基本上可以确定盖尤斯《法学阶梯》和优士丁尼《法学阶梯》中的说法类似，基本要素都能一一对应。[3]

根据上文对协议质押诞生过程的描述，我们知道萨尔维尤斯令状诞生

---

〔1〕 See Fritz Schulz, *Classical Roman Law*, Translated by Ernst W, Clarendon Press, 1969, p. 411.

〔2〕 Cfr. Lenel Otto, *Das Edictum Perpetuum*, Verlag Vonbernhard Tauchnitz, 1927, p. 490-491.

〔3〕 Gai. 4, 147。这句话在优帝的《法学阶梯》中是作为文本 I. 4, 15, 3 的最后一句话存在的。

的基础,是有一个不涉及担保物占有之移转的质押存在;而内容恰如前所述,是在庄园主出租土地或者庄园的情况下,可以依据萨尔维尤斯令状对带入物设定以担保租金支付为目的之债。

它禁止承租人妨碍庄园主取走带入物。[1] 正如给付质押中的债权人可以运用维持占有令状(Interdictum retinendae possessionis)保护自己对担保物的占有一样,萨尔维尤斯令状授予后来出现的协议质押中的债权人一个取得占有令状(Interdictum adipiscendae possessionis),来规避不能实际占有担保物所导致的风险,以此来保护自己的权益,并进一步保护担保物实际占有者的保持占有令状和恢复占有令状(Interdictum recuperandae possessionis)。[2]

如前所述,有学者认为该令状是在公元前 74 年左右,由裁判官萨尔维尤斯引入的。[3] 弗里耶(Bruce W. Frier)认为这个人是担任公元前 43 年的平民保民官的萨尔维尤斯的父亲,公元前 7 年担任铸币官的 M. 萨尔维尤斯·奥托(M. Salvius Otho)的祖父。19 世纪末,意大利学者阿斯科利在其著作《抵押的起源和萨尔维尤斯令状》中提出,第一次保护抵押法律关系的司法手段是塞尔维之诉——在他的概念里,塞尔维之诉似乎要早于萨尔维尤

---

〔1〕 See Adolf Berger, *Encyclopedic Dictionary of Roman Law*, American Philosophical Society, 1953, p. 512.

〔2〕 取得占有令状,是以保护占有为目的的占有令状之一种,也被称为获得占有令状,是由执法官发出的允许遗产占有人从他人处获得对遗产的占有的命令。参见 Adolf Berger, *Encyclopedic Dictionary of Roman Law*, American Philosophical Society, 1953, p. 508。

〔3〕 根据艾伦·沃森的研究,这个说法是由 Kelly 提出的,他同时指出公元前 74 年的内事裁判官是 Verres。并且,他在文章中提出萨尔维尤斯令状早在公元前 160 年就开始使用的可能性。参见 Alan Watson, *The Development of the Praetor's Edict*, The Journal of Roman Studies, 60: p. 105-119(1970)。但他在另一篇书评中又将这一时间确定在公元前 74 年。参见 Alan Watson, *The Birth of the Legal Profession*, Michigan Law Review, Vol. 85, No. 5/6, 1987 Survey of Books Relating to the Law: p. 1071-1082(Apr. -May, 1987)。沃森这篇书评针对的作品提到的时间是公元前 76 年。参见 B. W. FRIER, *Urban Praetors and Rural Violence: The Legal Background of Cicero's Pro Caecina*, Transactions of the American Philological Association (1974—), 113: p. 221-241(1983)。另一位罗马法研究者 Franca La Rosa 则认为 Kelly 的说法没有根据,他将这一令状的诞生时间大致确定在公元前 2 世纪到公元前 1 世纪之间。Cfr. Franca La Rosa, *La Protezione Interdittale del Pignus e l'actio Serviana*, Studi in Onore di Cesare Sanfilippo(7), Milano: Giuffrè, 1987, p. 300, note 24.

斯令状。[1] 他对持萨尔维尤斯令状为第一种保护手段观点的胡施克(Huschke)等人进行了批驳:首先,萨尔维尤斯令状在当时是不存在的,因为这一时间段关于占有的令状还未诞生;其次,持此论者错将令状和诉当成了两个制度,二者实则是一体的。[2]

同时代的另一位罗马法权威吉拉尔(Girard)对此作了说明:颁布塞尔维之诉的目的是对萨尔维尤斯令状的效力进行强化,而《永久告示》的修订者尤里安(Iulianus)正是基于这个理由,将前者列于萨尔维尤斯令状之后。[3] 当代罗马法学者罗萨(Franca La Rosa)认为,令状诞生于先的观点是传统主流观点,最初的倡导者是德国法学教授邓博格,而阿斯科利的观点似乎来自多勒(D'ORS)。后者在他的一篇文章中提出塞尔维之诉是由赛尔维·苏尔皮其·鲁服颁布的,而萨尔维尤斯令状是由萨尔维·尤里安(Salvius Giulianus)颁布的。[4] 而这个萨尔维·尤里安就是我们常说的古罗马法学家尤里安(Salvius Iulianus)。还有学者提出,令状与诉权之间的关系还有一种联系的可能:对人的质物请求之诉是由禁止搬离令状发展而来的,塞尔维之诉是由萨尔维尤斯令状发展而来的。[5] 这种观点从另一个侧面说明了两者出现的时间关系。

另一个需要讨论的问题是萨尔维尤斯令状的效力问题,也就是它能否授权债权人/出租人对抗债务人/承租人之外的人。塔拉曼卡教授认为,它最初只能对抗承租人是毫无疑问的,但对于其后来对抗第三人的情况,学界

---

〔1〕 Cfr. Alfredo Ascoli, *Le Origini dell' ipoteca e l' interdetto Salviano: Studio Storico Esegetico di Diritto Romano*, Raff. Giusti, 1887, p. 58-59, 72.

〔2〕 Ibid., p. 58-59, 73.

〔3〕 Cfr. Paolo F. Girard, *Manuale Elementare di Diritto Romano*, Società Editrice Libraria, 1909, p. 783, note 2.

〔4〕 Cfr. Franca La Rosa, *La Protezione Interdittale del Pignus e l'actio Serviana*, Studi in Onore di Cesare Sanfilippo(7), Milano: Giuffrè, 1987, p. 285, note 5.

〔5〕 Cfr. Arnaldo Biscardi, *Appunti sulle Garanzie Reali in Diritto Romano*, Cisalpino-Goliardica, 1976, p. 152.

存有争议。[1] 马罗内(Mattoe Marrone)认为萨尔维尤斯令状曾经只能对抗隶农,至于后来是否能对抗第三人,尤里安的这个法言似乎给了肯定的答案。[2] 巴克兰也说萨尔维尤斯令状最终可以有效地对抗任何第三人。[3] 普列塞(Pugliese)则认为直到塞尔维之诉出现,出租人才可以对抗第三人。[4] 费雷扎(Frezza)和比斯卡尔迪等人的观点类似,主张该令状经历了一个发展过程,最终以塞尔维之诉的形态存在,所以它后来发展为可以对抗任何占有担保物的第三人。[5] 彭梵得的观点比较模糊,认为"该令状一度只能针对佃农及其继承人适用"。[6] 马克斯·卡泽尔则主张萨尔维尤斯令状很可能不仅能对抗隶农,而且能对抗第三人。[7]

由于前述学者对是否能对抗第三人存在不同观点,因此,有必要考察原始文献。优士丁尼《学说汇纂》记述了另一位活跃时期稍早些的罗马法学家尤里安对萨尔维尤斯令状适用情况的描述:

D. 43,33,1pr. 。尤里安:《学说汇纂》第 49 卷:隶农以质押的方式将女奴带入农场,并出售之,为了确保她在买受人掌控下时所生之婴儿的占有,一个有效地令状应被授予。

D. 43,33,1,1。同上:如果隶农以质押为目的将财物带入农场,而农场的所有归于两人,按照理解,它对两人都承担义务,每个

---

〔1〕 Cfr Mario Talamanca, *Istituzioni di Diritto Romano*, Giuffrè, 1990, p. 480.

〔2〕 Cfr. Mattoe Marrone, *Istituzioni di Diritto Romano*, Palumbo, 2006, p. 378.

〔3〕 See William W. Buckland, *A Text-book of Roman Law: From Augustus to Justinian*, Cambridge University Press, 1921, p. 471.

〔4〕 Cfr. Pugliese Giovanni, *Istituzioni di Diritto Romano*, 3^a, G. Giappichelli, 1991, p. 501. 舒尔茨也赞同这一观点,认为该令状仅能对抗隶农,优士丁尼法典编纂委员会的法学家们对这个令状进行了修改,使其与塞尔维之诉一样取得了对抗第三人的效力。参见 Fritz Schulz, *Classical Roman Law*, Translated by Ernst W, Clarendon Press, 1969, p. 408, 427。

〔5〕 Cfr. Paolo Frezza, *Le Garanzie delle Obbligazioni: Corso di Diritto Romano*, Cedam, 1963, p. 312-313.

〔6〕 参见[意]彼德罗·彭梵得:《罗马法教科书》,黄风译,中国政法大学出版社 2005 年版,第 261 页。

〔7〕 See Max Kaser, *Roman Private Law*, Translated by Rolf Dannenbring, University of South Africa, 1984, p. 162.

人都可以使用萨尔维尤斯令状对抗第三人;但如果该令状仅仅授予他们中的一个,那么占有者的权利为优。如果,然而,他们达成合意财物应该被平均地为农场的共同拥有者承担义务,一个裁判官诉权应被授予他们中的一个以对抗另一方,这意味着上述共同拥有者能够占有一半的财物。(Si colonus res in fundum duorum pignoris nomine intulerit,ita ut utrique in solidum obligatae essent,singuli adversus extraneum Salviano interdicto recte experientur…)

活跃在稍后时期的法学家乌尔比安也以农场为主要背景描述了萨尔维尤斯令状的适用(D. 43,33,1,2)。这些原始文献再次强调了该令状最初仅适用于农庄主—隶农之间的租赁法律关系——当承租人持续不履行支付租金的义务时,庄园主能够取得担保客体物的"物理性的支配力"。很明显,D. 43,33,1,1 提到了出租人可以对抗第三人(extraneum),而 D. 43,33,1pr. 也暗含着授权出租人对抗第三人/买受人的意思。

根据罗萨的研究,勒内尔在比较了尤里安的 D. 43,33,1,1 和乌尔比安的 D. 20,1,10 后提出了自己的观点。后者的文本如下:

D. 20,1,10。乌尔比安:《告示评注》第 73 卷:当一个债务人用一物同时对两个债权人做出质押时,此种情况下质押是针对物的全部的,每个人都可以针对第三人提起塞尔维之诉。如果一方债权人对另一方债权人提起这项诉讼,占有物的一方占有优势,因为他可以提出这项抗辩:"我应该将此物给你,如果这个物不应该质押给我。"但如果当事人的意图是每个债权人取得一半的物的质押,那么每个债权人取得扩用诉权,并且可以针对另一方债权人或第三方要求他们移转物的一半的占有。

这两个文本处理的是类似的情况,但前者是依据萨尔维尤斯令状对抗第三人,后者是依据塞尔维之诉对抗第三人。基于这种比较,勒内尔认为 D. 43,33,1,1 中的"Salviano interdicto"是被优士丁尼的法典编纂委员会"添加”的,其原文应该是“actio Serviana”。[1]

但在笔者看来,这种解释并不能让人满意。这是因为优士丁尼皇帝在他的《法学阶梯》里介绍获得占有令状时,也提到了萨尔维尤斯令状,并再一次强调了它的适用范围:I. 4,15,3。……被称作萨尔维尤斯的令状也是为了获得占有授予的,地主用它追索就土地的租金允诺出质的佃户财产。如果优士丁尼皇帝的御用法学家们修改了尤里安的说法,那他们为什么不将《法学阶梯》中的内容一并更正过来呢?罗萨的解释是:这两个法学家处理的案件是类似的,都是一个债务人以一物向两个债权人质押,所以其中的共同被告(legittimazione passiva)应该是一致的,乌尔比安提出应该授予债权人对抗第三人的法律地位,尤里安遵从了前人的说法,对类似的发生在农村土地租赁关系中的案件做了相同处理,并进一步得出塞尔维之诉源于萨尔维尤斯令状的结论。[2]

如果我们接受这个理论,再考虑公元 239 年哥尔迪安皇帝(Marcus Antonius Gordianus)颁布的敕令明确规定萨尔维尤斯令状只能针对债务人或出租人适用,就可以推出萨尔维尤斯令状是关于一般情况的规定,塞尔维之诉是关于特殊情况的规定,后者是前者的例外这样一个结论。

(三)两个令状之间的关系

正如上所述,萨尔维尤斯令状大概诞生于禁止搬离令状之后,大约公元前 2 世纪中期到公元前 1 世纪中期之间,亦即共和末期。

与萨尔维尤斯令状相比,禁止搬离令状采取了完全不同的运行规则:后者是授予出租人的,前者则是授予承租人的(D. 43,32,1,1。乌尔比安明确指出该令状是授予想要在支付租金后搬离出租屋的承租人);前者适用的情

---

[1] Cfr. Franca La Rosa, *La Protezione Interdittale del Pignus e l'actio Serviana*, Studi in Onore di Cesare Sanfilippo(7), Milano: Giuffrè, 1987, p. 303-304. 对此,存在反对的观点,如 Frezza 认为两个法学家就同一案件援引不同的依据作出了相同的裁判,并不必然说明诉讼取代了令状。Cfr. Paolo Frezza, *Le Garanzie delle Obbligazioni*: *Corso di Diritto Romano*, Cedam, 1963, p. 315.

[2] Cfr. Franca La Rosa, La Protezione Interdittale del Pignus e l'actio Serviana, Studi in Onore di Cesare Sanfilippo(7), Milano: Giuffrè, 1987, p. 305-306.

况是所有被带入所租房屋的财物,后者则仅针对双方默示协议所限定的物。(D. 20,2,4pr.)不仅如此,萨尔维尤斯令状是授权出租人取得担保物之占有的,禁止搬离令状则是防止出租人滥用这种权利取得担保物之占有。这样看来,两者的区别在于前者引入了一项新的制度,而后者是对既存的某种制度的限制。

不仅如此,保罗·费雷扎认为,由于农村土地的承租人对出租人土地的耕作可以被任何人观察到,而城市房屋的承租人在这方面具有隐蔽性,所以裁判官对待不同类型出租人的态度也明显不同:对城市房屋的出租人明显要比农村土地出租人严厉一些,具体表现为城市房屋出租人要承担证明房屋内家具属于担保物范围的责任,而农村土地出租人仅需证明他扣押行为的合法性而已(亦即证明当事人之间达成了担保协议)。[1] 罗萨对这种区别做了进一步的解释:在城市房屋租赁关系中,出租人很容易扣留承租人的财产;而在农村土地出租关系里,承租人在不能支付租金的情况下可能会带着东西逃跑,使出租人只能收取土地出产物以弥补损失,所以裁判官对两种情况进行区别对待。[2]

---

〔1〕 Cfr. Paolo Frezza, *Le Garanzie delle Obbligazioni: Corso di Diritto Romano*, Cedam, 1963, p. 311-312.

〔2〕 Cfr. Franca La Rosa, *La Protezione Interdittale del Pignus e l'actio Serviana*, Studi in Onore di Cesare Sanfilippo(7), Milano: Giuffrè, 1987, p. 301-302.

第三章

优士丁尼法中的非所有权移转型物的担保制度

罗马民法的最后表现见于优士丁尼的《法典》、《学说汇纂》和《法学阶梯》当中。[1] 因此,本部分考察非所有权移转型物的担保制度在优士丁尼法中的样态。当代罗马法大家艾伦·沃森在其著作《民法法系的演变及形成》中谈到,若要弄懂一种法律制度,不能单单研究其条文规范,而要明白这个条文是如何组合到一起的,该制度是如何架构的,它的条文应当如何解释。[2] 这使对优士丁尼《市民法大全》中相关章节编排体系的考察变得尤为必要。

在《学说汇纂》第 20 卷,优士丁尼皇帝的编纂委员会将相关内容分为 6 题,分别是担保的设立方式(第 1 题:关于质押和抵押,它们如何设立? 关于质押和抵押的简约;第 2 题:在何种情况下默示地设立了质押或抵押?)、标的物(第 3 题:哪些物不能合法地被给付为质物或抵押物?)、担保债权人顺位(第 4 题:对质物或抵押物享有优先权者,关于接替享有优先权的债权人之地位者)、担保权的实现(第 5 题:关于质物或抵押物的出售)以及担保权的消灭(第 6 题:以何种方式解除或不解除质押或抵押)。《法典》中的相关内容基本位于第 8 卷,差不多也是以这个顺序编排的:第 14-17 题是关于担保权设立的,第 18、19 两题是涉及债权人优先顺位及其变更的,第 20 题是关于优先债权人实现担保之法律效力的,第 21 题规定的是共有物作为担保物的情况,第 22 题规定的是裁判官质押的运用,第 23 题规定的是司法扣押并出售担保物,第 24 题规定的是一物多质的情况,第 25 题规定的是担保效力的范围问题,第 26-35 题规定的是担保关系中债权人权利义务的内容。为了更好地认识优帝法中的制度,下文将尝试按照现代法的习惯,根据上述材料重构非所有权移转型物的担保制度。[3]

---

[1] 参见[美]莫里斯:《法律发达史》,王学文译,中国政法大学出版社 2002 年版,第 145 页。

[2] 参见[美]艾伦·沃森:《民法法系的演变及形成》,李静冰、姚新华译,中国政法大学出版社 1992 年版,第 20 页。

[3] 为了行文方便,下文中“非所有权移转型物的担保”、“质押和抵押”或“(物的)担保”、“质押”、“抵押”等术语,若无特别说明,做同义词处理。

第一节 非所有权移转型物的担保之设立

法律关系是指由法律所规范的当事人之间的关系。它的设立,必须有主体和客体的存在:前者指参加民事法律关系、享有民事权利和承担民事义务的人,后者指民事法律关系的主体享有的民事权利和负有的民事义务所指向的目标性事物,或称标的。我们要讨论的质押和抵押法律关系同样需要主体和标的两个要件。对于主体,罗马人似乎没有什么特殊的规定,只要是自由人,不拘男女老少,均可以自己有处分权的物为标的缔结担保契约。至于客体,则按照不同的标准,有不同的规定。

一、质押和抵押法律关系之标的

古罗马的法学家以准用性质的言辞概括了所有可以成为担保法律关系标的物之范围:可以出售的物即可成为质押或者抵押的客体。[1] 这个表述首先排除了神法物、一切人共有物和国有财产等明显不适格的物。其次以可出售为条件,表达了担保的标的物须为有价值的物或者财产。但这个概念仍然偏大。为了恰当地解决这个问题,需要从两个方面来考虑:一是主体方面,即可在谁的财产上构筑有效法律关系(自己的物,他人的物,共有的物);二是客体,即可在何种财产上构筑有效法律关系(有体物,无体物;现在的物,未来的物)。

(一)根据物的归属区分

优士丁尼法的规则在保罗的《告示评注》第20卷有很好的体现:以他人之物作保的,只有征得物的主人之同意才可,这种同意可以是事前作出

[1] D. 20,1,9,1。

的，也可以是事后追认的。[1] 换言之，物的担保之设立并不对担保物之归属作出限制。基于此，下文按照担保物归属的不同，分别进行讨论：

1. 他人之财产

乌尔比安认为，如果某人在明知的情况下以他人之物作为担保物，或者在担保债权人不知的情况下将担保物向他人作保，须承担刑事责任。[2] 根据保罗在《告示评注》第 29 卷的报道，实践中会出现债务人以属于他人的财产作为担保物的情况，而当事人的主观状态是决定当事人是否受到法律保护的决定性要素：债务人不知财产是他人的，免责；至于债权人的对待诉权，尽管马尔切勒(Marcelo)[3]认为不知不能成为抗辩理由，但保罗仅规定明知的债权人不受对待诉权保护。[4] 是否存在合法的以他人之物作为担保物的情况呢？答案是肯定的。

(1)第三人授权的财产

保罗已经对以第三人授权之财产作为担保标的的情况作了清楚的描述。[5] 除此之外，作为古典法时期最后的法学家之一，马尔西安在其《抵押》(单卷本)中也做了说明，具体如下：

> D. 22,3,23。马尔西安：《抵押》单卷本：首先，原告和债务人之间关于抵押或者质押的协议必须证明。如果原告证明了此点，那么他必须表明(作为担保物的)财产在协议签订之时属于债务人，或者属于授权抵押之人。

这个文本记录的信息，是关于抵押诉讼过程中，在债务人以他人之物为担保物的情况下，如何证明当事人之间订立的担保协议具有法律效力。我

---

[1] D. 13,7,20pr.。保罗：《告示评注》(第 29 卷)：可以在所有人同意时将其所有之财产出质。如果所有人在设质时不知情，但后来追认了，质押有效。

[2] D. 13,7,36,1。在后一情形，当担保物价值远远超出所担保之债的价值时，当事人设定之法律关系有效，理由是当事人并没有遭受风险。

[3] 乌尔比·马尔切勒，和盖尤斯同时代的古罗马法学家，著有 31 编的《学说汇纂》。

[4] D. 13,7,16,1。

[5] D. 13,7,20pr.。

们知道,在塞尔维之诉的程式中,有“协议达成时债务人事实地占有物”(rem in bonis debitoris fuisse tunc cum conveniebat)的条款,那么,在不能达到这一标准时,就需要寻找另一条件:担保物的主人授权(自愿,voluntate domini)。在这个文本中,马尔西安认为可以在证明关于担保物的协议存在的基础上,进一步确定担保物的归属,然后才能赋予债权人(原告)有利的地位。而可以导致此种有利地位的归属有两种:一是担保物在协议订定时属于债务人,二是担保物所有人已经授权债务人以此担保物作出担保。罗马法学者沃尔泰拉(Volterra)认为,这段话体现了编纂者对“所有人的合意是诉权的必要条件之一”的考虑。[1]

对于事后取得物主追认的,追认的效力溯及协议签订那一刻,这在马尔西安的《抵押》(单卷本)中有明确记载:

> D. 20,1,16,1。马尔西安:《抵押》(单卷本):如果某物在未告知物主的情况下抵押,事后取得主人的追认,这个认可的事实被看作物主希望认可是协议订定时做出的。这一倾向被认为是专门为了有权利做出抵押之人专有的。

马尔西安还提供了案例来说明这一问题:甲系担保人,乙系债务人,丙系债权人,甲为了乙的利益将自己的财产移交给丙作保,此时甲的财产为担保关系之标的物,担保关系有效;若在甲成为担保人之前其财产已经成为担保关系之标的物,则担保关系无效。[2]

(2)被监护人和被保佐人的财产

监护人和保佐人可以被监护人或浪费人的财产作为担保物。监护人和保佐人一般指具有自由人和市民身份的有财产和相关事务管理能力的男

---

〔1〕 Frezza对这种观点做了批驳。他认为这个文本可能提供了在他人自愿的情况下将物为他人利益设定质押之时适用的特殊的程式。Cfr. Paolo Frezza, *Le Garanzie delle Obbligazioni*: *Corso di Diritto Romano*, Cedam, 1963, p. 128.

〔2〕 D. 20,2,5,2。马尔西安:《抵押》单卷本:如果某人在其财产已经为债务人提供担保之后,又为同一债务人提供保证,最终结果是他授权物的担保有效。如果,保证在先而财产抵押在后,则抵押不受债的约束。

性,被监护人和被保佐人包括因父亲死亡或脱离父权而终止了处于父权状态下的未成年人,以及未适婚人、作为自权人的妇女、被解放的奴隶、浪费人和精神病人等。监护人和保佐人都有管理财产的职责,须对财产进行清点、管理和制作账册等。[1]

保罗认为,作为具有财产处分资格的管理人,监护人和保佐人可以被监护人和被保佐人的财产作为担保关系之标的,这种行为的合法性,在于它有利于被监护人和被保佐人。[2] 这个观点被卡拉卡拉皇帝在公元213年以敕令的方式确认,他宣布:保佐人和监护人可以基于管理被保佐人和被监护人的财产而在其上设立担保关系,如果保佐人和监护人的目的是借钱,其设立担保关系的行为无效。[3]

这种行为的合法性基础是他人的利益,与债务人在他人之物上为自己的债设立担保的合法性基础,是不一样的。

(3)第三人应移交而尚未移交给债务人的财产

先来看两个帕比尼安(Emilius Papininianus)[4]《解答集》中的案例:

案例一:提图斯(T)为了自己的利益作为被委任人处分特定的一块土地。在事实占有土地之前,他在其上设定担保,自债权人A处借款;在占有该土地之后,又以同一标的为担保物向另一债权人(B)借款。帕比尼安认为,在两个债权人之间,A的担保权具有优先地位;如果B清偿T对A的债及利息,则B取得优先地位。[5]

案例二:立遗嘱人(F)委托其女(D)在取得遗产后将遗产转交给其兄弟们(B)。D在B取得遗产之前取得对遗产的授权占有。如果B在取得财产

---

〔1〕 参见费安玲主编:《罗马私法学》(第2版),法律出版社2020年版,第77-78页。

〔2〕 D.13,7,16pr.。保罗:《告示评注》第29卷:在不违反法律的情况下,监护人质押了被监护人的财产,他应被保护,因为他借钱的行为是为了被监护人的利益。

〔3〕 C.8,16,3。

〔4〕 公元前2世纪末、3世纪初的法学家,曾担任过大区长官(praefecti praetorio),古罗马五大法学家之一。主要著作有37卷的《问题集》,19卷的《解答集》和2卷的《定义集》等。

〔5〕 D.20,4,3,1。

之前变卖了遗产或者在遗产上设立担保，帕比尼安认为B对其尚未取得之遗产的处分行为合法有效。〔1〕

这两个案例提示了我们第三种可以设定担保的适格物，亦即第三人应移交给担保设定者而尚未移交的财产。对这个问题的讨论首先应该分清“应该移交”的原因：一个是委任（Mandato），另一个是遗产信托（Fideicommissum）。

根据学者研究，罗马法中的委任分为6种，即①为委任人自己专门的利益的委任；②为了委任人和受任人共同利益的委任；③只为受任人利益的委任；④为委任人和第三人利益的委任；⑤为受任人和第三人利益的委任；⑥为受任人利益的委任。〔2〕案例一中的提图斯为自己的利益被委任处分标的土地，而上述土地并非为提图斯所有。

遗产信托是一种死因财产处置行为，分为两种：以集合物为标的的遗产信托，和以单一物为标的的遗产信托。〔3〕它最初是一种“规避法律的禁令通过二传手把遗产留给法律规定不许留的人”的制度，后来奥古斯都于公元前30多年承认了该制度的合法性，公元62年的《特雷贝流斯元老院决议》确定遗产信托受益人的地位相当于继承人，裁判官依此决议将信托受益人视为准继承人，并授予他一切主动和被动的直接诉权和扩用诉权。〔4〕案例二中涉及的遗产信托是“以单一物为标的的遗产信托”。

上面两个案例的争议点，是债权人权利有效性的基础，即债务人对担保财产处分的合法性，换言之，债务人是否事实地占有担保财产。对于第一个案例，帕比尼安事实上认为债务人从担保协议缔结的那一刻就已经被授予了对物的处分权利，债务人的“事实占有”的效力源泉是真正所有人的授权。关于第二个案例，帕比尼安想要指出的是，B的处分行为，尽管具有真正所有

〔1〕 D.36,1,58(56)。

〔2〕 I.3,26pr.。参见徐国栋：《优士丁尼〈法学阶梯〉评注》，北京大学出版社2011年版，第445页。

〔3〕 I.2,23pr.。参见徐国栋：《优士丁尼〈法学阶梯〉评注》，北京大学出版社2011年版，第315页。

〔4〕 参见徐国栋：《优士丁尼〈法学阶梯〉评注》，北京大学出版社2011年版，第316-318页。

权人(遗产的所有权人是继承人,亦即上文中的 D)缺失这一瑕疵,但对于买受人以及担保债权人来说,B 的合同地位决定了其处分行为有效。在遗产的移交行为发生后,B 就变成了共同继承人,前面的处分行为就成了对共同遗产的处分。

(4)整体担保情况下构成债务人财产一部分的他人财产

前面讨论的都是单纯的他人财产,现在我们看看他人财产作为债务人财产之一部分的情况。

英国法中的"浮动抵押"的概念,是指"抵押人以其现在和将来的全部或者部分财产为债权人担保,在债权人行使抵押权之前,抵押人可为正常经营而自由处分抵押财产,抵押财产和抵押权人把握的交换价值处于浮动状态的抵押权"。[1] 我国《民法典》第 396 条、第 403 条、第 404 条和第 411 条亦明确规定了此项制度。有学者把这种制度誉为"英国衡平法院最为精妙的制度创造之一",[2] 却不知罗马人早就有类似的制度。根据活跃在公元 2 世纪的罗马法学家切尔维丢斯 · 谢沃拉(Q. Cervidio Scevola)的报道,当时已经产生以债务人现在和将来取得的所有财产为标的物的担保交易形式,亦即整体担保(pignus generale),稍后的法学家乌尔比安和保罗都曾在他们的《告示评注》中讨论这个制度。[3] 切尔维丢斯 · 谢沃拉在其《学说汇纂》第 27 卷就此制度提出了一个问题:债权人 A 借钱给债务人 B,债务人 B 以其现在所有和将来取得的所有财产为 A 担保;稍后,B 又自债权人 C 处借款。此时,债权人 A 的担保权效力是否及于 B 自 C 处借得款项? 谢沃拉的答案是肯定的,债务人所借的金钱,成为其财产的一部分。[4] 将未来收入的部分计入债务人的财产,可以理解成是质押合同中的默示条款。[5]

---

〔1〕 参见孙鹏等:《担保物权法原理》,中国人民大学出版社 2009 年版,第 230 页。
〔2〕 参见彭贵:《英国浮动抵押制度研究》,西南政法大学 2006 年博士学位论文,第 6 页。
〔3〕 D 20. 1. 34;D 20. 1. 7;D. 20,1,6。
〔4〕 D. 20,1,34,2。
〔5〕 Cfr. Paolo Frezza, *Le Garanzie delle Obbligazioni*: *Corso di Diritto Romano*, Cedam, 1963, p. 137.

2. 共有物

在共有的情形下,无论是按份共有还是共同共有,共有人都不能单独处分共有物,当然也不能擅自以共有物设立抵押,只不过按份共有中存在确定的权利份额,共有人对该份额拥有相当于分别所有的权利,因此原则上可以随时请求分出或处分其份额,而无须取得其他按份共有人的同意。[1] 那么,罗马人又是怎样处理这一问题的呢?

罗马法以早期法中的共有形态为基础发展出了新的共有形式,其在古典法时期就已经与现代法上的共有制度类似。[2] 共有制度与份额制度不可剥离,它决定了共有关系人对其所占部分的处分形式。不同的罗马法学家按照不同的标准解释份额:或者认可单个的共有人对份额享有一种权利,或者认为共有人针对整个共有物享有连带权利,但受到其他共有人否决权的制约。[3] 就共有人的处分权限而言,单个共有人的权利仅限于其份额,可在份额的限度内设立担保权。对此,最清楚的表述,记录在优士丁尼皇帝的《法典》中:

> C. 8,20(21),1。皇帝安东尼努斯致 Venustus。如同你的兄弟不能在没有你同意的情况下在属于你的共有财产上设定负担一样,在债中,他仅能抵押他自己的份额给债权人,因此,你明白他的合同,没有办法减损你的所有权。

这个由《法典》收录的敕令,含义十分清晰:以共有物为担保标的者,只能以自己的份额为限。马尔西安再次强调了这一点,并特别指出,占有未分割财产的债务人不得阻止其他共有人行使在其上设立担保的权利。[4]

在古典法时代,虽然当事人仅能以自己的份额为担保标的,但在标的物

---

〔1〕 参见孙鹏等:《担保物权法原理》,中国人民大学出版社 2009 年版,第 135 页。
〔2〕 参见费安玲主编:《罗马私法学》(第 2 版),法律出版社 2020 年版,第 152 页。
〔3〕 参见费安玲主编:《罗马私法学》(第 2 版),法律出版社 2020 年版,第 153 页。
〔4〕 D. 20,6,8,4。

虽析产而未分割时,担保效力往往扩及于整个财产。[1] 这种有利于债权人的做法在后古典时期得到改变:法学家为了债权人和债务人之间的平衡,规定可以由当事人的协议排除这种效力的扩张。[2]

(二)根据物的性质区分

上文述及以物的主体为标准,对可以成为担保标的之财产进行区分,下文将以作为担保标的之财产的自身性质为标准,对优士丁尼法中的相关内容进行归类和分析。这些类别包括以未来物为担保标的、以有体物的集合为担保标的和以无体物为担保标的。

1. 以未来物为担保标的

前述"第三人应移交而尚未移交给债务人的财产作为担保标的",与"以未来物为标的",乍一看有些类似,因为处分人在合同订立时均非担保物的真正所有权人。细细分析则会发现,前文案例一中处分行为的合法性来源是真正所有权人对无权处分行为的确认,而案例二则是担保设定人对未来权益的处分。

马尔西安在《抵押》中的论述似乎可以认为是"以未来物为担保标的"的合理性解释:他人之物可以在将成为债务人财产的情况下被合法地抵押。[3] 这个说法很容易使人联想起前文提到的"整体担保"的形式:以债务人现在的和将来取得的所有财产为担保标的。那么,这个"将来取得的所有财产"或者叫作"未来物"的范围如何? 换言之,担保效力的范围如何?

先来看保罗涉及的两种情况:(1) A 与 B 之间缔结借款协议,未约定利息,B 以可以产生孳息的物作为债的担保;此时,A 可以在法定利率的范围内占有担保标的所生孳息;(2) 法定担保的情形,担保标的的孳息不能由担保

---

[1] D. 20,6,7,4。

[2] D. 20,6,8,3。

[3] D. 20,1,16,7。Cfr. Massimo Colamonico & Raffaele Zingarelli, *Le Garanzie delle Obbligazioni: Lezioni di Diritto Romano*, Vincenzo Cavaliere, Libraro-Editore, 1897, p. 221.

债权人占有,当事人另有约定的除外。[1]

很明显,保罗区分了约定担保和法定担保的情形。在约定担保中,担保效力天然地及于担保标的的孳息;而在法定担保中,仅在当事人有约定的情况下,担保的效力才扩及孳息和产出物。此观点在与保罗同时代的亚历山大·塞维鲁皇帝(Marcus Aurelius Severus Alexander)的敕令中遭到否认:保罗认为需要当事人之间的明示约定才可将担保的效力扩大到担保物的孳息或者产出上,而亚历山大·塞维鲁皇帝的敕令则认为后者在任何情况下都隶属于担保物的范畴。[2] 这可能是因为亚历山大·塞维鲁皇帝的敕令可能被优士丁尼皇帝时期的编纂者"添加"了。为什么不怀疑保罗的法言是被篡改过的? 理由之一是上文所用的文本出自所谓的"保罗残篇";理由之二是帕比尼安在《解答集》第11卷所举的例子:

> D. 20,1,1,2。帕比尼安:《解答集》第11卷:以一块土地作为担保物,特别同意孳息被包括在担保的范畴中。如果谷物被消耗,诚信的买受人不应被基于塞尔维之诉授予的扩用诉权强制回复它。因为虽然时效不摧毁土地担保本身,担保的正当性独立于所有权人的改变,这些谷物是不同的,因为债务人从来没有拥有过谷物。

很明显,帕比尼安否认所有权人的变更会导致担保关系的变更,担保协议中约定的关于担保标的之孳息的归属自然也不会受到影响。这从侧面说明了约定担保中担保效力因当事人的特别约定而及于孳息。

除金钱和土地之外,古罗马人最常见的担保物还有奴隶。保罗在《告示评注》第29卷中将作为担保物的土地之附属物和女奴之婴儿做了比较,认为出售设定担保之土地时,土地附属物的法律地位与出售设定担保之女奴

---

〔1〕 P. S. 2,5,2。

〔2〕 C. 8,14,3。Cfr. Massimo Colamonico & Raffaele Zingarelli, *Le Garanzie delle Obbligazioni: Lezioni di Diritto Romano*, Vincenzo Cavaliere, Libraro-Editore, 1897, p. 286.

之婴儿时女奴之婴儿的法律地位一样。[1] 亚历山大·塞维鲁皇帝的敕令则明确规定,被设定担保的女奴所生的婴儿,与其母具有同样的地位。[2] 从这两个文本来看,女奴婴儿(partus ancillae)所适用的规则,是自习惯法转变而来的,其与孳息所适用的规则完全不同。保罗在其《解答集》第5卷详细解释了以奴隶为担保标的的情况:在明确对奴隶的担保权扩及女奴的婴儿后,又说明了例外情况,亦即女奴婴儿是在另一所有者手中出生。[3] 邓博格认为这个观点并非专门针对奴隶,而是整体担保的例子,亦即建立在一组物上的担保协议。[4]

除在母物上设定担保的情况外,古罗马人还有在产出物(如未收割的谷物,女奴的后代,以及刚出生的幼小动物等)上设定担保的习惯。对此,仅盖尤斯的《抵押》(单卷本)中就有两处记载。[5] 这里不再赘述。

2. 以有体物的集合为担保标的

现代民法按照不同的划分标准将物区分为不同的类别,其中一种是单一物、结合物与集合物,本部分讨论的就是由多个有体物组成的集合物作为担保标的的情况。这里需要考虑的有商店(taberna)、带入物(invecta et illata)以及一般抵押(ipoteca generale)。下面分述之。

(1)以商店为担保标的

切尔维丢斯·谢沃拉在《学说汇纂》第27卷记录了以商店为担保标的的案例:

债务人A以商店为担保标的与债权人B缔结担保协议。此担保协议是否有效?担保效力是否及于商店中的所有货物?债务人A的正常经营活动

---

〔1〕 D.13,7,18,2。

〔2〕 C.8,25,1。亚历山大·塞维鲁皇帝致Mestrianus:很早之前就已决定,被质押之女奴的婴儿与其母亲的法律地位一致。

〔3〕 D.20,1,29,1。

〔4〕 此观点转引自保罗·费雷扎的专著。Cfr. Paolo Frezza, *Le Garanzie delle Obbligazioni*: *Corso di Diritto Romano*, Cedam, 1963, p. 153.

〔5〕 D.20,1,15pr.;D.20,4,11,3。

导致商店中货物的更替,这种更替之后的货物是否受到担保效力的约束?根据切尔维丢斯·谢沃拉的观点,担保协议有效;其效力及于商店中的所有货物;正常经营活动导致的货物更替不影响担保效力的存续。〔1〕

(2)以“带入物”为担保标的

上文在讨论抵押制度的起源时已经探讨了以带入物作为担保标的的情况。关于带入物的一般说法存在于“禁止搬离令状”和“萨尔维尤斯令状”当中。前者是关于城市房屋租赁的,乌尔比安在《告示评注》第73卷明确了城市房屋出租情况下以带入物作为租金担保的规则。后者则是关于农地租赁的,分别记录于盖尤斯的《学说汇纂》第4卷和尤里安《学说汇纂》第49卷等。

阿富里坎(Sesto Cecilio Africano)为我们提供了一个典型案例:承租人A租了一个房间,租期自下月1号开始,以A的奴隶E为租金的担保。在1号之前,A为了一笔借贷将E抵押给其他债权人。对于这个情况,阿富里坎认为A的出租人享有优先受偿的权利,理由是作为租赁协议附属的担保协议已经生效,A在未取得出租人同意的情况下不能擅自以E担保其他的债。〔2〕 阿富里坎通过这个案例告诉我们两个规则:担保协议的效力始于主合同的签订,债务人仅得在取得担保债权人的同意后方可以同一担保标的担保其对另一债权人的债。这种附属担保协议被乌尔比安认为是默示成立的,当事人无须就此特意订约。〔3〕 至于担保标的的范围,根据彭波尼的说法,仅有被承租人带入并存放于房间的物才是担保物。〔4〕

与城市中的情况不同,农地租赁关系中的附属担保协议的生效时间是担保物被带入农地的时间。盖尤斯就此假设了一种情况:农地的承租人(A)与出租人(B)之间达成协议,以其带入农地之物为租金的担保;后来承租人

〔1〕 D.20,1,34pr.。

〔2〕 D.20,4,9pr.。

〔3〕 D.20,2,6。

〔4〕 D.20,2,7,1。

带入农地的物是已经抵押给他人(C)的物,则此时C的担保权优先于A。[1] 关于担保物的范围,切尔维丢斯·谢沃拉在其《解答集》第5卷给出了类似于彭波尼的观点:担保效力及于被其主人永久性带入的物,暂时性带入的不在此限。[2]

在城市房屋租赁关系中,带入物有可能是奴隶。保罗在《论消防长官的义务》中表达了这样一种观点:为了租金而设立的担保和普通担保不同,处于前一情况中的作为担保物的奴隶可以被解放,普通担保中则不可被解放。[3] 乌尔比安通过援引彭波尼的观点表达了对保罗的支持。[4] 塞维鲁和安东尼努斯皇帝的敕令从另一个侧面支持了普通担保中不得解放作为担保物之奴隶的规则。[5]

(3)以债务人现在或者未来所有财产为担保标的

前文已涉及了整体担保。整体担保的效力及于债务人现在和未来财产的整体,债务人不愿作为担保物的物(如家具)以及依常理不会成为担保物的(如必要的衣物和奴隶、情爱对象等)除外。[6] 对于这些例外的物,担保债权人不得提起塞尔维之诉。[7] 这个观念被塞维鲁和安东尼努斯皇帝的敕令确认。[8] 优士丁尼皇帝在他的敕令中再一次确认了整体担保的形式,并确认了其设立的形式:在合同文本中加入“为了责任,以及属于我的财

---

〔1〕 D.20,4,11,2。

〔2〕 D.20,1,32。

〔3〕 有例外,在欠缴租金且扣押开始时,作为担保物的奴隶不可解放。古罗马法学家内尔瓦持反对观点。参见D.20,2,9。

〔4〕 D.20,2,6。

〔5〕 C.7,8,2。塞维鲁皇帝致Abascantus:皇库的债务人授予一名奴隶自由,该奴隶并未通过特定的协议出质,而是受到皇库的一般优先权的约束,除非有欺诈的意图,否则解放有效。C.7,8,3。塞维鲁皇帝致Antony:很确定,将自己现有的或后来取得之财产出质的人,有权授予他的奴隶自由。这一规则并不适用于已明示的受到质押约束,或者已经为了担保之目的交付的奴隶。

〔6〕 D.20,1,6。

〔7〕 D.20,1,7。

〔8〕 C.8,17,1。塞维鲁和安东尼努斯皇帝致Optatus:没有理由假定情妇之子和其他通常仅在特定协议中出质的财产,构成整体担保中由你占有之负担财产的一部分。

产须负的风险”或者“我允诺在我财产负有风险的情况下给付你”、“我目前拥有的财产,以及我将来可能取得的”之类的话语。[1]

对整体担保制度的描述最早见于盖尤斯的《抵押》单卷本中。[2] 稍微晚于盖尤斯的切尔维丢斯·谢沃拉在其《学说汇纂》第 27 卷也对之做了描述,上文已经提到过。到了公元 2 世纪,帕比尼安进一步对这项制度进行了解释。他认为:首先,整体担保虽然涉及了合同订立时设立人无权处分的物,但鉴于其期待利益,应认为其有效;[3] 其次,债权人 A 在债务人 B 财产上的整体担保,要优于债权人 C 在债务人 B 特定财产上设定的特别担保。[4]

在整体担保关系中,债务人的物是否不可让渡?答案是否定的。虽然债务人的让渡权利受到整体担保效力的约束,但是可以推定,尽管当事人的处分行为并未书面明示,但对动产的自由让渡是符合罗马人的经营理念的,允许债务人的经营就是允许动产的让渡,这有些像为债权人利益进行的财产信托行为。这种允许是针对类型物的。如果一个不可替代物(non fungibile)被债务人让渡出去,则债务人应自第三人处索回,可以使用事实之诉(actio in factum)的形式来实现。杰尔苏和乌尔比安解释说,这须在债务人破产之前施行。[5]

整体担保的效力随着担保债务人的死亡而终止。对此,莫特斯丁(Modestino)在其《解答集》第 4 卷假设了一个案例:整体担保关系中的担保债务人 T 死亡,其继承人们继承了 T 的土地和奴隶并进行了析产。旧的奴隶死去,新的奴隶被补充进来。此时,担保效力仅及于已设定负担之女奴所生的奴隶,而不及于新买入的奴隶。[6] 保罗《解答集》第 5 卷的表述是对这

---

〔1〕 C. 8,16(17),9。Cfr. Paolo Frezza, *Le Garanzie delle Obbligazioni*: *Corso di Diritto Romano*, Cedam, 1963, p. 171.

〔2〕 D. 20,1,15,1。

〔3〕 D. 20,1,1pr. 。

〔4〕 D. 20,4,2。

〔5〕 D. 20,1,14pr. 。

〔6〕 D. 20,1,26,2。

一规则的重申：遗嘱设立人之债权人不得主张不属于已故者的、由其继承人独立取得之财产。[1]

3. 以无体物为担保标的

无体物并非罗马法学说的共同理论，仅系盖尤斯创造的一个用来构建物的体系的法学概念。[2] 他将无体物界定为不能触摸的物品，体现为某种权利，例如遗产继承、用益权、以任何形式缔结的债以及对城市土地和乡村土地的权利。[3] 以无体物为担保标的的情况可以根据盖尤斯的解释分为四类，下分述之。

(1)以用益和居住权(usufructus et habitatio)为担保标的

根据马尔西安在其《抵押》中的报道，帕比尼安认为：在物的所有权人以担保债权人未经其同意，使用或享用了财产为由提起诉讼时，担保债权人可以债权人和用益权人抵押了用益权为理由，进行抗辩。这说明用益权和居住权可以作为担保标的。[4]

(2)以赋税地权(ius in agro vectigali)为担保标的

赋税田(ager vectigalis)被看作永佃地的法学原型，是指市镇所有的被用来出租的土地。[5] 它被法学家们定位为一种物的关系，同时也是一种异化了的租赁，与之相应，赋税地权虽无所有权之名，但有所有权之实。[6] 切尔维丢斯·谢沃拉在《解答集》第 1 卷对以赋税地权为担保标的的情况作了说明：自然人 A 对于市镇 B 的耕地有赋税地权，约定若 A 未支付地租则将土地归还给 B；若 A 以承租土地为担保物向他人借款，担保成立；若担保债权人和 A 均未支付地租，则担保关系消灭。[7]

---

〔1〕 D. 20,1,29pr. 。

〔2〕 参见方新军：《盖尤斯无体物概念的建构与分解》，载《法学研究》2006 年第 4 期。

〔3〕 Gai. 2,14。

〔4〕 D. 20,1,11,2。

〔5〕 参见汪洋：《罗马法上的土地制度》，中国法制出版社 2012 年版，第 105 页。

〔6〕 参见汪洋：《罗马法上的土地制度》，中国法制出版社 2012 年版，第 107 页。

〔7〕 D. 20,1,31。

(3)以乡村地役权(servitutes praediorum rusticorum)为担保标的

对于以地役权为担保标的,必须说明的是,马尔西安认为城市地役权不可成为担保标的,[1]保罗认为道路役权(servitus itineris)或者导水役权(servitus aquaeductus)可以成为担保物。[2] 当然,这二者并不矛盾,因为道路役权和导水役权都属于乡村役权。[3]

(4)以债权为担保标的(pignus nominis)

对于以债权作为担保物的情况,保罗在其《告示评注》第29卷举了一个例子:A和B达成协议,以B对其债务人C的权利作为担保标的。当B对C主张债权时,A可凭借裁判官法的保护阻碍之。如果B和C之间的债务关系之标的是金钱,则A可适用金钱程序;如果标的是物,则A可取得并持有。[4]

保罗的观点被亚历山大·塞维鲁皇帝的敕令所确认,并赋予接受债权为担保标的之权利人一项扩用诉权以保护其权益,而其敕令中的用语"很久之前就已决定"说明以债权为担保早已成为普遍而合法的现象。[5]

二、担保法律关系的设立方式

在优士丁尼罗马法中,非所有权移转型物的担保法律关系共有四种设立方式:(1)基于合同设立;(2)基于遗嘱设立;(3)基于司法行为设立;(4)基于法律设立。[6] 下分述之。

---

〔1〕 D. 20,1,11,3。
〔2〕 D. 20,1,12。
〔3〕 参见费安玲主编:《罗马私法学》(第2版),法律出版社2020年版,第185页。
〔4〕 D. 13,7,18pr.。
〔5〕 C. 8,17,4。
〔6〕 周枏先生将担保物权之设立方式分为"自由设定"、"强制设定"和"法定设定"三种,其中"强制设定"分为"判决质权"和"大法官质权","法定质权"分为"一般抵押"和"特定抵押"。参见周枏:《罗马法原论》,法律出版社2009年版,第428-430页。陈朝璧先生的做法类似。参见陈朝璧:《罗马法原理》,法律出版社2006年版,第328-330页。二位先生均将遗嘱设立的方式归入当事人依自由意志设立质权的范畴。考虑到遗嘱设立的方式在当前除少数国家外已经基本不被采用,所以笔者将之单列,以示区别。

(一)基于合同设立

如上所述,设立 pignus 法律关系的合同有两种类型:交付(datio)和简约(nuda conventio),且在这两种合同中,设立的行为都是非要式的。[1] 对此,盖尤斯说它就是个合意契约;莫特斯丁说合同可以无须当事人出面而缔结;切尔维丢斯·谢沃拉通过案例表达了赞同意见。[2]

对于协议质押,我们已经说过,它后来被称为 hypotheca;罗马法学家认为它与给付质押统一于非所有权移转型物的担保的名义之下。这一点在 D. 20,1,5,1 有体现。马尔西安[3]在另一处(I. 4,6,7)的说法与此稍有差别。

(二)基于遗嘱设立

乌尔比安写道,通过遗嘱设定担保关系的规定:

> D. 13,7,26pr.。乌尔比安:《论断集》第 3 卷:pignus 可以通过各种手段设立,这没有什么奇怪的,例如,长官将当事人放置在占有人的位置上;这是因为我们的皇帝,以及他的父亲,经常在敕令中说 pignus 可以通过遗嘱设立。

这个法言介绍了通过遗嘱设立担保的方法:授权占有(misso in possessionem)。[4] 意大利的罗马法学者费雷扎以古典时期裁判官质权(pignus praetorium)尚未出现为由判断这个法言并非乌尔比安的原作,认为其中真正属于乌尔比安的部分,应该是塞维鲁、卡拉卡拉(Caracalla)两位皇帝经常性地通过遗嘱授予当事人授权占有的法律地位的相关内容,对此,马尔西安的《法学阶梯》第 8 卷、塞维鲁皇帝和安东尼鲁斯皇帝致辛弗鲁斯(Symphorus)的敕令都可以作为旁证。[5] 优士丁尼皇帝时期,这种担保的

---

〔1〕 D. 13,7,1。

〔2〕 D. 20,1,4。D. 20,1,23,1 和 D. 20,1,34,1。

〔3〕 费雷扎认为两个法言的作者都是马尔西安。Cfr. Paolo Frezza, *Le Garanzie delle Obbligazioni: Corso di Diritto Romano*, Cedam, 1963, p. 113.

〔4〕 参见下文"因遗嘱而授权占有"部分。

〔5〕 D. 30,114,12。C. 6,54,3。C. 6,43,1,2。Cfr. Paolo Frezza, *Le Garanzie delle Obbligazioni: Corso di Diritto Romano*, Cedam, 1963, p. 114.

设立方式依然适用。

无论如何,这个文本证明了以遗嘱设立担保关系的可能性。我国有学者认为,“用遗嘱设定者,则每以担保遗赠之执行为目的”[1]。这在某些现代民法典中遭到了明令禁止,比如《意大利民法典》第 2821 条第 2 款:不能利用遗嘱设立抵押权。

(三)基于司法行为设立

1. 裁判官特许设立

“Praetorio pignore”这个术语出现在 C. 8,21 的题目当中。[2] 因为这一题是优士丁尼皇帝的敕令,所以它很有可能是后古典法时代出现的。它的名称,大概源于裁判官对裁定占有人(misso in possessionem)对他人之物占有之法律地位的宣告:优士丁尼皇帝通过敕令授予物的持有者与质权人一样的法律地位。在上文提到过的乌尔比安的《论断集》中,我们同样看到了将裁定占有人的法律地位类推为和质权人一样的观点。此外,马尔西安、尤里安和保罗等法学家也谈了裁定占有人和质权人问题。[3]

陈朝璧认为,“债务人有逃亡之虞或用其他方法规避履行责任时,司法官或其他官吏,得因债权人之申请,就债务人所有财产之一部或全部设定物件质权”,就是裁判官特许设立之担保法律关系。[4] 从这个解释来看,这项制度更像是程序法的内容,而非民法上的制度。

2. 裁判官依判例设立

裁判官依判例设立担保关系,是一种非常审判时期极具代表性的强制执行程序。[5] 也正是因为这一点,对该项制度的记载,并非存于常见的《告示评注》当中。事实上,乌尔比安是在三卷本的《论执政官的义务》中讨论这

[1] 陈朝璧:《罗马法原理》,法律出版社 2006 年版,第 329 页。

[2] De praetorio pignore et ut in actionibus etiam debitorum missio praetorii pignoris procedat.

[3] D. 42,5,35。D. 41,5,2pr.。D. 42,8,13。Cfr. Arrigo Dernburg, *Pandette*, *Diritti Reali*, Traduzione di Francesco Bernardino Cicala, Fratelli Bocca, 1907, p. 437.

[4] 参见陈朝璧:《罗马法原理》,法律出版社 2006 年版,第 329 页。

[5] Cfr. Paolo Frezza, *Le Garanzie delle Obbligazioni*: *Corso di Diritto Romano*, Cedam, 1963, p. 119.

一问题的,而伽里斯特拉杜斯(Callistratus)的相关论述存于其六卷本的《论审理》之中。[1]

作为一种强制程序,裁判官依判设立的质权,与程式程序中的财产拍卖有很大的区别,特别是在执行这一点上,在比较了一般的和破产导致的财产拍卖,以及由长官授权执行的扣押程序之后,可以发现财产拍卖程序是由债权人发起、由长官授权执行的。[2]

(四)基于法律设立

法定抵押是近现代民法的概念,它在罗马人的术语体系中表现为默示担保,亦即《学说汇纂》第 20 章第 2 题的题目和《法典》第 8 卷第 14(15)题的题目,“In quibus causis pignus vel hypotheca tacite contrahitur”,翻译成中文,意思是“在何种情况下默示地设立了质押或抵押”。这里的“tacite contrahitur”的概念,笔者窃以为可以和近现代合同法中的“默示条款”做同一理解。[3] 这里我们可以引用一个拉贝奥的观点:

> D. 2,14,2pr.。保罗:《告示评注》第 3 卷:拉贝奥说,一个协议可以通过财物的移转达成,也可以通过一些文字或者消息。它同样可以由缺席的当事人双方达成,并且,可以理解为协议能够通过沉默的合意来缔结。

这事实上允许了一种个人意志的推定:当事人的意图可以不在文本中显现,而由法律强制规定,正如关于嫁资的法定抵押问题,皇帝在他的敕令中说:要式口约和抵押已经被理解为嫁资交易中的一部分,并且要式口约的

[1] 参见 D. 42,1,15 和 D. 42,1,31。Cfr. Arrigo Dernburg, *Pandette*, *Diritti Reali*, Traduzione di Francesco Bernardino Cicala, Fratelli Bocca, 1907, p. 438, not. 2.

[2] 参见 D. 42,1,15pr.。乌尔比安:《论执政官的义务》第 3 卷:在一份敕令中,被奉为神君的皮尤斯命令,任命法官或仲裁员的罗马人民的长官应执行他们的决定。D. 42,5,12pr.。保罗:《告示评注》第 59 卷:数名债务人中的一位寻求授权占有债务人财产的行为意味着什么?……正确地说,当裁判官同意时,他授予全体债权人而非某个人单独的占有……

[3] 对于默示条款的进一步讨论,请参见[英]P. S. 阿狄亚:《合同法导论》,赵旭东等译,法律出版社 2002 年版,第 208 页。

无效能够被纠正，所以，将来所有的嫁资合同都应该是有效和完善的，恰如所有的关联文件都已经被男人通过学习法律而写下来。[1]

基于法律设立的 pignus 法律关系，根据笔者对《学说汇纂》相关内容的归纳，有下面 5 种形式：

1. 基于重新修复建筑物所生之债

基于修复或者重建建筑物所生之债产生的法定担保关系，受到了乌尔比安的特别关注。在他的《告示评注》第 63 卷中，有一个这方面的例子：担保债权人 A 与担保债务人 B 订立了一项借款合同，款项用于房屋的建设，以建好的房屋的租金为担保；在承租人违约时，A 可以提起扩用之诉主张租金之给付。[2] 这个例子可能是个例，特别针对用来出租的新建房屋。在同一卷，乌尔比安援引了马库斯皇帝（Marcus）的敕令，认为以重建为目的之借款导致债权人对以借款部分修建部分的优先权。[3] 这类似于我国《民法典》第 807 条有关建筑工程价款的优先权，但内涵较之更为丰富。对此，乌尔比安多次重复了这一看法：

> D. 42,3,1。乌尔比安：《告示评注》第 17 卷：一个在建筑物重建工作中起促进作用的债权人，对于他应得的部分，被授予优先地位。
>
> D. 12,1,25。乌尔比安：《论执政官的义务》单卷本：债权人花费钱财促进了房屋重建工作，可以对他花费的部分主张特别的优先地位。

乌尔比安的这些表述，表面上看，是讨论优先权问题，实质上则是法定质权问题——借款关系双方间的担保关系因法律规定而产生。乌尔比安的观点很可能受了帕比尼安的影响，后者在其《解答集》第 10 卷引用了马库斯

---

〔1〕 C. 5,13,1,1c。Cfr. Arrigo Dernburg, *Pandette*, *Diritti Reali*, Traduzione di Francesco Bernardino Cicala, Fratelli Bocca, 1907, p. 435, not. 17.

〔2〕 D. 20,1,20。

〔3〕 D. 42,5,24,1。See William A. Hunter, *A Systematic and Historical Exposition of Roman Law in the Order of a Code* (*4th Edition*), Sweet & Maxwell Limited, 1903, p. 443.

皇帝时期的元老院决议——以借来的钱修复的公寓楼(insulae)须为债权人提供担保,此规则同样适用于从事修复工作的人。[1]

2. 被监护人购买物品所生之债

监护人使用被监护人的财产购买物品的,会产生法定担保。乌尔比安在其《告示评注》第35卷举了这样一个例子:监护人A使用被监护人P的钱,购买另一个被监护人的财产,该财产已经移交给被监护人或者未成年人。依照马库斯皇帝和亚历山大·塞维鲁皇帝的敕令,被监护人P在监护人A购买的物上享有担保权。[2] 这个例子证明了监护人使用被监护人财产购买物品时存在一个担保关系,但担保标的是监护人的财产,还是监护人购买的物,尚需推敲。

3. 国库之债

赫尔摩格尼(Hermogenianus)在其《私法摘要》第6卷说,皇库总是享有担保权。[3] 这种现象集中体现于卡拉卡拉皇帝的两个敕令。

在公元213年,卡拉卡拉皇帝公布了一个敕令,宣布有责任缴税者须以其全部财产担保税款的收缴。[4] 他在公元214年又公布了一个相关的敕令,内容是与皇库缔结合同之人的财产是受到担保效力约束的,这种担保关系是默示的,无须明文约定。[5]

这两个规则在优士丁尼皇帝时期仍然有效。根据费雷扎的解释,卡拉

---

〔1〕 D. 20,2,1。根据1885年在罗马出版的拉丁语—意大利语对照版的《学说汇纂》,这个文本是这样的:根据马尔库斯皇帝的元老院决议,将出租公寓作为质物提供给借钱修复大厦的承租人,并扩用至根据房屋主人命令将钱提供给承包商。

〔2〕 D. 27,9,3pr.。Cfr. Ratti Umberto, *Sul "ius vendendi" del Creditore Pignoratizio*, Studi Urbinati: Rivista di Scienze Giuridiche, 1: p. 10(1927). 文中所说敕令是C. 7,8,6。Cfr. Massimo Colamonico & Raffaele Zingarelli, *Le Garanzie delle Obbligazioni: Lezioni di Diritto Romano*, Vincenzo Cavaliere, Libraro-Editore, 1897, p. 243-244.

〔3〕 D. 49,14,46,3。关于皇库,参见徐国栋:《皇库·纳库·检库——罗马帝国皇库的收入研究》,载《辽宁大学学报(哲学社会科学版)》2010年第3期。

〔4〕 C. 8,15,1。Cfr. Massimo Colamonico & Raffaele Zingarelli, *Le Garanzie delle Obbligazioni: Lezioni di Diritto Romano*, Vincenzo Cavaliere, Libraro-Editore, 1897, p. 245.

〔5〕 C. 8,15,2。Id, p. 204, p. 245.

卡拉皇帝第一个敕令讨论的是一种优先特权(vice pignoris),它自奥古斯都时代就已经存在了,似乎是产生于自租税的收集,因为税收征集工作从直接管理到间接管理的变化,使这项制度扩大到对纳税人应纳税金的收缴工作中来;鉴于《关于二十分之一税的尤流斯法》(lex Iulia vigesimaria)仅适用于包税人(conductores vectigalium),卡拉卡拉皇帝被迫作出了上面第一个敕令。[1]

4. 因遗赠而授权占有的原因

上文已经涉及了继承和授权占有问题。这里有必要对二者做一解释。

授权占有(missio in possessionem),或称为"占有裁定""特准占有",是指裁判官等授权申请人占有他人的特定物或其全部财产的裁定。[2] 具体分为以下几种:安东尼授权占有(为执行遗赠而授权占有)、因潜在损害的授权占有、财产占取、不辩护者财产占取、为执行的财产占取等。[3] 占有裁定的标的可以是他人的全部财产,例如逃亡、隐匿者的财产等,也可以是他人的特定财产,例如原物返还之诉中不出庭应诉的被告之财产。[4]

为什么会因遗赠而授权占有的原因依法律设定担保关系呢?这是因为优士丁尼皇帝《新律》的规定。公元 541 年 2 月 1 日,优士丁尼就裁判官巴苏思(Bassus)提交的一个涉及遗嘱解释的案件进行了答复,修订了规则。[5] 案情如下:

某人指定作为其继承人的子女,要求他们像子女缺席一般互相替代继

---

〔1〕 Cfr. Paolo Frezza, *Le Garanzie delle Obbligazioni*: *Corso di Diritto Romano*, Cedam, 1963, p. 121-122.

〔2〕 参见周枏:《罗马法原论》,法律出版社 2009 年版,第 982 页;另可参见陈朝璧:《罗马法原理》,法律出版社 2006 年版,第 571 页。

〔3〕 See Adolf Berger, *Encyclopedic Dictionary of Roman Law*, American Philosophical Society, 1953, p. 584-585. 另可参见黄风编著:《罗马法词典》,法律出版社 2002 年版,第 178-179 页。

〔4〕 相反的观点认为,与财产占取不同,特准占有授权占有单项财产,而财产占取则占有全部财产。参见费安玲主编:《罗马私法学》,中国政法大学出版社 2009 年版,第 149 页。学者间对标的范围的争议源自对授权占有范围认识的差异,费安玲教授书中的授权占有排除了财产占取的部分。在该书的第 2 版中,财产占取和特种占有授权的表达被更换为财产拍卖和财产零卖。参见费安玲主编:《罗马私法学》(第 2 版),法律出版社 2020 年版,第 122 页。

〔5〕 N. I. 108。

承,如果没有子女的继承人死亡的,其死亡时占有的继承所得之财产和权利,除了法定授予的,应移交给并成为其他还活着的子女的财产和权利,如果其他子女死亡,则交给子女的子女,他们之间不得主张赔偿的债或者担保。在立遗嘱人死亡后,两个继承人,一个有子嗣,另一个没有,有子嗣的禁止没有子嗣的继承人使用财产,理由是后者会导致遗产减损。无子嗣的继承人基于遗嘱的文本及立遗嘱人的命令,认为自己有权按照自己的意愿使用财产,他人不得有阻碍其管理财产的行为。

对本文来说,关键问题不在于是否应将遗产判给无子嗣的继承人,而是如何理解这个遗嘱。优士丁尼皇帝的处理是将这个遗嘱继承看作一个信托,立遗嘱人为信托人,继承人之间互为托管人和信托受益人。当托管人消费了遗产,信托受益人被授予一个抵押之诉来主张这部分损耗,这个诉讼可以对托管人提起,也可以对买受了遗产的人提起。巴克兰将之总结为“受遗赠人为了其遗赠物在由责任人掌管的死者所有财物上的权利”。[1]

5. 为不完全行为能力人利益而设立

罗马法中的不完全行为能力人包括未脱离家父权的子女、妻子、未适婚人、未成年人、精神病人和浪费人等。下分述之。

(1)为被监护人和被保佐人的利益而设

监护和保佐制度的最初目的,是使家族财产免遭浪费或被他人侵占。因为被监护人/被保佐人的财产均移交给监护人/保佐人所有,则监护人/保佐人自然享有所有人的一切权利。为了保护被监护人/被保佐人的利益,保证监护人/保佐人在监护/保佐终了时归还被监护人/被保佐人的所有财产,君士坦丁皇帝规定在监护人/保佐人的财产上设定担保权,当监护人/保佐人不履行其职责时,被监护人/被保佐人可以主张其财产。[2] 优士丁尼

---

〔1〕 See William W. Buckland, *A Text-book of Roman Law: From Augustus to Justinian*, Cambridge University Press, 1921, p. 477.

〔2〕 C. 5,37,20。See William A. Hunter, *A Systematic and Historical Exposition of Roman Law in the Order of a Code*(*4th Edition*), Sweet & Maxwell Limited, 1903, p. 444.

皇帝对保佐制度做了进一步规定:保佐人须发誓适当地管理保佐事务,须对被保佐人的财产制作清单,须以自己财产做担保。[1]

(2)为子女利益而设立

罗马婚姻的成立只要求双方当事人怀着结婚的意愿共同生活在一起,因而同样可能根据双方或者其中一方的自由意愿而终结。[2] 这就带来了一个问题:当父母缔结第二次婚姻后,如何保障第一次婚姻所生子女对家族财产所享利益?对此,优士丁尼皇帝规定,父母第二次婚姻后的财产成为第一次婚姻中孩子的抵押品。[3]

(3)为妻子利益而设立

基于妻子利益而成立的法定担保,即在丈夫财产上设立的担保关系。在共和末年,无夫权婚姻盛行,离婚也变得普遍起来。为了确保离婚后妇女的生计,当时的人们授予妻子在离婚后取回嫁资的权利。一般来说,女方家长会与男方缔结要式口约,约定嫁资在婚姻关系存续期间归丈夫所有,婚姻关系解除后则必须返还。为了确保返还,通常需要在订立要式口约之外由男方另行提供担保物或保证人;如果女方提起嫁资返还之诉,其权利属于优先债权,优于普通债权而逊于担保债权。[4] 优士丁尼皇帝对相关规定进行了改革,他首先规定女方主张返还嫁资时,享有对现存嫁资的优先抵押权。[5] 其中,"现存嫁资"指未被男方处分而仍留在丈夫财产中的嫁资,女方仅对这一部分有优先抵押权,优先于一般抵押债权人。[6] 稍后,又规定

---

〔1〕 C. 5,70,7,6c。

〔2〕 参见[英]巴里·尼古拉斯:《罗马法概论》,黄风译,法律出版社2004年版,第91页。

〔3〕 C. 5,9,8,4。Cfr. Arrigo Dernburg, *Pandette*, *Diritti Reali*, Traduzione di Francesco Bernardino Cicala, Fratelli Bocca, 1907, p. 434, not. 15.

〔4〕 参见周枏:《罗马法原论》,法律出版社2009年版,第198页。

〔5〕 C. 5,13,1,1b。Cfr. Arrigo Dernburg, *Pandette*, *Diritti Reali*, Traduzione di Francesco Bernardino Cicala, Fratelli Bocca, 1907, p. 434, not. 17.

〔6〕 参见周枏:《罗马法原论》,法律出版社2009年版,第200页。

妻子对丈夫在嫁资以外的全部财产有法定抵押权。[1] 除此之外，周枏认为，公元531年优士丁尼进一步出台了保护离婚妻子的规则，规定妻子的法定抵押权为优先抵押权，其顺位优先于丈夫的抵押权，“即丈夫在婚前对其财产所设定的抵押权，也须在妻子收回嫁奁之后才能获得清偿”。[2]

三、担保法律关系效力所及范围

（一）所担保债权范围

主债权必然处于所担保债权的范围内。除此之外，延迟利息和变卖、保管担保物的费用是因债务人到期不履行债务而发生的，自应在所担保的范围之内。但担保特定的债权时，如果担保权人对债务人另有其他债权，不得就该担保物要求清偿；若所担保债权清偿后，担保权人仍占有担保物的，可以行使留置权，但也以不损害其他债权人的利益为限。

（二）担保物的范围

这一问题在本节第一部分已经多少有所涉及。Pignus 法律关系之效力依据法律（opera iuris）及于担保物天然的（如河流冲积所生之土地）[3]和法定的添附。上文述及，早期法规定只有在当事人同意的情况下，担保效力才能扩及谷物和部分畜群上，到了优士丁尼法中，前二者则变得和奴隶的状况一致，都是依据法律而使担保的效力扩及其上。特别需要注意的是，在第三方当事人取得担保物之主观状态为诚信时，担保效力不及于担保物之产出和部分。[4]

担保物经济目的变化不影响担保关系的继续存在：所以在空地上建一

[1] C. 5,14,11,2。Cfr. Arrigo Dernburg, *Pandette*, *Diritti Reali*, Traduzione di Francesco Bernardino Cicala, Fratelli Bocca, 1907, p. 434, not. 18.

[2] 参见周枏：《罗马法原论》，法律出版社2009年版，第200页。

[3] D. 20,1,16pr.。

[4] 参见 D. 20,1,1,2。关于奴隶的部分：D. 13,7,18,2。D. 20,1,29,1。

栋大楼,或者建造一个花园,都不影响土地上的担保权之存在[1];在建筑物毁损之后重建的情况也是一样[2]。在标的是特定物的情况下,保罗援引卡修斯(Cassius)的观点,认为设立于"材料"(materia)之上的法律关系之约束力,在当事人明确表达之后,同样及于"新物"(nova species)。[3] 这或者是近现代担保法中物上代位性原则的起源。

需要特别指出的是,乌尔比安提出了一个例外情况,他明确指出担保物的增益价值归属于债务人。[4] 换言之,在担保物之添附上排除了担保关系之法律效力。

第二节 非所有权移转型物的担保之内容

一般而言,担保物权的效力包括三个部分:担保效力所及范围、当事人间权利义务关系、担保对第三人的效力。担保效力所及范围,已在上文论述;当事人间的权利义务关系是本节的内容;而担保对第三人的效力,将在下一节探讨。

一、债权人的权利

(一)占有权(ius possidendi)

对担保物进行占有的权利,一般只存在于给付质押(datio pignoris)的情形下。至于协议质押(conventio pignoris),只有当债务人无力偿还时才可有限度地进行。[5] 这就带来一个问题,如果债务人依据正当原因事实占有土

[1] D. 20,1,16,2。
[2] D. 20,1,35。
[3] D. 13,7,18,3。
[4] D. 20,1,21,2。
[5] Cfr. Paolo Frezza, *Le Garanzie delle Obbligazioni: Corso di Diritto Romano*, Cedam, 1963, p. 197.

地或者奴隶,并以之作为担保物移交给债权人,那么会否阻断债务人的时效取得呢?

尤里安认为,担保关系中的债权人对担保物的占有并不妨碍债务人的时效取得(usucapio)。首先,保罗的《告示评注》第54卷援引了尤里安对奴隶的观点:债权人即使占有奴隶,也不能通过要式口约或者其他方式为债权人取得占有。其次,给付质押中的担保人仍被视为土地的占有者,债权人的占有并不对时效取得构成妨碍。[1] 雅沃论(Iavolenus Priscus)赞成此观点:当第三人就作为担保物之奴隶提起出示之诉时,须对债权人而非债务人提起,因为债务人仅在时效取得这一意义上占有奴隶,而其他意义上的占有都归于债权人。[2] 是否债务人的时效取得完全不受pignus法律关系之影响呢?答案是否定的。当债权人向第三人移交担保物之占有时,债务人的时效取得中断。[3]

担保权人占有担保物还带来一个问题:他取得担保物的孳息如何处理?是保存并返还,还是抵销主债及其利息?若用来抵销应以主债为先还是利息为先?对此,亚历山大·塞维鲁皇帝的主张是从主债的总额中扣除担保权人取得之孳息。他以土地为中心进行了说明:担保债权人占有作为担保物之土地,以土地上收获之谷物充抵债务;若收获所得大于所担保之债务的价值,担保关系消灭;若因债权人的原因造成作为担保标的之土地的损耗,担保债务人可据此提出质物返还之诉。[4]

以债权人自担保标的上所得之利益抵销主债权的例子,除了上述情况外,还包括以作为担保标的物的用益利益抵消主债权的例子:莫特斯丁在其《解答集》第4卷中说,以债权人在一定期限内占有作为担保标的之土地为

---

[1] D.41,2,1,15;D.41,2,36。
[2] D.41,3,16。
[3] D.41,3,33,4。
[4] C.4,24,2;C.8,27(28),1。另可参阅C.4,14,1/12和C.8,13(14),9。

代价,抵销债务人借款。[1] 考虑到担保物占有人无所有人许可而使用收益担保物会导致“使用盗”(furtum usus)的规定,笔者以为上面两个法言应作这样理解:因为担保物由债权人占有,而诸如母畜产仔,或者农地收获等具有周期性,为方便起见,允许债权人收取这些收益,并为担保债权实现而继续占有,将之置于质权的效力之下。但是债权人并不取得收益的所有权,收益的所有权仍归担保物的所有人享有。当债务到期而债务人拒不清偿时,债权人可以其收取的收益弥补自己的损失。

需要指出的是,这种以担保物孳息抵销债权的可能条款,必须与被称为典质简约的制度区分开来。后者是一种在债权人和债务人之间签订的协议,债权人被授予使用担保物(土地或者房子)并且取得收益的权利。在这种交易模式中,债权人可以出租或者使用财产,或者以其他形式对之进行利用,并保持对物的占有直至债务被清偿。它后来被希腊术语 antichresis 取代。[2] 陈朝璧先生认为这种简约是一个关于利息的规定:债权人得因此简约以担保物使用收益抵充利息,其收益不足抵充利息时,不得请求债务人补偿。[3] 对此,意大利学者奥托曼诺(Ottomano)表达了类似意见:D. 13,7,11,3,D. 20,2,8,C. 4,24,3 以及 C. 4,24,4 一同体现了“anticresi”的构造:质物的孳息用来充抵利息,在债务到期之前,孳息由债权人收取。[4] 那么,收

---

〔1〕 D. 13,7,39。

〔2〕 D. 20,1,11,1;D. 13,7,33。

〔3〕 参见陈朝璧:《罗马法原理》,法律出版社 2006 年版,第 331 页。

〔4〕 D. 20,2,8。保罗:《论点集》第 2 卷:债务人无息借款,债权人可以质押给他之财产的收益为利息。D. 13,7,11,3。乌尔比安:《告示评注》第 28 卷:当仅仅为了本金,或是连同利息的质押被清偿,关于质物的诉讼被授予。利息在要式口约中可以规定,也可以不规定。但只要担保囊括了利息,那么如果利息未被清偿,债务人不能提起质物返还之诉。该情形不同于允诺高于法定利率支付利息的情况。事实上,这是非法的。C. 4,24,3。亚历山大·塞维鲁皇帝致 Hermius 及 Maximilla:你提到的合同,根据其条款,如果钱不应该在一个确定的时间支付,授予出售质押或抵押的土地,并不剥夺债务人针对债权人提起质押之诉的权利。C. 4,24,4。亚历山大·塞维鲁皇帝致 Dioscorida:如果债权人,没有错误,遗失了作为担保交给他的银器,他不需要归还抵押物。然而,如果他有过错或过失,尽管可能无法清楚证明他遗失了银器,法官应该判他以银器的价值抵消债务人应付的利息。

益所得大于利息时如何处理？对此，中世纪的法学家雅各布斯·居亚斯（Jacques Cujas，1552–1590年）认为，当事人就借款利息本无约定，若债务人到期不清偿，则法律推定债权人占有担保物的孳息以充抵债权，而这种占有并不以债务到期为限。荷兰学者维尼欧（Vinnio）观点类似，并进一步指出，孳息首先充抵债务延期导致的法定利息，然后充抵主债务。后来的学者们以居亚斯（Cujas）和维尼欧（Vinnio）的看法为通说，认为典质中孳息用来充抵利息和主债务，且债务人违约后不得出售质物而仅得收取或使用孳息。〔1〕

除了可以产生收益的担保物之外，还存在不能收益的担保物，例如家具、衣物或者贵重物品。若以后者为担保物，如果未经债务人允许，债权人的使用会导致自己陷入“使用盗”的困境。〔2〕

（二）出售权（Ius Vendendi）

1. 债权人的出售权

出售权最初是作为一条明示的条款附随在给付或者协议担保合同当中的。这项权利的出现，据德国法学家马尼希克（Manigk）的观点，是通过有利于债务人的出售简约来矫正“流质约款”所带来的法律效果。在没有出售简约的情况下，物的担保法律关系会导致债权人持续占有担保物，直到担保的债得到履行。该制度在中世纪早期盛行：担保物不被视为清偿的工具，而是类似于人质。〔3〕

本书第一章分析过的 Gai. 2，64，是我们第一次在法学文献中看到明确

---

〔1〕 Cfr. G. Mirabelli, *Dell' Anticresi*, Estratto dalla Gazzetta Diritto e Giurisprudenza, Anno 3. N. 35，40，43 e 44. ，Napoli 1888，editore federico corrado Sette Dolori 37，p. 8. 卡泽尔也持同样观点。参见 Max Kaser, *Roman Private Law*, Translated by Rolf Dannenbring, University of South Africa，1984，p. 160.

〔2〕 D. 47，2，55（54）pr. ；D. 33，10，9，2。

〔3〕 Cfr. Paolo Frezza, *Le Garanzie delle Obbligazioni*：*Corso di Diritto Romano*, Cedam, 1963, p. 200，n. 2. 这是 F. B. J. Wubbe 的观点，后来被马克斯·卡泽尔所用。G. Rabel 持相反的观点。

授予债权人出卖担保物的权利。[1] 活跃时间远早于盖尤斯的卡修斯对这一问题持相反看法:债权人在无债务人授权的情况下出售担保物的行为属于盗窃。[2] 切尔维丢斯·谢沃拉则称双方合意达成的债务人违约时出售担保物的约定有效,即使出售行为是违背担保债务人意志的。[3]

如果某人以同一物为担保标的缔结了两份担保合同:第一份合同约定债务人逾期不清偿债务时债权人可出售担保物;第二份合同则没有,后者可否出售担保物?根据保罗的描述,阿里斯托(Aristo)就此问题给内拉蒂·普里斯库(Neratius Priscus)出具了法律意见:依据权利人可自第三人处取得其没有被授权的某物这一规则,第一顺位担保债权人的权利被第二顺位担保债权人继承,后者可以在债务人到期未清偿的情况下有效地出售担保物。[4] 从这个法律意见可以看出,在当时,出售担保物的条款是可选可不选的。

到了乌尔比安和保罗的时代,这种条款已经成为担保合同的必然内容。当事人必须明示禁止出售担保财产方可规避之。对此,乌尔比安解释说,如果债权人在有禁止出售协议时出售担保财产,负盗窃责任,三次告知债务人的除外。[5] 保罗证实了三次告知程序的存在:如果债权人希望出售其占有的担保财产,应该三次告知债务人,以便债务人将之赎回。[6] 对此,斯科特

---

〔1〕 Gai. 2,64。

〔2〕 D. 47,2,74(73)。Cfr. Ratti Umberto, *Sul "ius vendendi" del Creditore Pignoratizio*, Studi Urbinati: Rivista di Scienze Giuridiche, 1: p. 6(1927).

〔3〕 D. 44,3,14,5。Cfr. Renato Perani, *Pignus Distrahere: La'lienazione della Cosa Pignorata da Parte del Creditore* (*Dottorato di Ricerca di Scienze Giuridiche*), Milano: Università degli Studi diMilano, 2013, p. 25.

〔4〕 D. 20,3,3。Cfr. Ratti Umberto, *Sul "ius vendendi" del Creditore Pignoratizio*, Studi Urbinati: Rivista di Scienze Giuridiche, 1: p. 13(1927).

〔5〕 D. 13,7,4。Cfr. Renato Perani, *Pignus Distrahere: La'lienazione della Cosa Pignorata da Parte del Creditore* (*Dottorato di Ricerca di Scienze Giuridiche*), Milano: Università degli Studi diMilano, 2013, p. 31.

〔6〕 P. S. 2,5,1。

(Scott)解释说,这种告知在当事人双方约定担保财产不可出售时是必须的。[1] 易言之,债权人告知债务人的义务仅仅出现于担保合同有禁止出售条款的情况下。

为了矫正此种对债务人不利的状况,亚历山大·塞维鲁皇帝在223年颁布敕令,授予因未清偿到期债务导致担保物被出售的债务人一项诉权,即对抗债权人的质物返还之诉,并同时确认出售权是债权人的当然权利。[2] 公元238年,哥尔迪安皇帝通过其颁布的敕令确认债权人的出售权,但同时又对之加以限制:

> C. 8,27(28),7。哥尔迪安皇帝致卡罗(Caro):当合同没有规定相反条款时,如果未清偿,债权人可以出售被质押给他的财产;如果构成诈欺,那么取消出售是不公平的,你应起诉债权人而非买受人。

比较哥尔迪安皇帝的敕令和保罗述及的阿里斯托法律意见的法言,我们可以发现一个趋势——即出售权条款从"偶尔条款"到"通常条款"的发展。[3] 这个表达进一步确认了出售权的"通常性"。这种以协议中缺乏反对意见为由假定出售权的存在的推定,最终导致出借人出售担保物条款的消失。到了公元293年,戴克里先皇帝(Diocletianus)在一条关于监护人管理被监护人债权的敕令中说,"如果他们未能清偿债务,你能依据普通法出售担保物"(qui si satis non fecerint, in venditione pignorum uti communi iure potes)。[4] 此时,担保债权人出售担保物行为的合法性基础,从原本的双方

---

〔1〕 Parsons S. Scott, *The Civil Law*(1), AMS Press, 1973, p. 269.

〔2〕 C. 4,24,4。Cfr. Ratti Umberto, *Sul "ius vendendi" del Creditore Pignoratizio*, Studi Urbinati: Rivista di Scienze Giuridiche, 1: p. 7(1927).

〔3〕 通常条款是指一般由法律或交易习惯所规定,不必经当事人协商而当然地成为合同的内容。偶尔条款是须经当事人协商才能成为合同的内容,其欠缺不影响合同成立的效力,在合同成立以后当事人可以继续协商,协商不成,可请求仲裁机关或法院裁决。参见马俊驹、余延满:《民法原论》,法律出版社2010年版,第540页。

〔4〕 C. 5,37,18。

合意变成了皇帝(或者法律)的授权。

至此,优士丁尼法中存在的担保债权人出售担保标的之权利,及权利行使所需具备的要件,已经清楚地体现在了上文中了:债权人行使出售担保物的权利前须通知债务人三次。

为了平衡债权人和债务人之间的利益,债务人被授予了一项补救的权利,在担保债权人开始出售担保财产之前,债务人履行了债,或者因债权人的原因未能履行债的,出售行为无效。〔1〕

此外,债权人出售担保物的形式也被限制:出售行为须公开,在合适的时间和场地进行。亚历山大·塞维鲁皇帝要求担保债权人须诚信行事,且召唤证人在场;戴克里先皇帝和马克西米利安皇帝(Maximianus)则从债的发生原因和担保财产出售形式的合法性两个方面对出售权进行限制。〔2〕

2. 债权人出售担保物所产生的责任

担保债权人的出售权本质上是对他人财产的处分,具体说来就是与第三人缔结买卖协议,将属于担保债务人的财产卖给第三人。这就导致债权人须承受买卖关系中出售人的责任。这种责任,根据保罗的解释,有追夺担保责任(evictio)、移转占有责任和无诈欺的责任(purgari dolo malo)。〔3〕 下分述之。

(1)移交担保物的责任

在给付质押的情形中,保罗认为担保债权人依出售权出售担保物后,须放弃自己的权利,并将其占有之担保物移交给买受人。〔4〕 这种占有移转的

---

〔1〕 C. 8,28,8。

〔2〕 C. 8,28,4;C. 8,28,9。

〔3〕 D. 19,4,1pr.。费安玲教授在《罗马私法学》书中所总结之卖方义务包括:交付标的物、对追夺提供担保、对出售物承担隐瑕疵责任、对出售物承担看管责任和承担迟延责任5种。参见费安玲主编:《罗马私法学》(第2版),法律出版社2020年版,第277-278页。陈朝璧先生认为出卖人之义务分为4种:未交付前的保管、标的物之交付、追夺担保和瑕疵担保。参见陈朝璧:《罗马法原理》,法律出版社2006年版,第198页。

〔4〕 D. 20,5,13。该条似乎本来是信托担保的规则。Cfr. Renato Perani, *Pignus Distrahere: La'lienazione della Cosa Pignorata da Parte del Creditore*(*Dottorato di Ricerca di Scienze Giuridiche*),Milano:Università degli Studi diMilano,2013,p. 16.

是物的 dominium,即所有权。[1]

那么,担保债权人不占有担保物的情况会如何？公元 222 年,亚历山大·塞维鲁皇帝通过敕令确认了债权人在债务人违约情况下出售其未占有之担保财产的合法性,并将债务人对担保财产的权利定性为“不稳定”。[2] 公元 293 年,戴克里先和马克西米利安皇帝宣布,买受人自担保债权人处购买其未占有的附有担保权的土地时,买受人无权提起对物之诉取得该物。[3] 这使买受人承受了巨大的风险。为了避免这种情况的产生,戴克里先和马克西米利安皇帝同时规定,在债务人到期不清偿债务的情况下,可由行省总督将担保财产之占有授予担保债权人。[4] 这就是说,担保债权人行使出售权的先决条件之一,是债权人占有担保物。

(2)追夺担保责任

追夺(evictio),是指“买受人因从非所有主处购买物品而面对真正所有主提起的返还所有物之诉(actio rei vindicatio)败诉,在此种情况下,买受人丧失对自己买得物品的权利,必须向真正的所有主实行返还”[5]。从这个定义来看,只有出售他人物品时,才会涉及追夺担保。对他人财产的处分使买方处于随时会被真正所有权人追究的危险中。因此,乌尔比安主张,卖方须在买卖契约缔结后、买方取得前,向买方提供追夺担保;[6] 一旦发生追夺,则授予买受人对抗债务人的诉权。[7] 易言之,如果作为出售人的担保债权人没有提供追夺担保,一旦真正所有权人向买受人主张担保物,担保债权人不用承担任何责任。不但如此,一旦买卖契约订立,买受人支付价金之

[1] D. 41,1,46;D. 13,7,4。
[2] C. 8,28,2。
[3] C. 8,28,13。
[4] C. 8,28,14。
[5] 黄风编著:《罗马法词典》,法律出版社 2002 年版,第 105 页。
[6] D. 19,1,11,2。
[7] D. 21,2,38。

前担保物被追夺,担保债权人可以向买受人主张价金。[1] 如果买受人因追夺而丧失对物的占有,且担保债权人没有要求买受人提供担保,买受人可以提起诈欺的抗辩来避免损失。[2]

让我们来考察一下特里芬尼努斯(Claudius Tryphoninus)对债权人—债务人—买受人之间关系的说明:[3]

债务人 A 以他人财产设定抵押,债权人 B 在期限届满后将之出售,并以所得价金满足自己的债权。此时,如果 B 的出售行为以追夺发生时免责为条件,则出售行为有效,A 在与 B 的法律关系中免责,但他将对所述财产的真正所有人(追夺发生前)与买受人(追夺发生后)承担责任;若 B 的出售行为附加了追夺担保,当追夺发生,B 在赔偿了买受人的损失后,可向 A 追偿。

基于此,我们可以推出以下结论:①担保债权人出售担保物后,可以承担担保物被追夺而产生的责任,也可以不承担;②追夺发生后,债务人或对债权人承担责任,或对担保物的买受人承担责任。

(3)诈欺的责任

出售担保物的债权人,须诚信地行事。例如,他不可主张其已经出售之担保物的所有权,根据乌尔比安的说法,担保债权人这样行事的法律后果是因诈欺而被判"破廉耻"。[4]

出售担保物的债权人首先需对其资格诚信,债权人必须证明其权利的优先性。[5] 正如上所述,只有第一顺位的债权人可以合法、有效地出售担保物。若其明知自身的权利有瑕疵,仍出售担保物,最终会导致追夺的发

---

〔1〕 D. 21,2,68pr. 。Cfr. Renato Perani, *Pignus Distrahere: La'lienazione della Cosa Pignorata da Parte del Creditore* (*Dottorato di Ricerca di Scienze Giuridiche*), Milano: Università degli Studi diMilano, 2013, p. 39.

〔2〕 Cfr. Paolo Frezza, *Le Garanzie delle Obbligazioni: Corso di Diritto Romano*, Cedam, 1963, p. 213-214.

〔3〕 D. 20,5,12,1。

〔4〕 D. 21,2,17。

〔5〕 C. 8,46,1。

生,构成诈欺。对此,哥尔迪安皇帝举了一个例子:

A 是 B 的儿子。B 自债权人 C 处购买了一块被设定了担保的土地,后土地被追夺。A 继承 B 的财产后,在以下几种情况下可以起诉 C:①B 与 C 之间的买卖合同附有追夺担保;②C 有诈欺行为的存在,亦即明知财产权利有瑕疵而出售。

在举了这个例子之后,哥尔迪安皇帝明确地宣布,在出售担保物的交易中,担保债权人的主观状态决定其责任状态:明知财产权利有瑕疵的构成诈欺,不知的豁免责任。[1] 这种明知,可能是未公开出售,也有可能是未能提供足够的物品信息。

如果恶信的出售人不能赔偿债务人的损失,在买受人是恶信的情况下,债务人可以撤销出售行为,要求返还标的物、已经收取的孳息,并要求损害赔偿。[2]

(4)债和担保物变价不相当的情况

担保关系中的债权人在践行出售权后,如果出售所得和所担保债的价值相当,无疑担保关系消灭。如果出售所得价值高于所担保的债的价值,则债权人有义务归还那部分"盈余"(superfluum)。就此,戴克里先皇帝明确规定,如果债权人擅自使用上述"盈余",债务人可就此对债权人提起诉讼,此时授予债务人的诉权是对人的质物返还之诉。[3]

乌尔比安的《告示评注》第 73 卷记载了一个关于债权人归还盈余之债的特殊例子:

D. 20,1,21,3。乌尔比安:《告示评注》第 73 卷:如果担保财产未移交,应由占有者负责的数量须由法官评估,但是对债务人和其他占有人的标准不同。对于债务人,为债权人利益存在的债,是最

---

〔1〕 C. 8,46,2。

〔2〕 C. 8,30,1;C. 8,30,4。

〔3〕 C. 8,28,20。

大标准的。对于其他占有人，估价会更大，如果有盈余，债权人因为抵押之诉的缘故必须将之归还债务人。

对这个法言的理解，需要联系上下文：

D. 20,1,21pr. 。乌尔比安：《告示评注》第 73 卷：农地承租人和我授权或批准的代理人之间缔结的关于抵押的协议，相当于我和承租人缔结的协议。

D. 20,1,21,1。乌尔比安：《告示评注》第 73 卷：如果债务人抵押的奴隶是他诚信地自非所有权人处购买的，此时塞尔维诉权被授予；如果债权人起诉，债务人可以通过诈欺的答辩来避免败诉。尤里安也是这样讲的。

D. 20,1,21,2。乌尔比安：《告示评注》第 73 卷：债务人对抵押财产之损益承担责任。

这几个法言说明了案情发生的背景：这是一个农场主的代理人和农场承租人签订的协议，经农场主授权或者追认生效。亦即担保关系可以通过他人设立，但以本人的许可或者追认为限。第一段是说，债务人诚信地自非所有权人那里购买了一个奴隶，并以之作为土地租金的担保，一旦债务到期而未被清偿，债权人可以提起塞尔维之诉，而债务人可以通过诈欺的抗辩避免败诉。第二段讲的是债务人对于担保物的增值部分享有权利，同时对担保物之损毁承担责任。由此，若担保物价值因种种原因而降低，债权人得提起诉讼主张损害赔偿。损害赔偿的额度由法官评估。此额度因债务人和其他占有人的身份的不同而有所区别：债务人损害了担保物的，债权人能主张的上限是物所担保的债的价值；其他占有人损害了担保物的，损害赔偿的额度可以超过担保物的价值。在后一种情况中，如果产生了盈余，那么该部分应该返还给债务人。

这里有必要谈谈出售担保物所得不足以完全清偿债务时，债务人对于不足的部分仍负有清偿责任的问题。对此，保罗援引彭波尼的观点做了论述,认为担保协议中不必约定债务人在担保财产出售所得不足以清偿全部债务时的责任条款,因为这种条款是法定约款,当事人合意采用的行为是多余的。[1]

债务人的这个责任,与保证人(fideiussoris)的责任一致。首先,如果保证协议中作出与"如果出售担保物,至少实现与担保物的价值差不多甚至超过担保物的价值"(quanto minus ex pretio pignoris distracti seruari potuerit)类似的约定,那就说明保证人对出售所得和债的价值之间的差额负责。[2] 其次,如果同时存在债务人和保证人,当债务人未能按约定清偿债务时,债权人可以出售担保物,若所得低于债的价值,则债务人和保证人均对不足部分承担责任。[3] 对此,戴克里先皇帝授予债权人对质物的返还之诉,可向债务人主张不足部分。[4] 亚历山大·塞维鲁皇帝的敕令记载了这种情况下的程序性问题:在非常诉讼背景下,债务人请求法官传讯得到部分履行的债权人,由法官进行估价,确定应该支付多少钱才能完全满足债权;若债务人清偿的数额已经超过了债权人应得的数额,而债权人已经将担保物出售,可以判定债权人诈欺,该转让行为无效。[5]

(三)流质约款(lex commissoria)

流质约款,是术语 lex commissoria 在担保法领域中的称谓,是指双方当事人在订立物的担保协议时约定的,当债务人到期未清偿债务时,由债权人取得担保物所有权的合同条款。在合同法领域,该术语一般被译作"解约条款"。它与上文介绍的出售权作用相当,都是在债务人不按时履行清偿义务时,实现债权人的利益。二者目的相同,但结构不同。

我们知道,在信托质中,流质约款通过解除当事人之间的合同关系使信

---

[1] D. 20,5,9,1。

[2] D. 46,1,52pr. 。

[3] D. 46,1,63。

[4] C. 8,27(28),9。Cfr. Ratti Umberto, *Sul "ius vendendi" del Creditore Pignoratizio*, Studi Urbinati: Rivista di Scienze Giuridiche, 1: p. 24(1927).

[5] C. 8,28,5。

托债权人最终获得信托物的所有权(iure dominii);与之不同,在 pignus 法律关系中,流质约款不单单终止当事人间的合同关系,而且明示地通过分配担保物占有的形式,将所有权交给债权人。易言之,流质约款是债权人取得担保物所有权的正当原因。对此,罗马法学家给我们提供了两个例子:一个是盖尤斯在《法学阶梯》中的陈述(Gai. 2,64);另一个是切尔维丢斯·谢沃拉在《公开审讯研究》中的解释(D. 44,3,14,5)。这两个法言前文都已经引用过了,二者都将债权人行为的正当性理由建立在债务人的意志上——债务人在合同中或默示或明示地表达了赞同。

流质约款可以被理解为债权人的预防性措施:债权人和债务人之间,在主债关系和担保关系之上,另设一个附条件的条款,一旦条件成就,则终止主债关系和担保关系,而担保物的占有和所有权统归债权人。如果这个表述成立,那么流质约款的主要特征就是终止当事人之间的合同之债的法律关系,满足债权人的债权,并惩罚性地使债务人无法得到担保物价值和债的价值之间的差额。这种约定在君士坦丁皇帝时期遭到了禁止:

> C. 8,35,3。(C. Th. 3,2,1)君士坦丁皇帝致人民:因为规避条件的法律之粗糙在滥用法律的情况中是明显的,我们决定宣布其无效,并废除之。所以,如果某人受到这一类型合同的压迫,他能通过废除了过去和现在一切该类型合同的本法得到救济,并且禁止他们以后这样做。我们,命令因为本法已经失去其财产的债权人可以有一项权利来取回他们付出的。

这种禁止是出于对当事人利益平衡的考量。有研究者主张,当时当事人地位不平等,担保关系中的担保人多是穷困的人,此类约定容易成为居于优势地位的债权人的盘剥手段,例如,要求债务人提供价值远超债务总额的担保物,乘人之危地强迫债务人接受,在债务到期后又以各种手段造成债务人不能履行的事实,不经过任何程序直接取得担保物的所有权,以谋求不道德的暴利。[1] 因此,君士坦丁不但禁止流质约款,还禁止任何具有相同效果的约款。与流质约款具有相同效果的情况有"出售抵押品给债权人"和"代物清偿"两种,分述如下。

1. 出售担保物给债权人

出售担保物给债权人,是当债权期限届满而债务人无力清偿时,由债务人将担保物出售给债权人的制度。这项制度,根据特里芬尼努斯的记载,是帕比尼安担任皇帝的"请愿处理人"时由皇帝敕令确定的,他还认为其理论依据是债务人是担保物的所有权人,可以自由处分其财产。[2] 这个法言中所说的敕令,应该是公元 223 年亚历山大·塞维鲁皇帝给维克托(Victorinus)的批复:合同关系中的一方当事人,除非在确定的时间清偿他的借款,否则他的债权人可以将担保物出售掉,因为这一权利在债权人接收担保物时即已被总括地授予了他,所以出售合同是有效的。因此,根据一般的法律,债权人有权出售担保物。[3] 很明显,这个敕令仅仅赋予债权人出售担保物的权利,而没有说债权人可以自己购买担保物。事实上,这种债权人可以自己购买担保物的观点出自帕比尼安的《解答集》第 3 卷:在担保关系中,当事人可以约定,如果债务到期未履行,债权人可以通过购买担保物以取得其所有权,价格由本金和自还款期限届满之日起算的利息构成。[4]

这种交易模式得到了马尔西安的认可,在其《抵押》单卷本中,将担保物出售给债权人的做法被视为一种"附条件的出售"(quodammodo condicionalis venditio),并且,有一项对担保物进行估价的程序。[5] 马尔西安所说的

---

〔1〕 Cfr. Massimo C. Bianca, *Il Divieto del Patto Commissorio*, Giufrrè, 1957, p. 204–210.

〔2〕 D. 20,5,12pr.。Biscardi 认为该法言的最后一句"quia in dominio manet debitoris"(因为债务人仍然是所有权人)是"添加"过的。Cfr. Arnaldo Biscardi, *La Lex Commissoria nel Sistema delle Garanzie Reali*, Studi in Onore di Emilio Betti, Ⅱ, Milano: Giuffrè, 1962, p. 267.

〔3〕 C. 8,35,1。

〔4〕 Vat. Fr. 9。转引自 Sic. Magdolna, *Why the opinion of Papinian preserved by Fragm. Vat. 9 was not inserted into Justinian's Digest?*, Acta Univ. Sapientiae, Legal Studies, 1: p. 108(2012)。

〔5〕 D. 20,1,16,9。

出售行为明显与流质约款不同,因为前者顾及了债的价值和担保物之价值的差价问题,这种差价可能会被返还给债务人。而帕比尼安将债权人的购买价格确定为“本金和自债应清偿之时起算之利息”,显然忽略了差价的返还问题。基于这种区别,我们似乎可以将马尔西安式的交易模式看作现代担保法中的“折价”制度,至于帕比尼安式的交易模式,应该属于被君士坦丁禁止的范畴。

切尔维丢斯·谢沃拉提供了一个特殊的案例:

债务人 T 以土地为担保物,同时以路袭斯(L)为口头保证人,自债权人处借来一笔金子。T 对 L 许诺说,将在 3 年内免除后者的担保责任,若没有做到,且 L 向债权人清偿了债,那么作为担保物的土地视为已由 L 购买;若 L 果然在 3 年内向债权人清偿了债,那么,如果他本来的目的是像买受人而非担保人一般拥有担保物,则 L 成为担保物的所有权人,这是一个附条件的买受行为。[1]

在切尔维丢斯·谢沃拉提供的这个案例中,我们可以看出土地有双重身份:一是担保物(之于债权人),二是附条件买受标的(之于保证人)。具体来说,债权人、债务人和保证人之间存在两层法律关系:首先是人保和物保共存的担保法律关系;其次是债务人和保证人之间的内部关系。这种内部关系可以是债务人提供土地给保证人的担保关系,也可以是债务人以某事件的出现为条件将土地出售给保证人的买卖关系。若作前一种关系理解,就是流质,法学家否认其产生法律效力;若作后一种关系理解,“一个有效的债缔结了”(et contractam esse obligationem)。[2]

2. 代物清偿(datio in solutum)

经债权人同意用不同于商定标的物的物品进行清偿,就是代物清偿。

---

〔1〕 D. 18,1,81pr.。

〔2〕 D. 18,1,81pr.。费雷扎认为,“et contractam esse obligationem”是后来的注释者添加的。Cfr. Paolo Frezza, *Le Garanzie delle Obbligazioni: Corso di Diritto Romano*, Cedam, 1963, p. 228.

优士丁尼法明确规定了某些代物清偿情况,例如,允许不能筹措钱款且无过错的债务人将经正确估价的不动产用于清偿。在担保关系中,若债务人无法在债务期限届满后完全清偿,可以向债权人提出以担保物代替本须给付的标的物,此时标的物与担保物须为不同类别,譬如担保物是土地,标的物是金钱。对此,戴克里先皇帝的敕令说得很明白:

C. 8,14,13。皇帝、恺撒戴克里先和马克西米利安致马特洛那(Matronao):正如你在你的请愿中陈述的那样,担保财产已经移交给你,你的年满25岁的主妇清偿了债,合同文件跟你债务人的意愿将足以确认你的所有权。

从上面这个敕令看,此种类型的协议与附条件买卖完全不同——前者是以清偿为必要条件的。这一类型的案件,在物的担保领域,多发于丈夫返还嫁资之债中。[1] 对此,乌尔比安给我们提供了典型例子:丈夫向妻子许诺,离婚时,为嫁资作保的财产应该被给付,直至完全满足了嫁资的额度。[2]

(四)取得质物所有权(Impetratio dominii)

Impetratio dominii 在黄风先生编译的《罗马法词典》中被译作"取得质物所有权"。Impetratio 来自 impetro,是请求到、获得、达到、收到的意思;dominii 源自 dominium,是所有权的意思。两个单词合起来,就是向国家机关请求分配所有权的意思。它与前述的流质约款的法律后果类似:取得担保财产的所有权(possessio iure dominii)。如此一来,对于在何种情况下适用"取得质物所有权"这一程序,也就非常清晰了:当事人未达成流质协议,而且不能行使出售权(或者有不出售协议,或者缺少买主),债权人不能选择其他方式满足自己的债。优士丁尼皇帝的敕令展示了该制度的前后演变:

C. 8,34,3pr.。优士丁尼皇帝致禁卫军长官狄摩西尼(Demos-

---

〔1〕 Cfr. Paolo Frezza, *Le Garanzie delle Obbligazioni: Corso di Diritto Romano*, Cedam, 1963, p. 229.

〔2〕 D. 46,3,45pr.。

theni):我们认为文件上涉及的古代规则都未能清晰地表述,应该被彻底废除,并且,事实上,应该被更好地救济取代。某人希望取得担保物所有权是由古代法授予的、公开售卖的权利和一年内免责的权力,我们只能通过阅览书籍得到确定,因为我们从没见过依这种方式进行的公开售卖。

从这个敕令我们可以发现两个旧的制度:一是1年内免责(annus luitionis),也即在1年时间过去后,所有权完整的物归债权人所有;二是公开售卖(publica proscriptio)。

关于第一点,1年的期限在优士丁尼的改革中变成了2年(这在该敕令的下文内容中有介绍)。期限的延长不仅对债务人有利,债权人同样可以据此得享利益——在债务人同意的情况下,他可以收取更多利息,而不被认为是单方放弃转让权利。[1] 债权人接受利息(usura)的行为并不意味着债务人的履行完毕;债权人仍然有权出售担保物。[2] 当然,在1年期限届满之前,对担保财产所有权的分配不被认为是最终处分,并由此带来了一个特殊问题,即新发现宝藏的分配问题。这种分配的有效性取决于条件的达成与否(本金或利息的支付等),或者债权人的自愿放弃。对此,特里芬尼努斯做了说明:按照一般规则,某人在他人土地上发现宝藏,则发现人和土地所有人各分一半财宝。如果这种发现是债权人在其享有担保权利的土地上发生的,则按照一般规则处理:1年的期限届满,宝藏完全归于债权人;若在1年的期限内,债务人清偿了债,则债权人仅得享有一半的宝藏,另一半须归于债务人。[3]

关于第二点"公开售卖",亚历山大·塞维鲁皇帝在公元229年的敕令中明确债权人请求取得担保财产所有权的程序时,对债权人提了两点要求:

---

[1] C. 8,34,2。皇帝哥尔迪安致Justa:如果你的债权人自我们处获得取得担保财产所有权的权利,在颁布敕令的一年后,仍然接受你提供的利息,可以认定他放弃了上述敕令授予的利益。

[2] C. 8,34,3,5。

[3] D. 41,1,63,4。

首先是给出未能清偿债务的债务人的名字，其次是债权人必须陈述自己是否遵从了必要的程序（公开出售）。[1] 除此之外，这个敕令还指出，在整体担保中，债权人不能取得债务人全部财产的所有权。[2]

优士丁尼皇帝还增加了两个规则：

（1）告知债务人（denuntiatio），当事人之间没有约定如何出售担保物的，债权人应在告知债务人两年后，或者判决作出的两年后出售担保物，时间自告知或判决作出之日起算。[3]

（2）可能发生的对债务人的盈余部分的归还，以及担保物价值小于债的价值时对债权人的补偿。这分两种情况：一是债权人仅仅取得担保物的所有权而不出售；二是取得所有权后出售之。两种情况的处理方式类似：如果担保物价值小于债的价值，债权人有权就不足部分向债务人提起诉讼；如果担保物的价值和债的价值均衡，那么债权人保留全部的担保物；如果担保物的价值超出了债的价值，那么溢价部分应该预留给其他没有设定财产担保的债权人，或者归还给债务人本人。[4] 需要指出的是，如果出售的价格明显低于财产的价值，那么债权人有义务发誓自己没有阴谋设计或者诈欺，他仅在誓言中的金额高于债时才能被强制返还溢价给债务人；如果债权人的出售所得低于债的价值，那么他将有权对债务人提起诉讼，主张不足部分。[5]

（五）哥尔迪安质权（Pignus Gordianum）

所谓哥尔迪安质权，是指在被担保的债务得到清偿之后，如果债务人还对债权人负有其他未获担保的债务，该债权人有权继续留置担保物，以作为对上述债务的清偿担保。[6] 这种担保债权人继续留置担保物的权利，因为

---

〔1〕 Cfr. Alberto Burdese, *Lex Commissoria e Ius Vendendi nella Fiducia e nel Pignus*, G. Giappichelli, 1949, p. 211.

〔2〕 C. 8,34,1。

〔3〕 C. 8,34,3,1。

〔4〕 C. 8,34,3,4。

〔5〕 C. 8,34,3,5。

〔6〕 黄风编著：《罗马法词典》，法律出版社2002年版，第200页。

是由哥尔迪安皇帝创立,所以被称为哥尔迪安质权。这个敕令的文本如下:

> C.8,27,1。哥尔迪安皇帝致费斯图斯:如果你对担保物的权利丧失,在债的更新之后,你已经将担保权利交付给另一人,并且担保已经提供给你而财产不以质权的形式持有。
>
> 如果一个协议在你和这个人之间做出,然后你成为土地的占有人,假定一项新的债务,以便上述土地作为担保物由你持有,尽管你已经有了一个对人诉权并取得了判决,你仍有一项如同担保一样的权利。但是如果你被授权占有,除非未附担保的金钱到期,你的债务人已经向你支付或者清偿,你将不会因为诈欺的抗辩而被迫归还财产。
>
> 可以断言,这对你是恰当地,如果债务人仅就附担保的金钱做了清偿,他们将不被受理,除非他们同样清偿了简单接受的借贷。
>
> 这一规则不适用于第二债权人,因为他并没有清偿被文书证明的第一份债务的义务。[1]

这个敕令的内容可以分为两个部分:第一个部分谈论的是债的更新导致担保的消灭以及例外;第二个部分是对C.8,13(14),8的重复[2],包含一个程序上的条款。所以,如果债权人对债务人基于债提起了对人诉讼并取得了判决,则他将仍然保有对担保物的权利。第二部分的内容同时也是质权人权利扩及自己和同一债务人之间未附担保之债的文本依据。[3]

根据这个敕令,我们可以假设债务人D数次自债权人C处借款,其中一次借款未附担保协议,而另一次借款以D的某处房产设立了抵押或者质押。未附担保的借款期限届满,D未清偿债务;附担保的借款期限届满,D还清这

---

〔1〕 费雷扎认为这个敕令的第二段与哥尔迪安质权无关。Cfr. Paolo Frezza, *Le Garanzie delle Obbligazioni*: *Corso di Diritto Romano*, Cedam, 1963, p. 233, n. 1.

〔2〕 C.8,14,8。哥尔迪安皇帝致费斯图斯:尽管你已经在针对主债务人、他的保证人或者他的委任人提起的对人之诉中取得了判决,你将,无论如何,仍然保留对担保物的权利。

〔3〕 Cfr. Juan Antonio Bueno Delgado, *Precedentes Romanos del Derecho de Retención de la Prenda*, Revista Internacional De Derecho Romano, 1(10): p. 120-166(2013).

笔欠款后要求 C 返还担保物。此时，C 可以拒绝返还，继续占有担保物以迫使 D 就未附担保的债为给付。易言之，C 此时取得了一个抗辩权，将不会因为拒绝归还的行为承担诈欺的责任。此抗辩权仅当 C 为第一顺位的担保权人时有效。

对此，邓博格认为，哥尔迪安皇帝的敕令授予了债权人与一般意义上留置权并不等同的留置权。[1] 正常来说，留置权的行使需要担保物和主债权具有牵连性，或者说，债权人留置的财产与债权属于同一法律关系。但上面的情况明显突破了这一规则。

二、债务人的权利

(一) 对担保物的时效取得

时效取得是罗马法上物的取得方式之一，具体是指通过一定时间的连续占有而获得对物的市民法所有权的制度。某人想要凭借时效取得物的所有权，需满足以下四个要件：第一，占有人应当具有罗马市民的身份；第二，时效取得的标的物应适格；第三，占有是基于正当原因和诚信；第四，占有要经历一定的期间。

如前所述，罗马人对于物的担保法律关系的设立，只问设立人是否有权处分担保物，这就造成了设立人可能对物仅享有裁判官法上或者万民法上所有权的可能。如果当事人之间设立的担保关系是需要移转担保物占有的，那就带来了一个非常现实的问题：通过时效取得担保物的担保人，是否会因为占有的丧失导致时效取得的中断或者终断？对此，上文已经有了回答：债权人的占有并不对时效取得构成妨碍，但是债权人将担保物之占有移交第三人的，造成债务人占有中断。这里不再赘述。

---

〔1〕 Cfr. Arrigo Dernburg, *Pandette*, *Diritti Reali*, Traduzione di Francesco Bernardino Cicala, Fratelli Bocca, 1907, p. 455.

(二)出售权

债务人的权利除了对担保物的时效取得之外,还可以将担保物出售给债权人或者第三人,当事人可以协议排除之。[1] 作为担保物的所有权人,债务人出售担保物的对象,无非债权人和第三人两种。将担保物出售给债权人,我们已在上文有探讨,这里仅说明以第三人为担保物买受人的情况:

如果债务人未经债权人的同意出售了担保物,那么被出售的担保物仍然受到担保关系的约束。[2] 套用鲁道夫·索姆(Rudolph Sohm)的话说,"担保物的所有人可以将其所有权移交给第三人,但是,为债权人利益而创立的担保权仍然存续并对抗新的所有权人"。[3] 此时,不论担保物是由债务人占有,抑或是由债权人占有,都构成对自己物的盗窃(furto di cosa propria)。[4]

此外,戴克里先皇帝和马克西米利安皇帝在他们的敕令中强调,债务人不得利用出售、赠与、遗赠或者信托担保物的方式损害债权人的利益;如若没有债权人的同意而将质物或者抵押物移转的,债仍然存在。[5]

三、当事人的归责问题

(一)责任的范围

"Pignus"法律关系中当事人的责任,一般是由过失(culpa)产生的,当事人应尽到善良家父的勤勉义务。

公元前1世纪的罗马法学家阿尔芬努斯(Publius Alfenus Varus)通过案

〔1〕 D. 20,5,7,2。

〔2〕 C. 8,28,12。Cfr. Roberto de Ruggiero, *Il Divieto d'alienazione del Pegno nel Diritto Greco e Romano*, Jovene, 1980, p. 61.

〔3〕 Cfr. Rudolph Sohm, *The Institutes a Textbook of the History and System of Roman Private law*, Translated by James Crawford Ledlies, Clarendon Press, 1907, p. 356.

〔4〕 Gai. 3,204。D. 47,2,19,6。D. 47,2,67(66)pr.。See J. A. C. Thomas, *Furtum Pignoris*, Tijdschrift voor Rechtsgeschiedenis, 1970, 38, p. 135.

〔5〕 C. 8,25(26),10。C. 8,13(14),15。Cfr. Roberto de Ruggiero, *Il Divieto d'alienazione del Pegno nel Diritto Greco e Romano*, Jovene, 1980, p. 60-61.

例对此种责任分配方式做了说明：A 借钱给船夫 B，担保物是船只；期限届满而 B 无力偿付，A 扣押担保物于河上，后因洪水的原因导致船只毁损。此时，以扣押行为是否符合债务人 B 的意志为标准归责——符合 B 的意志，则债权人仅承担过失责任，对因天灾导致的损失免责；若不符合 B 的意志，则债权人承担损失。[1] 公元 1 世纪的法学家内尔瓦(Nerva)和阿蒂里奇努斯(Atilicinus)表达了类似的观点，并被乌尔比安和保罗接受。[2] 这种观点是罗马法学家的通说，马尔切勒和其他塞维鲁皇帝时期的法学家普遍将债权人的责任确定为过失责任。[3] 此学说后来由皇帝敕令确定为法律。[4]

除了过失和意外事故，乌尔比安还记录了保管责任(responsabilità per costudia)：

> D. 13，7，13，1。乌尔比安：《告示评注》第 28 卷：如同在使用借贷案件中一样，诈欺和过失均应被考虑。保管的责任是同样的。然而，不可抗力则不。

这个法言提到了四个关键词：诈欺、过失、保管和不可抗力。其上文讲的是，出售担保物的债权人与买受人约定，债务人可以通过支付买受人其应得的价金取回担保物；尤里安和某个皇帝的敕令认为，这个协议的效力是赋予债务人质物返还之诉以对抗债权人，来迫使债权人让渡其对抗买受人的出售诉权；债务人可以在取得担保物和向买受人主张诉权之间选择。亦即，在质物返还之诉中，应该考虑诈欺、过失导致的保管责任。

(二)债权人的责任

债权人的首要义务在于妥善保管担保物。根据亚历山大·塞维鲁皇帝的敕令，如果因债权人的原因导致担保物价值的减损，那么债务人可以提起

---

〔1〕 D. 13，7，30。

〔2〕 D. 44，4，4，8；D. 13，7，14。

〔3〕 D. 20，1，27；D. 20，1，2；D. 13，6，5，2；D. 50，17，23；D. 42，5，9，5；I. 3，14，4。Cfr. Paolo Frezza，*Le Garanzie delle Obbligazioni：Corso di Diritto Romano*，Cedam，1963，p. 241.

〔4〕 C. 8，13(14)，19。

质物返还之诉。[1]

除此之外,债权人还要承担归还担保物的责任。返还义务的履行,应在基础债权得到清偿之后,或者质权消灭之后进行。还有,债权人在收取担保物的孳息后须以之充抵债的本金;若当事人约定孳息归债务人所有,债权人须将之(或与孳息价值相当的金钱)交付给债务人;在出售担保物之程序完成后,若债权人变价所得超出债的价值,溢价部分须交还给债务人。[2]

(三)债务人的责任

债务人首先要承担的是"物的风险"(periculum rei),亦即债务人须承担在债关系中丧失担保物的风险。这在上文已经提到过。除此之外,债务人须承担债权人维护担保物的任何必要费用。[3] 这是哥尔迪安皇帝的敕令中明确规定的。

如果债务人在缔结合同之时误导债权人,使之对担保物之性质产生错误认识,应当承担责任。对此,乌尔比安以金和铜为例进行了说明:债务人甲和债权人乙缔结债务担保协议,若甲给乙展示了金子,暗示将以金子为担保物,实际上却移转了铜,此时应以金子为担保物。[4] 若甲乙合意以金子为担保物,甲却以铜替换了金子,则按照时间点划分债务人甲的责任:若替换行为发生在交付行为之后,则甲承担盗窃的责任;[5]若替换行为与交付行为同时发生,则构成诈欺,授予乙对质物的返还之诉。[6]

根据费雷扎的说法,上面所说的因债务人故意导致债权人对担保物性质产生错误认识,债务人须承担的"私犯"(ex delicto,包括盗窃和诈欺)责

---

[1] C. 4,24,2。

[2] D. 20,1,21,2。乌尔比安:《告示评注》第 73 卷:任何意外产生的关于担保物的损益,都由债务人承担。

[3] C. 4,24,6,1。

[4] D. 13,7,1,1。Cfr. Massimo Colamonico & Raffaele Zingarelli, *Le Garanzie delle Obbligazioni: Lezioni di Diritto Romano*, Vincenzo Cavaliere, Libraro-Editore, 1897, p. 184-185.

[5] D. 13,7,36pr. 。

[6] D. 13,7,1,2。

任,大约开始于彭波尼的时代。[1]

第三节　非所有权移转型物的担保中债权人的顺位

在非所有权移转型物的担保法律关系中,因为同时存在占有型担保(pignus)和非占有型担保(hypotheca),所以会发生一物上同时存在多个担保关系的情况:例如,债务人A以其有处分权的畜群为担保,质押给债权人B,同时又将该畜群分别抵押给债权人C和D。或者A和E同时对畜群享有处分权,分别以之为抵押向债权人C和D借款。

这就产生了权利人优先受偿的先后顺序问题。对此,当今世界通行的做法是以登记确定顺位为原则。[2] 我国《民法典》采纳了这一做法,其第414条规定:"同一财产向两个以上债权人抵押的,拍卖、变卖抵押财产所得的价款依照下列规定清偿:(一)抵押权已经登记的,按照登记的时间先后确定清偿顺序;(二)抵押权已经登记的先于未登记的受偿;(三)抵押权未登记的,按照债权比例清偿。其他可以登记的担保物权,清偿顺序参照适用前款规定";第415条规定:"同一财产既设立抵押权又设立质权的,拍卖、变卖该财产所得的价款按照登记、交付的时间先后确定清偿顺序"。

事实上,罗马法学家制订了一套以时间为轴的顺位确定办法,包括:(1)当数名债权人在同一时间主张他们在同一物上的担保权利时,其权利平等,没有优先性可言。(2)同一物在不同的时间抵押给了数人,第一个取得抵押权者排除其他所有人的抵押权;他被授权获得全部清偿,剩下的在其他

---

〔1〕 Cfr. Paolo Frezza, *Le Garanzie delle Obbligazioni: Corso di Diritto Romano*, Cedam, 1963, p. 245.

〔2〕 参见费安玲主编:《比较担保法:以德国、法国、瑞士、意大利、英国和中国担保法为研究对象》,中国政法大学出版社2003年版,第183页。

在后债权人之间按照优先顺序分配。(3)有公示程序的抵押优先于仅有私人文件证明的抵押。(4)清偿优先债权人之债的后顺位债权人,取得优先债权人的法律地位。[1] 因此,下文将分债权人权利平等、债权人权利不平等两种情况进行论述。

一、债权人权利平等的情况

乌尔比安在其《告示评注》第73卷中提到了一个债务人将其财产作为整体分别对两个债权人设定担保的情况。此时,担保权之效力分成对外和对内两种。在对外关系方面,债权人就担保物享有优先和排他的权利。在债权人内部,按照有无约定处理:在债权人有相互约定时,担保财产一人一半;债权人间没有约定的,占有担保财产的债权人的权利优先。[2]

尤里安在其《学说汇纂》第49卷中专门就农场土地租金担保的情况进行了说明。上文曾经提到,农地出租时,承租人可以用其带入土地之生产工具和奴隶等财物作为租金之担保。若所出租的土地是由两人共有,此时土地的所有人之间的关系,同上述乌尔比安的说法一样,以占有担保物的债权人之权利优先。若债权人约定担保物由两人分享,则按约定执行。[3]

对此,保罗用一个精练的法言表达了他的看法:

> D. 13,7,20,1。保罗:《告示评注》第29卷:如果同一时间以一物为数位债权人设立担保,那么债权人之间的法律地位一样。

这里需要指出的是,上述乌尔比安和尤里安的规则可以总结为债权人或者享有担保财产之全部,或者享有担保财产之一半。此规则在后古典时代得到了进一步的发展。根据马尔西安在《抵押》单卷本中的说法,抵押物

---

〔1〕 See William A. Hunter, *A Systematic and Historical Exposition of Roman Law in the Order of a Code*(*4th Edition*), Sweet & Maxwell Limited, 1903, p. 440-441.

〔2〕 D. 20,1,10。

〔3〕 D. 43,33,1,1。

应按照债的比例划分。[1] 及至今日,随着统一的担保登记机关的设立以及电子技术和大数据的发展,“同一时间以一物为数位债权人设立担保”的情况,恐怕再难觅见。

二、债权人权利不平等的情况

(一)顺位的确定

前文已述,当下通行的顺位确定办法是登记制度。登记的目的是公示,是通过登记的方式向利益相关者展示有关财产的负担状况,使其能掌握足够信息、了解交易风险。[2] 从这个角度来看,罗马人已经认识到了公示制度的重要性,并尝试性地建立了相关规则:如果抵押是在证人面前签字盖章,并且安排了公证人证明,则优先于仅由私人文件证明的抵押。列奥皇帝(Leo)授予由三名诚信且受尊敬的证人签章的私人文书证明之抵押同样的优先性;优士丁尼皇帝继续承认此种优先权。[3]

除公示制度外,根据保罗在《普劳提评注》第 14 卷中的描述,债权人顺位的确定标准还有时间和占有:

> D. 20,4,14。如果某个非所有权人以一物在不同时间抵押给两个不同的人,在先的处于优势,然而,如果我们自不同的非所有人处取得抵押物,占有的一方当事人是有利的。

这个法言包括了两个规则:占有担保物的当事人优先,时间在先的抵押权优先。

先看“占有担保物的当事人优先”(melior est conditio possidentis)规则。理解这一规则的前提是弄清楚“非所有权人”(non domini)的含义。按照费

---

〔1〕 D. 20,1,16,8。

〔2〕 参见费安玲主编:《比较担保法:以德国、法国、瑞士、意大利、英国和中国担保法为研究对象》,中国政法大学出版社 2003 年版,第 184 页。

〔3〕 C. 8,18,11;Nov. 73,1。

雷扎的观点,"非所有权人"指的是保罗《告示评注》第19卷中所说的拥有普布里奇安诉权(actio Publiciana)者。[1] 所谓普布里奇安诉权,也称诚信占有诉权,是以时效取得为基础的虚拟的要求返还所有物的诉权——当查明原告已根据某一正当原因取得了标的,并因法定时间经过而将近实现时效取得时,裁判官就责成审判员判被告败诉,原告就取得了对物的占有。基于此,笔者以为费雷扎的此观点不可取,因为不可能两人同时对一物完成时效取得。此处的非所有权人很可能就是普通的不享有所有权但可以处分物的人。这样一来,占有者优先规则可如此解释:两人对一物均享有处分权,此二人以该物向不同的债权人担保借款,分别设立了两个担保关系,占有标的物者设立的担保权要优先于不占有标的物者设立的权利。再进一步,可以说占有担保所生之权利优先于非占有担保所生之权利。

再看"时间在先的抵押权优先"(prior tempo, potior iure)规则。很明显,保罗在这里说的,是对物有处分权者以该物与多个债权人设立不移转占有的担保,其中设立在先的担保权优先。此外,古罗马的法学家们通过案例的方式对该规则进行了详细说明,主要集中在安东尼时代盖尤斯、阿富里坎和马尔西安三位罗马法学家的作品中。

盖尤斯在其《抵押》单卷本中述及:

1. 甲是债务人,乙是债权人,二者间缔结附条件的借款协议,以甲的农场为担保。在条件成就前,甲从丙处借来一笔钱,同样以甲的农场为抵押。此后,甲乙之间协议的条件成就。问此时乙和丙何者优先?答案是乙处于第一顺位。依据罗马法的规则,当条件成就,债被认为是自成立之时开始生效。(D. 20,4,11,1)

---

〔1〕 Cfr. Paolo Frezza, *Le Garanzie delle Obbligazioni*: *Corso di Diritto Romano*, Cedam, 1963, p. 247. D. 20,1,18。保罗《告示评注》第19卷:如果我自某个有普布里奇安诉权者处取得抵押物,没有所有权,裁判官会适用塞尔维之诉保护我,恰如他运用普布里奇安之诉保护债务人一般。Cfr. Massimo Colamonico & Raffaele Zingarelli, *Le Garanzie delle Obbligazioni*: *Lezioni di Diritto Romano*, Vincenzo Cavaliere, Libraro-Editore, 1897, p. 219-220.

2. 甲是农场承租人，乙是农场出租人。甲乙协议以甲带入农场的物以及农场的产出为租金之担保。之后，甲先将东西抵押给丙，然后将之带入农场。问此时乙和丙谁的权利优先？答案是丙的权利优先。盖尤斯给出的理由是，农场租金担保协议的生效时间是物进入农场那一刻，而非协议缔结时。（D. 20,4,11,2）

3. 甲、丙是债权人，乙是债务人。甲同意在特定时间贷款给乙，以乙的农场为抵押。之后，在甲的钱到位之前，乙自丙处借款，同样以上述农场作为抵押。甲随后根据上述协议提供资金。问甲和丙哪一个优先？盖尤斯的回答是丙。（D. 20,4,11pr.）

阿富里坎记载的案例如下：

1. 某继承人将属于他的农场作为一个他必须清偿的附条件遗赠的担保物。在此之后，他将同一农场作为自己金钱借贷的担保。最后，遗赠的条件成就，担保协议可以履行。阿富里坎认为受遗赠人的担保权优先于出借人，理由在于条件成就的追溯效力。（D. 20,4,9,2）

2. 甲是承租人，乙是出租人。甲从下个月初一（Kalends）开始自乙处租赁一个浴室（bath），并同意以其奴隶 Eros 作为租金之担保。在初一之前，甲自丙处借钱，并将 Eros 抵押给他。在这个案件中，阿富里坎认为虽然在丙实际提供资金时，甲并不欠乙租金，但是乙的权利要优先于丙。原因是抵押附属于租赁契约，没有乙的同意，不能摆脱其效力。出租人乙处于第一顺位。（D. 20,4,9pr.）

阿富里坎的案例 2 与盖尤斯的案例 3 具有相似性：两者都是当事人双方缔结协议后，债务人又与第三人缔结协议；但盖尤斯认为第三人处于第一顺位，而阿富里坎认为第一个协议的债权人处于第一顺位。帕比尼安对此进行了解释。承租人甲租赁浴室后，他不能阻止附担保之债数额的增加，租金肯定会随着时间的流逝而增长，而不论承租人占有浴室与否。在盖尤斯的案例 3 中，债务人乙肯定没有接受债权人甲借款的义务，甲受协议约束给付金钱,乙完全可以拒绝接受。甲和乙间在实际给付金钱之前并没有债的发生,因为甲的出资是在丙之后发生的,所以丙享有优先权。两个案例,一个债务人可以阻止新的负担的发生,另一个则不可以。这个区别造成债权人优先顺位的不同。(D. 20,4,1,1)

马尔西安也提供了案例:

1. 甲将其农场抵押给乙,并未言明出售权;之后他将同一农场抵押给了丙,明确说明给予他出售权,并将占有移转给丙。马尔西安认为乙是优先权人,他被授权在丙取得任何东西之前获得全部清偿。(D. 20,4,12,10)

2. 甲在无担保的情况下借钱给乙,之后乙自丙处借款,并以其地产为担保。之后乙在同一地产上为甲设定担保。丙是优先权人,因为,尽管他的债成立在后,但他的抵押合同在先(D. 20,4,12,2)。

从这些案例可以推导出如下结论:在一物上有多个不同时间设立的抵押权时,债权人的顺位由其抵押合同生效时间确定;抵押合同中有无抵押权实现的约定,不影响债权人顺位的确定。

(二)顺位之变更

在后顺位的债权人可以通过出价权(ius offerendi)取得在先顺位债权人的法律地位。对此,罗马法学家们也是通过案例阐释的。

马尔西安提供了第一个案例:甲自乙处借钱,将自己的房子作为抵押。之后,他以上述房屋为担保自丙处借款。丁现在出钱给甲使其能够清偿对乙的债,基于此条件,丁取得乙的优先顺位。丁优先于丙(D. 20,4,12,8)。塞维鲁和安东尼努斯皇帝的敕令对此做了限定:合同必须明确规定,以同一标的物作为抵押,并且丁取得乙的法律地位(Ut idem pignus ei obligetur, et in locum eius succedat)。(C. 8,19,1)戴克里先和马克西米利安皇帝将这一规则适用于国库:第一顺位债权人是国库的,第二顺位债权人可以通过清偿对国库欠款的本金及利息,取得优先权。(C. 8,19,4)

特里芬尼努斯提供了第二个案例:甲和丙是债权人,乙是债务人。甲借钱给乙,以乙的财产为担保。在甲和乙缔结第二份借款协议之前,乙向丙借50个金币,并以上述乙抵押给甲之财产超出第一个债价值的部分为担保。之后,甲再次借给乙40个金币。毫无疑问,甲的第一份借款所生之债属于第一顺位;担保财产超出第一份债的部分对丙的50金币债权承担责任;甲借给乙的40个金币位于清偿的第三顺位。若是丙清偿了甲的第一次借款,则丙取得甲的顺位。(D. 20,4,20)

(三)顺位规则的例外

对债权人顺位的确定,除了要考虑抵押权是否公示、抵押成立时间以及担保物的占有情况之外,还要注意以下例外:

1. 在欠缴罚金方面,皇库优先于所有债权人(C. 4,46,1);

2. 如果用于购买军用办公室(office militia)的所借金钱之债,明示以优先权之取得为条件,则借贷具有优先权(Nov. 9,7,4);

3. 已婚妇女在嫁资返还上有第一选择权,但是她对婚前赠与(donatio ante nuptias)的财产没有优先权(C. 8,18,12pr. -2);

4. 妻子对嫁资享有默示的抵押权,在且仅在她提起对人的嫁资返还之诉时,对嫁资的部分享有优先于其他抵押权人的权利(I. 4,6,29);

5. 以防止其毁损为目的的以房屋或其他财产为担保的出资,具有优先性(D. 20,4,5);

6. 未成年人对其监护人以其金钱购买之物享有抵押权(D. 20,4,7pr; C. 7,8,6);

7. 为了重建房屋出资或者支付金钱者,对房屋有抵押权(D. 42,5,24,1);

8. 如果某人特别为以其金钱购买之物出售议价,则其享有抵押权(C. 8,18,7);

9. 其他的抵押权由其时间顺序确定其顺位;

10. 所有的有担保债权人优先于没有担保的债权人。

第四节 非所有权移转型物的担保之消灭

优士丁尼法中的非所有权移转型物的担保法律关系之消灭，遵循法律关系消灭的一般原理，如权利人放弃权利、标的物灭失、时效和混同；除此之外，还因所担保债权消灭、担保权的实现而消灭。[1]

一、权利人放弃权利

在现代民法中，对债权人放弃担保物权是否导致担保物权消灭，有两种不同的立法例：以德国法为代表的、承认抵押权独立性的国家，一般规定放弃抵押权的行为并不消灭抵押权，抵押权归所有人享有；否认抵押权独立性的国家则规定放弃行为消灭担保物权。[2] 罗马私法否认担保权具有独立

---

〔1〕 意大利学者比斯卡尔迪认为，担保物的灭失，混同，出售权的行使，流质约款的自愿接受和取得时效五种因素会导致担保权利的消灭。Cfr. Arnaldo Biscardi, *Appunti sulle Garanzie Reali in Diritto Romano*, Cisalpino-Goliardica, 1976, p. 168. 传统的罗马法学者往往将非所有权移转型物的担保法律关系消灭之原因分为两种：一种是仅消灭质权的原因，另一种是其他消灭质权的原因。前者包括所担保之债的消灭（il perimento del credito assicurato）和质物的出售（la vendita del pegno）；后者包括权利人放弃、质物灭失、混同和时效。Cfr. Bernardo Windscheid, *Diritto delle Pandette Volume I*, Traduzione dei Fadda C & Bensa P E, Unione Tipografico Editrice, 1930, p. 897-908. 另可参见 Arrigo Dernburg, *Pandette*, *Diritti Reali*, Traduzione di Francesco Bernardino Cicala, Fratelli Bocca, 1907, p. 491 以及 Massimo Colamonico & Raffaele Zingarelli, *Le Garanzie delle Obbligazioni*: *Lezioni di Diritto Romano*, Vincenzo Cavaliere, Libraro - Editore, 1897, p. 390-396。法国学者吉拉尔则与他人不同，他将法律关系消灭的原因分为原发性的（estinzione principale）和附属性的（estinzione accessoria）两种，前者包括因不可分割性（indivisibilita）消灭和因诉权让与（cessione delle azioni），后者包括出售权的实现、债权人抛弃权利和时效消灭。Cfr. Girard Frderico Paolo, *Manuale Elementare in Diritto Romano*, Societa Editrice Libraria, 1909, p. 796. 意大利学者 Frezza 采纳了吉拉尔的体系，但他认为物的担保法律关系之消灭有三种原因：清偿（solutio，或译作履行）、满足（satisfactio）和债务人迟延（mora accipiendi）。Cfr. Paolo Frezza, *Le Garanzie delle Obbligazioni*: *Corso di Diritto Romano*, Cedam, 1963, p. 277-302. 此外，Carl Salkowski 则认为时效不能消灭质权和抵押权。参见 Carl Salkowski, *Institutes and history of roman private law with catena of texts*, trans. and edited by E. E. Whitfield, Stevens and Haynes Law Publishers, 1886, p. 503。

〔2〕 参见高圣平：《物权法担保物权编》，中国人民大学出版社 2007 年版，第 234 页。

性,因此,权利人放弃权利导致担保权消灭,这在罗马法的原始文献中被表述为 remissio pignoris。[1] 对此,彭梵得评论说:"因明示的或默示的(比如以退还质押物所表现出的)放弃而告终,并且因期限届满或附加的解除性条件出现而终止"。[2] 须注意的是,欲产生消灭权利之效果,不仅须债权人作出放弃的行为,还须债务人接受。[3] 这体现在塞维鲁和安东尼皇帝的敕令中:"……因为担保之债通过合意来缔结和除免。"(nam obligatio pignoris consensu et contrahitur et dissolvitur)[4]

这种双方合意的行为主要表现为以下四种情况:(1)债务人主动提供其他的担保形式,债权人接受,例如,以保证替换物的担保(D. 20,6,5,2);(2)债权人在债务人告知后,在知情的情况下未反对债务人出售担保物的行为,意味着债权人放弃了担保权利(D. 50,17,158;C. 8,26,6);(3)债权人将证明担保关系的书面文件归还给债务人(C. 8,26,7);(4)债权人以豁免担保财产的意图将之归还给债务人(C. 8,26,9)。

除了上述四种情形,具有严格形式的正式免除制度(acceptilatio)[5],以及所谓不提出请求简约(pactum de non petendo)[6],也可以起到权利人放弃权利的效果。

---

[1] See William A. Hunter, *A Systematic and Historical Exposition of Roman Law in the Order of a Code*(*4th Edition*), Sweet & Maxwell Limited, 1903, p. 447.

[2] [意]彼德罗·彭梵得:《罗马法教科书》,黄风译,中国政法大学出版社 2005 年版,第 267 页。

[3] Cfr. Massimo Colamonico & Raffaele Zingarelli, *Le Garanzie delle Obbligazioni*: *Lezioni di Diritto Romano*, Vincenzo Cavaliere, Libraro-Editore, 1897, p. 392. 温德沙伊德认为这种债权人免除多系死因行为。如果是生者作出的,则须债务人接受。Cfr. Bernardo Windscheid, *Diritto delle Pandette Volume I*, Traduzione dei Fadda C & Bensa P E, Unione Tipografico Editrice, 1930, p. 897.

[4] C. 8,25,2。

[5] 正式免除是以口头的形式消灭口头之债的形式,是一种要式行为,表现为一种想象的清偿。参见[意]彼德罗·彭梵得:《罗马法教科书》,黄风译,中国政法大学出版社 2005 年版,第 246 页。另可参见 D. 46,3,49。

[6] 不提出请求简约是当事人之间的一种可使其中一方据以提出"既定简约之抗辩"的协议,债权人依此允诺不要求债务人给付,亦即免除其所负债务。参见[意]彼德罗·彭梵得:《罗马法教科书》,黄风译,中国政法大学出版社 2005 年版,第 248 页。另可参见 D. 13,7,11,2;D. 20,6,5pr.;D. 2,14,17,2。

二、担保标的灭失

根据马尔西安的说法,如果有体物灭失或者用益消灭,质押或者抵押消灭(sicut re corporali extincta, ita et usu fructu exctincto pignus hypothecaue perit)。[1] 根据这个表述,当担保物是无体物时,作为无体物之权利的消灭,导致质权和抵押权消灭;若担保物是有体物,则担保物必须在物理上灭失,才会导致担保关系的消灭。

需要特别注意的是,上文已经指出,以原材料作为担保物的,若原材料被制成产品,在没有特别约定的情况下,担保关系消灭。若仅系非根本性的变化,譬如作为担保物之房屋被烧毁,其所在之土地上新建之房屋依然受担保效力约束。[2] 此外,担保物之经济用途改变,不消灭担保法律关系。[3]

若担保物丧失交易价值,同样视为担保标的灭失,质权或者抵押权消灭。[4]

三、时效

哥尔迪安皇帝在其敕令中说,就请求返还质物的债权人而言,如果长期取得时效的成就证实他长期沉默,那么只要债务人或其继承人继续占有质物,他便不能提起有效的诉讼。当占有人以长期取得时效的成就对抗债权人时,后者只能对债务人提起对人之诉。[5] 因此,许多罗马法学者认为罗马法中的质权和抵押权会因时效(prescription/praescriptio,不动产的长期占

---

〔1〕 D. 20,6,8pr. 。

〔2〕 D. 20,1,29,2。

〔3〕 D. 20,1,16,2。

〔4〕 Cfr. Massimo Colamonico & Raffaele Zingarelli, *Le Garanzie delle Obbligazioni*: *Lezioni di Diritto Romano*, Vincenzo Cavaliere, Libraro-Editore, 1897, p. 395.

〔5〕 C. 7,36,1。

有)消灭。[1]

但根据帕比尼安和尤里安的说法,质权和抵押权并不会因时效而消灭。[2] 对此,温德沙伊德评论说,“质权并不因为简单的不使用而消灭,更不会因为担保物的时效取得而消灭,仅会因自由权的时效取得而消灭”(ma esso si estingue solo per via di una usucapione della libertà, rivolta contro il diritto di pegno),“时效取得的效力不仅是获得质物之抗辩的基础,而且直接消灭质权”。[3] 之所以将时效作为质权和抵押权消灭的原因之一,是因为持论者将质权和抵押权归入债权的体系中。[4] 根据徐国栋教授的解释,温德沙伊德的上述评论是针对以奴隶作为担保物的情况:此等时效取得导致以奴隶为质物的质押消灭! 马克西米利安皇帝在 302 年的敕答“确立了奴隶诚信地以自由人行事达 20 年的,允许其取得自由人身份的规则”;戴克里先和马克西米利安皇帝的另一个敕答“禁止奴隶以欺诈的方式取得自由的人取得自由人的身份”;阿纳斯塔修斯皇帝规定“奴隶恶信以自由人行事达 40 年的,也取得自由人身份”。[5] 成为自由人的奴隶当然不能成为担保物,质押关系自然而然地消灭。

事实上,我们应该着重注意哥尔迪安皇帝敕令的最后一句,它充分说明了罗马人的规则:时效并不消灭质权和抵押权,而仅将之从对物权变成对人权。

---

〔1〕 比如 R. D. Melville 认为如果除债务人或其继承人之外的第三人占有抵押物或质物,且系诚信而平和地占有之,在达到法律规定的年限,如 10 年或者 20 年之后,债权人在担保财产上的对物权消灭,占有人有缺陷的权利同时圆满。参见 R. D. Melvillea, *A Manual of the Principles of Roman Law Relating to Persons, Property, and Obligations: with a Historical Introduction for the Use of Students*, W. Green, 1915, p. 363。Hunter 和 Buckland 的观点与前者一致。

〔2〕 D. 20,1,1,2;D. 41,3,44,5;D. 41,5,2pr. 。

〔3〕 Cfr. Bernardo Windscheid, *Diritto delle Pandette Volume I*, Traduzione dei Fadda C & Bensa P E, Unione Tipografico Editrice, 1930, p. 900-901.

〔4〕 Cfr. Bernardo Windscheid, *Diritto delle Pandette Volume I*, Traduzione dei Fadda C & Bensa P E, Unione Tipografico Editrice, 1930, p. 900, nota 15.

〔5〕 C. 7,22,2;C. 7,22,1;C. 7,39,4。参见徐国栋:《论取得时效制度在人身关系法和公法上的适用》,载《中国法学》2005 年第 4 期。

此外,根据戴克里先和马克西米利安皇帝的敕令,如果除债务人或其继承人之外的第三人诚信而平和地占有担保物达到法律规定的 20 年,债权人在担保财产上的对物权消灭;到了公元 4 世纪,奥诺里(Honorius)和阿卡丢(Arcadius)皇帝将这一时间延长到 30 年。[1]

四、混同[2]

乌尔比安在《告示评注》第 30 卷中说,质押、寄托、容假占有、买和租这几种行为都不能在自己的物上设立。[3] 根据乌尔比安在《萨宾评注》第 31 卷中的报道,这一表述说明罗马的法学家认为自己与自己设立债的关系,或者以自己的物满足自己的债权,没有任何意义。因此,如果质权人将质物买下,或者担保物的持有人成为所有权人,质权和抵押权消灭。[4] 此外,如果债务人变成了债权人的继承人,那么债权人的权利和债务人的债集中于同一人,担保权消灭。[5]

需要特别指出的是,塞维鲁皇帝和安东尼努斯皇帝在公元 194 年颁布了一个敕令,规定允诺将质物转让给债权人的债务人,不能因此被免除债务。[6] 对此,温德沙伊德评论说,在某种意义上,混同会产生自己物上的质权(un diritto di pegno sulla cosa propria),亦即所谓的"所有人质权",质权和所有权同时汇聚于债权人之手,债权人的权利优先于其他人。[7] 这可能由

---

[1] C. 7,36,2;C. 7,39,3。See William W. Buckland, *A Text-book of Roman Law: From Augustus to Justinian*, Cambridge University Press, 1921, p. 476.

[2] 对此,阿姆斯特的 Hans Ankum 有专文讨论。See Hans Ankum, *Consequences of a Pledge Extinguished by Merger in Classical Roman Law*, Famdamina, 11, 1: 1-18(2005).

[3] D. 50,17,45。

[4] D. 13,7,29;D. 20,6,9pr.。See William A. Hunter, *A Systematic and Historical Exposition of Roman Law in the Order of a Code(4th Edition)*, Sweet & Maxwell Limited, 1903, p. 447.

[5] D. 34,3,1,1。

[6] C. 8,13(14),1。

[7] Cfr. Bernardo Windscheid, *Diritto delle Pandette Volume* Ⅰ, Traduzione dei Fadda C & Bensa P E, Unione Tipografico Editrice, 1930, p. 903.

两种情况产生：一是债权人取得担保物的所有权；二是物的所有权人取得质权。[1]

五、主债权消灭

乌尔比安在《告示评注》中表达了债务被全部清偿或者债被以别的方式消灭，则质权消灭的观点。[2]

根据非所有权移转型物的担保制度的附属性特征，这种消灭形式不言自明：担保制度的目的是实现债权，若目的达到，担保之债当然消灭。总之，主债权的存在为担保权存续的条件，[3]在所担保之债的本金、利息和必要开支被完全清偿后，债权人返还担保物给债务人，当事人间的法律关系消灭。[4] 但是，根据乌尔比安的法言，除了清偿（solutio）可以消灭质权和抵押权之外，还有"期限届满"和"债以别的任何一种方式消灭"可以达到这一目的。那么，所谓"别的任何一种方式"为何？

第一种是"债的更新"（Novazione）。乌尔比安在《告示评注》第 28 卷中说，清偿债务的义务被更新，则质押消灭。[5]

第二种是所谓的"最终宣誓"（Giuramento decisorio）[6]：

D. 20,6,13。特里芬尼努斯：《论断集》第 8 卷：如果债权人提供

---

〔1〕 D. 44,2,1,30,1；C. 8,19(20),1,1；D. 20,4,19；C. 8,18(19),3；D. 20,5,3,1。Cfr. Massimo Colamonico & Raffaele Zingarelli, *Le Garanzie delle Obbligazioni*: *Lezioni di Diritto Romano*, Vincenzo Cavaliere, Libraro-Editore, 1897, p. 395-396.

〔2〕 D. 20,6,6pr.。

〔3〕 Cfr. Bernardo Windscheid, *Diritto delle Pandette Volume* Ⅰ, Traduzione dei Fadda C & Bensa P E, Unione Tipografico Editrice, 1930, p. 806.

〔4〕 D. 20,1,19；D. 13,7,8,1；C. 8,28,6。关于必要开支的清偿，参见 D. 20,6,1pr.。关于利息的清偿，参见 D. 20,1,13,6。此外，R. D. Melville 认为，若当事人间约定了"典质简约"（pactum antichresis），则本金之利息已由担保物的收益抵充，债务人无须支付这一部分。参见 R. D. Melvillea, *A Manual of the Principles of Roman Law Relating to Persons, Property, and Obligations*: *with a Historical Introduction for the Use of Students*, W. Green, 1915, p. 354。

〔5〕 D. 13,7,11,1。

〔6〕 Cfr. Ratti Umberto, *Sull' accessorietà del Pegno—E sul "ius vendendi" del Creditore Pignoratizio*, Jovene, 1985, p. 71-74.

给债务人一项誓言,债务人发誓他不欠债,质权解脱(liberatur),这是因为考虑到债务人在审判中会被赦免。事实上,哪怕被告不公平地被法庭赦免,质权消灭。

D. 12,2,40。尤里安:《学说汇纂》第13卷:要求债务人发誓的行为可以消灭一项质权,因为它被看作正式的清偿。它确定的产生一项永久抗辩。如此,债权人提起的关于罚金的诉讼必须被判失败,所有已经支付的得被返还。事实上,一事件任何方面的冲突都可以借助于誓言来解决。

第三种是债务人提供保证人(Dazione di garanti):

盖尤斯在《行省告示评注》中提出了一种可能性,即债务人提供保证人以消灭主债权的可能性。[1]

D. 20,6,14。拉贝奥:《遗作》第5卷:你与你的佃户达成协议,被带入租赁地的动产应被抵押,直至租金被清偿或者偿付。之后你自佃农处取得了对租金的保证。我认为你已经得到偿付,所以被带入租赁地的动产不再受到抵押的约束。

第四种是宣誓(Iusiurandum):

D. 20,6,5,3。马尔西安:《抵押》单卷本:当宣誓被提供时债权人被视为是偿付了的,财产不再受抵押的效力约束。

第五种是事实审中的清偿和偿付(Solutio e satisfactio in iudicio)。

这部分的法言,是分别就质物返还之诉和塞尔维之诉讨论的。

首先来看质物返还之诉:

D. 13,7,9,5。乌尔比安:《告示评注》第28卷:假设某人在清偿做出之前提起质物返还之诉。尽管他的起诉是不恰当地,但如果他在审判中清偿了金钱,应该取回担保物并挽回他的损失。

---

〔1〕 D. 13,7,9,10。

其次来看塞尔维之诉：

D. 20,6,6,1。乌尔比安：《告示评注》第 73 卷：某人的清偿行为导致质押的消灭。但是如果某人准备以其他方式满足债权人，则情况不同。对于债务人来说，以其他方式满足债权人是有利的，因为如果接受此种清偿则债权人只能归责于自己。然而，如果债权人拒绝接受其他形式的满足，仅要求清偿，则不会有过错。

D. 20,6,6,2。乌尔比安：《告示评注》第 73 卷：此外，阿蒂里奇努斯认为，以其他方式满足确定数额的债的行为一旦做出，债权人必须放弃担保物。我们不认同此观点。

第一个法言给我们描述了一个债务人在清偿作出之前对债权人提起质物返还之诉的案例。关于债务人想要收回担保物的原因，有可能是规避担保物被出售的风险，或者不想将担保物置于债权人的管控之下，或者避免沉重的利息，等等。费雷扎认为，从这个法言可以得出这样的结论：当债务人清偿后，债权人不能被强迫返还担保物。[1] 而根据盖尤斯的法言，以其他方式满足债权人的行为有利于债务人，但对债权人不利。

根据乌尔比安的描述，在阿蒂里奇努斯（Atilicini）的时代，亦即公元 1 世纪，当债的数额确定时，以其他方式满足债权人的行为可以强制债权人放弃担保物，换言之，债的关系消灭。而在乌尔比安的时代，乃至优士丁尼时代，以其他方式满足债权人的行为并不一定导致 pignus 法律关系的消灭。

接下来再看乌尔比安的另一段话：

D. 13,7,9,3。乌尔比安：《告示评注》第 73 卷：担保人的质物返还之诉权仅在所有的金钱都已清偿，或者以其他方式满足了债权人之后才产生。所谓的以其他方式满足，指的是任何合债权人心意的非实际支付的手段。如果他选择持有新的担保物而放弃另

---

〔1〕 Cfr. Paolo Frezza, *Le Garanzie delle Obbligazioni*: *Corso di Diritto Romano*, Cedam, 1963, p. 284-285.

一个,或者新的保证人,或者新的债务人,乃至其他任何有价值的给付或者一个裸体简约,[质物返还之诉随后产生]。恰当地说,无论何时,债权人选择放弃担保物,可以理解为他被满足了,只要他得到的是他确信想要的,哪怕尽管他会失望。

最后,需要说明的是,如果债权人拒绝接受清偿,那么债务人可以通过一个恰当的给付方式,例如,将给付的金钱提存在一个密封的袋子中(deponere consignatum),来达到消灭债的目的,从而消灭担保权。[1]

第五节 非所有权移转型物的担保中权利的保护

我们说以令状的形式保护担保关系中的权利人,最初仅仅发生于租赁关系,不仅仅是因为上一章中提到的记录,而且是因为在公元 239 年哥尔迪安皇帝发布的有关于此的敕令:

> C. 8,9,1。哥尔迪安皇帝致阿里斯托:如果你的债务人,在你未解除担保关系时,变卖了质押给你的财产,你有权主张这份财产,但是并非依据萨尔维尤斯令状,因为它仅能被用来针对承租人或者债务人;你必须借助塞尔维之诉来进行,或者另一个被设计出来模仿塞尔维之诉功能的诉权,它们能用来对抗买受人。[2]

首先,这个敕令告诉我们萨尔维尤斯令状和塞尔维之诉都是用来处理租赁关系中有关质物占有的纠纷的。对此,舒尔茨解释说,在萨尔维尤斯令状颁布之后,阿德里亚努斯皇帝汇编告示之前,裁判官授予农庄主一项对物

---

〔1〕 C. 8,25,2。

〔2〕 Jolowicz 怀疑该敕令是被"添加"过的。参见 Herbert H. Jolowicz, *Historical Introduction to the Study of Roman Law*, Cambridge University Press, 1971, p. 303, note 9。

诉权，于是，一项他物权意义上的抵押权诞生了，尽管该诉权的适用仍然局限于原初的领域。[1] 其次，根据辞书的解释，塞尔维之诉（actio Serviana）同鲁第里诉讼（actio Rutiliana）一样，是由财产买受人提起的拟制诉讼，区别在于该诉讼主张的是已死亡的破产者的债权，也就是说，在后者，财产买受人是以死者继承人的身份要求破产者的债务人对自己实行清偿；在优士丁尼法中，这个术语也被用来指"对物的质物请求之诉"（actio pigneraticia in rem），这同样是一种拟制的返还所有物之诉。[2] 而这个法言明确地告诉我们，至少在公元 239 年，塞尔维之诉就已经是处理质押物占有的诉权了。尤里安在其《学说汇纂》第 11 卷中的观点也对此做了证明："假设一个**债权人**接受了质物，后来又丧失了对质物的占有。他提起塞尔维之诉并因此最终挽回价值……"（Si **creditor**，qui rem pignori acceperat，……）（D. 13，7，28pr.）最后，很明显，上述文本告诉我们租赁关系中的出租人能够通过塞尔维之诉自任何持有担保物的第三人处取回担保物，这个敕令明确授予债权人/出租人对抗买受人的法律地位。从此，债权人/质权人从只能针对债务人/承租人的阶段，发展到可以对抗担保物的买受人了，换言之，质权人对于质物有了追及权。[3]

一、塞尔维诉讼

根据塔拉曼卡教授的解释，作为物权存在的质权是由塞尔维之诉保护的，这个诉讼有时候也被叫作主张质物之诉（vindicatio pignoris），一些古典时期法学家称之为抵押程式/之诉（formula/actio hypothecaria），是一个对物诉权，为事实诉讼确定的"所涉事实的程式"（formula in factum concepta）。[4]

---

〔1〕 See Fritz Schulz, *Classical Roman Law*, Translated by Ernst W, Clarendon Press, 1969, p. 408.

〔2〕 参见黄风编著：《罗马法词典》，法律出版社 2002 年版，第 18 页。

〔3〕 See William W. Buckland, *A Text-book of Roman Law: From Augustus to Justinian*, Cambridge University Press, 1921, p. 472.

〔4〕 Cfr. Mario Talamanca, *Istituzioni di Diritto Romano*, Giuffrè, 1990, p. 483.

它一般被认为是由一位叫作塞尔维安的裁判官引入的,而古罗马历史上有数位塞尔维安。根据乔洛维茨的报道,克雷勒(Hans Kreller)和卡泽尔把这个令状的颁布归于叫作 Servius Sulpicius Rufus 的人,他跟我们上面谈到的颁布禁止搬离令状的人是同一个。[1] 对于这种诉讼的起源,意大利学者阿斯科利认为塞尔维之诉在存在之初仅仅适用于国家管理,并不涉及私人关系的保护,是准塞尔维之诉将这种保护扩展到所有的关系当中,具体到担保关系中,就将之作为一种物权来对待。[2] 勒内尔指出塞尔维之诉并非存在于萨尔维尤斯令状之先,舒尔茨进一步推测它在尤里安汇编的告示中是被控制使用的,只能针对带入物有限地使用,而罗萨,如同上文所述,认为塞尔维之诉源于关于萨尔维尤斯令状。

对于这一诉讼的程式,《学说汇纂》并未将之保留下来,近代学者勒内尔在他的作品中将之做了还原:

> 如果这被证实,在 Aulus Agerius 和 Lucius Titius 之间达成协议,以被涉及的物为 Aulus Agerius 的利益设定质押,在协议达成时 Lucius Titius 事实地拥有该物,钱未被给付,清偿也未被履行,而这并非因为 Aulus Agerius 导致的,如果物没有自 Numerius Negidius 返还,判决 Numerius Negidius 付给 Aulus Agerius 相当于物的价值的金钱(在判决之时)。[3]

---

[1] See Herbert H. Jolowicz, *Historical Introduction to the Study of Roman Law*, Cambridge University Press, 1971, p. 304, n. 1. 这种观点似乎是通说,因为除了上面列举的两位之外,还有 Ascoli, Rosa, Girard 等学者持此观点。

[2] Cfr. Alfredo Ascoli, *Le Origini dell' ipoteca e l' interdetto Salviano: Studio Storico Esegetico di Diritto Romano*, Raff. Giusti, 1887, p. 58.

[3] S. p. inter Am Am et L. Titium convenisse, ut ea res q. d. a. Ao Ao pignoriesset propter pecuniam debitam, eamque rem tunc, cum conveniebat, in bonis Lucii Titii fuisse eamque pecuniam neque solutam neque eo nomine stisfactum esse neque per Am Am stare quo minus solvatur, nisi ea res arbitrio iudicis restituetur, quanti ea res erit, tantam pecuniam iudex Nm Nm Ao Ao c. s. n. p. s. Cfr. Lenel Otto, *Das Edictum Perpetuum*, Verlag Vonbernhard Tauchnitz, 1927, p. 494-495. 翻译所依据的是塔拉曼卡教授的意大利语译本。Cfr. Mario Talamanca, *Istituzioni di Diritto Romano*, Giuffrè, 1990, p. 483.

勒内尔在解释这个被还原的程式时指出，开始的时候塞尔维之诉的用语应该只涵盖一个很小的范围，差不多仅仅指带入物。[1] 这在优士丁尼《法学阶梯》中明显地表现出来(I. 4,6,7。“某人根据萨尔维尤斯诉权就为土地的租金他享有质权的佃户财产起诉”；I. 4,6,31。“对物之诉，例如……关于佃户之物的萨尔维尤斯诉权”)。上文在探讨萨尔维尤斯令状时，提及意大利学者罗萨的观点进一步拓展了勒内尔的理论：塞尔维之诉的程式最初可能是萨尔维尤斯令状的一部分，一个“仲裁程式”(la formula arbitraria)，所以将之当作萨尔维尤斯令状的施行手段，后来因为使用的经常性，被独立了出来。[2] 乌尔比安的相关论述是这种认识的一个有力证明：

> D. 43,33,2。乌尔比安：《告示评注》第70卷：在萨尔维尤斯令状中，如果被质押的财物被带入到一片属于两个共同所有人的土地，持有担保物占有的一方将占据优势，并且他们必须以塞尔维诉权为救济的依据。

这个文本再次提出了被授予萨尔维尤斯令状的出租人/债权人是否有权对抗第三人的问题。要解读它，就必须将萨尔维尤斯令状和塞尔维之诉联系起来看：萨尔维尤斯令状处理事实情况，塞尔维诉权处理特殊情况下当事人的法律地位问题(能否对抗第三人)。它们一脉相承，都处理带入物的质押问题。

回到程式上来，很明显，这个“所涉事实的程式”涉及三方当事人：借款人 Lucius Titius、贷款人 Aulus Agerius 和第三人 Numerius Negidius，虽然借款人和贷款人达成借款担保协议，以担保物为质担保债的履行，但由于并非贷款人的原因使借款协议不能继续，而此时担保物为第三人占有，则贷款人可以对占有担保物的第三人要求返还，如果不返还，则第三人须支付相当于担保物价值的金钱。塔拉曼卡教授说，该诉权的对物性体现在被告人

---

[1] Cfr. Lenel Otto, *Das Edictum Perpetuum*, Verlag Vonbernhard Tauchnitz, 1927, p. 495.

[2] Cfr. Franca La Rosa, *La Protezione Interdittale del Pignus e l'actio Serviana*, Studi in Onore di Cesare Sanfilippo(7), Milano: Giuffrè, 1987, p. 316.

Numerius Negidius 和提供抵押的人 Lucius Titius 并非一个主体。[1] 亦即此时债权人对抗的并非债务人,而是借款担保协议之外的第三人,债权人据此享有追及担保权的权利。

二、准塞尔维诉讼

在优士丁尼法中,准塞尔维之诉(actio quasi Serviana)也被叫作抵押之诉(actio hypothecaria),指债权人用来获得质权或者抵押权的对物诉权,涉及一般性的物的担保形式中担保物占有之取得,与塞尔维之诉以适用范围为标准进行区分(I. 4,6,7/31)。

根据巴克兰的推测,在帝国初期,或者更早的时候,塞尔维之诉以扩用(utilis)或者准(quasi)塞尔维安的名义扩用到其他抵押案件当中,很可能首先适用于城市中的房屋出租人,稍后延伸到其他情况,当质物不被实际移转的现象成为主流时,才正式取得抵押之诉的名称。[2]

但是,通过对《学说汇纂》中法学家观点的梳理,笔者发现一种将塞尔维之诉与抵押之诉等同的做法,这主要体现在法学家们赋予了两个诉讼同样的功能:如保罗授予债权人塞尔维之诉对抗债务人,马尔西安在同样的案件中授予债权人抵押之诉;[3] 盖尤斯授予第二个债权人抵押之诉对抗第一个债权人,但他又在别的地方授权给债权人塞尔维之诉对抗第三人。[4] 除此

---

[1] Cfr. Mario Talamanca, *Istituzioni di Diritto Romano*, Giuffrè, 1990, p. 483.

[2] See William W. Buckland, *A Text-book of Roman Law: From Augustus to Justinian*, Cambridge University Press, 1921, p. 472-473.

[3] D. 20,1,7。保罗:《告示评注》第 68 卷:涉及债务人日常生活的物,债权人不可提起塞尔维之诉。D. 20,1,13,4。马尔西安:《抵押的程式》单卷本:哪怕债权人取得了针对债务人的判决,但抵押仍继续存在,因为抵押之诉有自己的规则;亦即是说,当钱未被支付或者未提供担保,抵押持续生效……

[4] D. 20,4,11,4。盖尤斯:《抵押的程式》单卷本:当第二个债权人准备清偿他欠第一个债权人的时,让我们看看是否他将被授予抵押之诉:如果第一个债权人拒绝接受钱,我们认为第一个债权人不能提起诉讼,因为他对清偿未能按期履行负有责任。D. 20,6,2。盖尤斯:《行省告示评注》,第 9 卷:如果一个债权人基于塞尔维之诉能提起诉讼要求占有人返还质物,并且占有人能在法庭上对诉讼标的进行估价,与此同时债务人也针对占有人提起了要求返还财产的要求;债务人将不被允许这样做,除非他首先清偿欠债权人的权。

之外，还有乌尔比安(D. 20,1,10,D. 20,6,4pr.)、帕比尼安(D. 20,1,3pr.)和尤里安(D. 13,7,28)法言中的例子。

这就使优士丁尼《法学阶梯》对塞尔维之诉、准塞尔维之诉和抵押之诉的区分变得不可信。艾伦·沃森在解决这个问题时，列举了四个摘自《学说汇纂》的文本，并对之进行比对分析。[1] 他推测当时塞尔维之诉仅能对抗债务人，后来因为这个诉讼的实际用途太过狭窄，所以将之扩用到第三人占有质物的领域，于是产生了准塞尔维之诉，后来被称为抵押之诉。而塞尔维之诉和准塞尔维之诉在程式上的区别，他总结为"前者涉及的是原告和被告之间的合同，后者涉及的是原告和第三人之间的合同"。

我们先来考察一下艾伦·沃森列举的法学家们的文本：

D. 16,1,13,1。盖尤斯：《行省告示评注》第9卷：对于先前债务人的质物，债权人并不需要一个新的诉权，恰如准塞尔维之诉(也被叫作抵押之诉的)被运用于这种情况；因此这是正确的，关于质物的协议已经被做成，并且钱并未被支付。

D. 10,2,29。保罗：《告示评注》第23卷：当财产通过质押的形式被给予已逝者，必须说它被包括在家产分配的诉讼中；但是如果在家产分配的诉讼中他被要求付给他的共同继承人和他一样的产业之份额；但是他不需要提供担保给他的共同继承人，他须给提供质物的当事人提供赔偿；基于这个原因，这个案件将是一样的，正如如果一个抵押诉讼或者塞尔维安诉讼被提起，并且诉讼标的的估价被提供；所以，做出清偿的一方当事人能通过对一个所有人提起的返还财产诉讼提起抗辩，以保护自己。

D. 44,4,4,30。乌尔比安：《告示评注》第76卷：彭波尼讨论了关于某人接受了质押财产的类似问题，当塞尔维诉讼或者抵押诉

[1] See Alan Watson, *Actio Serviana and Actio Hypothecaria (a conjecture)*, S. D. H. I., 27: p. 356 (1961).

讼被提起,彭波尼认为这个人应该有抗辩的理由,因为如果不这样,这项产业将会归还给有诈欺罪的人。

D. 10,4,3,3。乌尔比安:《告示评注》第 24 卷:这是一个关系到个人的诉权,并且他在提起对物之诉时被授权这样做,不管它是哪种诉讼,无论是针对质物的塞尔维诉讼还是抵押诉讼,两者都可以由债权人提起。

先来解释第一个文本:这是 quasi actio serviana 这个术语第一次在《学说汇纂》中出现。盖尤斯的这段话是在解释为什么某些为他人债务承担了担保责任的妇女不能受到《韦勒乌斯元老院决议》[1]的帮助时顺便提到的。他列举了几个这方面的例子,比如:一个女奴,鉴于一份涉及自由的协议,而提供担保,并且,在她被解放之后,承担了该债务人的债;或者一名妇女买了一处产业,并且承担了基于她的产业的债,又或者她变成了她自己允诺的担保人。在这种情况下,既存担保关系的债权人不需要寻求新的诉权的授予,可以直接运用准塞尔维之诉来起诉这些女性担保人,要求她们交出担保物。在这里,盖尤斯指出,准塞尔维之诉同时也被称作抵押之诉。第二个文本很好明白,这里就不赘言了。第三个文本也显得有些摸不着头脑。其实这是乌尔比安在讨论关于恶意诈欺的抗辩和胁迫的抗辩时,假设的一个案件。案情是这样的:按法律,甲之产业应该由乙作为继承人继承,并且丙应该被指定为继承人,但乙诈欺性地劝服丙不要接受产业,而丙后来拒绝了遗赠,而乙又将其权利在丁支付钱款后授予丁,于是丁向丙提起诉讼,要求丙

〔1〕 Senatusconsultum Velleianum,又称 Senatusconsultum Vellaeanum,发布于公元 46 年,是立法性的元老院决议之一,禁止妇女为他人实行债务承保,并且规定由妇女提供的担保不是当然无效,而是当债权人起诉时妇女享有该决议所规定的抗辩权。此决议对妇女的继承人和担保人也适用,但在以下 4 种情况例外:(1)对未成年人;(2)行为是为了妇女的利益;(3)为了设立嫁妆的目的;(4)妇女变成了被担保人的继承人。参见齐云、徐国栋:《罗马的法律和元老院决议大全》,载徐国栋主编:《罗马法与现代民法》(第 8 卷),厦门大学出版社 2014 年版,第 251 页。另可参见斯奇巴尼教授选编、徐国栋教授翻译的《民法大全选译 · 法律行为》一书的附录二,第 135 页注 147。

向丁返还该产业。(D. 44,4,4,28)在这个案件的基础上,乌尔比安假设了另一种关系(上面所列第三个文本中的情形):假设该财产是处于质押关系中的,丁对丙提起了塞尔维之诉或者抵押之诉,那么丙应该有一个基于诈欺的抗辩,否则产业就会归于有诈欺罪过的乙,这样就有违“法是善良公正之术”的原则。第四个文本实际上是说出示之诉[1]可以在对物之诉的诉讼过程中由债权人提起。

回到艾伦·沃森的推导过程中来。由于后三个文本是《学说汇纂》中仅有的如此使用塞尔维之诉和抵押之诉的文本,所以他认为根据它们可以认定塞尔维诉讼和抵押诉讼是完全不同的两个制度。但由于这三个文本都被怀疑是“添加”过的,所以还需要用第一个文本(盖尤斯的说法)来强化这一观点。[2] 盖尤斯将准塞尔维之诉和抵押之诉等同起来,这是符合他在《法学阶梯》中表述的观点的,所以前者不可能与塞尔维之诉是同一制度。艾伦·沃森认为,文本中授予当事人准塞尔维之诉的原因在于被告并非最初的债务人而是一个“继承人”(successor)。由于这里债权人仅被授予了这种诉权,所以他猜测在当时该诉讼仅能对抗债务人,后来这种诉权被扩大使用,就成了可以对抗第三人的准塞尔维之诉。亦即准塞尔维之诉—抵押之诉—塞尔维之诉。至于对两者间区别的论证,艾伦·沃森是直接从两个程式(上文转述的对人的质物请求之诉的程式和塞尔维之诉的程式)的用语中

---

[1] 出示之诉(Actio ad exhibendum),要求被告向法庭出示某一动产的诉讼,通常在原告提起返还所有物之诉之前进行,以便为实现对物的返还创造条件,特别是在被告将诉讼标的物予以隐藏的情况下以及在原告所主张的物作为从物添附于被告之物的情况下。参见黄风编著:《罗马法词典》,法律出版社 2002 年版,第 4 页。

[2] 尽管这个原始文献也被质疑是“添加”过的,但艾伦沃森否定了这种意见。参见 Alan Watson, *Actio Serviana and Actio Hypothecaria (a conjecture)*, S. D. H. I., 27: p. 356, note 9 (1961)。

推导出来的。[1] 这种观点是小众的。大部分研究者还是认为塞尔维之诉系对物之诉,运用于农地租赁关系,准塞尔维之诉系前者在其他抵押领域的扩用,是物的担保变成担保物权的最后一步。[2]

---

〔1〕 艾伦·沃森将 S. p. inter Am Am et Nm Nm convenisse 开头的这个认定为塞尔维之诉的程式,将 S. p. inter Am Am et L. Titium convenisse 开头的这个认定为准塞尔维之诉的程式。他的理由是前者是原告和被告之间的协议,后者是原告和第三人之间的协议。参见 Alan Watson, *Actio Serviana and Actio Hypothecaria (a conjecture)*, S. D. H. I., 27: p. 356, note 9 (1961)。值得注意的是,被艾伦·沃森认定为准塞尔维之诉程式的这个片段是奥托·勒内尔还原的塞尔维之诉的程式。Cfr. Lenel Otto, *Das Edictum Perpetuum*, Verlag Vonbernhard Tauchnitz, 1927, p. 493-495.

〔2〕 See Fritz Schulz, *Classical Roman Law*, Translated by Ernst W, Clarendon Press, 1969, p. 402. 另可参阅 Max Kaser, *Roman Private Law*, Translated by Rolf Dannenbring, University of South Africa, 1984, p. 162 - 163 以及 Mario Talamanca, *Istituzioni di Diritto Romano*, Giuffrè, 1990, p. 483, 570。

第四章

非所有权移转型物的担保在西欧的演化

罗马法是近现代民法的源泉之一。虽然有学者认为“近现代各国的抵押权制度与其说起源于罗马法,不如说脱胎于日耳曼新质更为恰当”[1],但将抵押权和质押权视为物权的学说,确实源自中世纪学者对罗马法的研究。随着西罗马帝国的衰微,罗马法的地位逐渐被哥特、法兰克和伦巴底征服者的法律所取代,日耳曼人的法律传统开始占据主要地位,他们的习惯逐渐侵入、渗透并改变着当地人的交易规则。

第一节 日耳曼及封建因素对非所有权移转型物的担保之影响

有研究者认为,虽然日耳曼法上的担保物权曾在欧陆流行,但是“随着罗马法的复兴,日耳曼法上的担保物权在欧洲大陆逐渐‘枯萎死亡’”[2]。然而,不可否认的是,日耳曼法中的公示制度对近现代抵押权制度产生了巨大影响,更是后世独立抵押权制度的直接源泉。[3] 从历史上来看,随着大一统的罗马帝国的衰落,希腊—基督教的拜占庭帝国(东罗马帝国)、阿拉伯—伊斯兰世界和拉丁—基督教的西罗马帝国相继作为独立的力量出现在历史舞台上。作为当今大陆法系宗主区域的西欧,在西罗马帝国于公元5世纪衰亡后,由数个日耳曼部落王国瓜分。新的罗马—日耳曼社会影响了西欧传统的政治和经济制度,作为上层建筑之法律,也随着经济、政治情况的

---

[1] 陈本寒:《担保物权法比较研究》,武汉大学出版社2003年版,第17页。

[2] 徐同远:《担保物权论:体系构成与范畴变迁》,中国法制出版社2012年版,第45-46页。

[3] “孕育了后世独立抵押权的德意志质权法,其尚处在最原始的发展阶段;‘无从属性’被视为这种担保权的最初形式的根本特点……罗马法上的抵押权……造成了德意志质权法的枯萎死亡……具有持久意义的是定期金买卖……” Buchholz, *Abstraktionsprinzip und Immobiliarrecht*, Zur Geschichte der Auflassung und der Grundschuld, Frankfurt am Main, 1978, s37. 转引自黄家镇:《德国流通式不动产担保物权制度研究》,法律出版社2010年版,第29页。

变化而出现根本性的变革。[1] 因此,对日耳曼法中相关制度的考察成为认识非所有权移转型物的担保制度的必由之路。毕竟,现代法中有关制度的许多特征,譬如,以动产和不动产为划分标准及抵押的独立性等,虽然可以在罗马法中找到根由,但直接起作用的都是日耳曼法中的各种因素。

一、早期日耳曼因素对非所有权移转型物的担保制度的影响(5—10世纪)

(一)早期日耳曼人的生活方式和财产制度

在公元1世纪前后,日耳曼人还根本没有在他们的领土上定居下来。他们的生活主要依靠牧畜,依靠干酪、牛奶和肉,较少依靠粮食。男子主要的职业是打猎和军事训练。他们也从事一点农业,但只是附带的,采用的方法也非常原始,耕地只种1年,第二年总要耕种一块新土地。[2] 恩格斯认为当时的日耳曼人可能采用的是火耕法:"把森林(除森林以外,只有沼泽地和泥炭地,这些土地当时还不适于耕作)烧掉,把树根马马虎虎地拔一拔,再把这些树根和松过的表层土壤一起烧一遍。然后在这块施过灰肥的土地上播种谷物"。[3] 斯特拉本也记录了早期日耳曼人的生活方式:"所有这些民族的共同的地方,是他们由于生活方式简单而便于迁移,因为他们不从事耕作,不搜集财宝;他们住在小屋里面,这些小屋他们每天都可以搭起来;他们像游牧人那样,吃的大部分是畜产品;他们还有一点也很像游牧人,那就是他们也用车去搬运自己的财物,赶着家畜,想到哪里,就到哪里。"[4]

日耳曼人成熟的土地制度形成于塔西佗时代,即定居生活和农耕时代。此时,日耳曼人的生活方式发生了巨大的变化:在易北河及其以东的地

[1] 有研究者认为,支配公元5世纪到公元15世纪欧洲的是日耳曼法。参见李宜琛:《日耳曼法概说》,中国政法大学出版社2002年版,第2页。

[2] 参见[古罗马]恺撒:《高卢战记》,任炳湘译,商务印书馆2010年版,第79页、第143页。

[3] [德]弗·恩格斯:《论日耳曼人的古代历史》,载中共中央马克思恩格斯列宁斯大林著作编译局编译:《马克思恩格斯全集》(第19卷),人民出版社2002年版,第486页。

[4] [德]弗·恩格斯:《论日耳曼人的古代历史》,载中共中央马克思恩格斯列宁斯大林著作编译局编译:《马克思恩格斯全集》(第19卷),人民出版社2002年版,第488页。

方，日耳曼人开始定居，一部分人居住在村落里，这种村落有的由一些独家院子组成；房屋由未经加工的原木建造，并配有地下室以抵御严寒；男人还完全保持着一切原始人所共有的习俗，把家务和耕作看成是没有丈夫气的事情，交给妇女、老人和儿童去做。但是，他们却染上了两种文明的习惯：酗酒和赌博，而且是用天真的野蛮人那种毫无节制的方式聚赌，甚至会赌到把本人也输掉。〔1〕

有学者研究认为，这些仍以游牧为主的日耳曼部族将牛羊等家畜视为其“所钟爱的唯一财富”，家畜的多少成为衡量财富的价值标准。〔2〕不动产是由公社共有的，而家庭遗产的继承首先是自己的子女；若无子嗣，则遗产依次归兄弟和叔伯诸舅所有。〔3〕

日耳曼人的不动产观念导致部落的、村镇的或村庄的共同财产极为流行，这种土地制度被称为马尔克（Mark）或“公地”。在马尔克公社制度下的每个日耳曼人村庄，都有四类土地：耕地、草地、森林和荒地，这就是所谓“公地”，即开放给大家而没有开垦的土地；随着社会人口的增加，公地有时也从中划出新地来耕种。〔4〕此外，共同财产不仅包括耕地和草地，还包括荒地、沼泽、牧场和森林，几乎囊括了一切不动产。因此，在早期马尔克公社制度下，单个的土地占有者对土地是没有任何财产权利的。〔5〕除去家宅和园地或已经分配的村有地外，马尔克村民共同所有、共同利用其他一切土地。他们有使用和管理土地的平等权利，并且通过协商的办法共同决定土地的处

---

〔1〕参见［古罗马］塔西佗：《阿古利可拉传·日耳曼尼亚志》，马雍、傅正元译，商务印书馆1985年版，第63页、第67页。

〔2〕参见赵文君：《中古西欧日耳曼人财产观初探》，载《历史教学》2011年第8期。

〔3〕参见赵文君：《中古西欧日耳曼人财产观初探》，载《历史教学》2011年第8期。

〔4〕参见［美］汤普逊：《中世纪经济社会史》（上册），耿淡如译，商务印书馆1997年版，第111页。

〔5〕恩格斯认为日耳曼人的土地私有化首先发生在“住宅地”，这大概发生在塔西佗的时代（大约公元55—120年）；到公元五至六世纪，耕地开始变成世袭的，农民开始有出卖或以其他方式转让的处分权。参见［德］弗·恩格斯：《论日耳曼人的古代历史》，载中共中央马克思恩格斯列宁斯大林著作编译局编译：《马克思恩格斯全集》（第19卷），人民出版社2002年版，第356页。

理方式。[1] 耕地基本按照人数加以分配,同时考虑每个人的地位和身份。地块每年更换,但每个家庭份地的总面积是不变的,而且可以世代相传,实际上形成了家庭的世袭财产。而公共的土地,则保留不动。在森林、荒地、沼泽和牧场,人们可以放牧、打猎、取蜜,采集厩舍的垫草、浆果、泥炭和蘑菇等。这种村落共同体的主要特征是以地缘作为联系纽带,土地公有和私有并存。各户的耕地已转化为私有财产,但森林、牧场等仍归公社所有。各家庭对耕地的使用权以其家长和成员的公社社员为基础,只有公社社员才能享有使用土地的权利。而土地虽然部分私有,但这种私有的土地仅能在同一公社内部社员之间转让,而不能卖到别的公社去。[2] 至于马尔克公社对权利的保护,据学者的研究,是一种被称为"Gewere"的"对财产的保护权利,其法律效力是,享有保护权的人可以防护对物的侵犯,承认法律赋予物的没有明确界限的权利,而且可以转让隐含在保护后面的权利"[3]。

在这种情况下,日耳曼人承认一个共有和私有相混杂的所有权观念:土地是共有的,私有的财产只限于动产,亦即武器、牲畜、工具和家具,以及木制住房。[4] 这种特殊的财产制度及其传统习惯,使日耳曼人的物的担保制度在开始时只涉及动产。[5]

(二)早期日耳曼法上的物的担保制度

在日耳曼人刚开始拥有私人财产时,债务人是以其人身作为债的担保的;稍后,动产作为债务人人格的一部分,开始承担责任。[6] 与罗马私法中

---

[1] 参见由嵘:《日耳曼法简介》,法律出版社 1987 年版,第 51 页。

[2] 参见由嵘:《日耳曼法简介》,法律出版社 1987 年版,第 22 页。.

[3] 王亚平:《西欧法律演变的社会根源》,人民出版社 2009 年版,第 46 页。

[4] 参见李宜琛:《日耳曼法概说》,中国政法大学出版社 2002 年版,第 51 页。

[5] 参见 Rudolf Huebner, *History of Germanic Private Law*, Translated by Francis S. Philbrick, Little, Brown, and Company, 1918, p. 440 以及 Jean Brissaud, *History of French Private Law*, Translated by Rapelje Howell, Little, Brown, and Company, 1912, p. 582。另可参见由嵘:《日耳曼法简介》,法律出版社 1987 年版,第 64 页。

[6] See Jean Brissaud, *History of French Private Law*, Translated by Rapelje Howell, Little, Brown, and Company, 1912, p. 582.

确保债的清偿制度的发展史一样,实现担保的手段,在日耳曼法上也有扣押财产、扣押人身和纯粹财产责任的区分。[1] 李秀清教授介绍说:“凡债务人不履行债务者,其人身自由甚至生命可能为之付出代价,或者被剥夺自由沦为奴隶,或者甚至遭受债权人杀害,其所有财产除部分交给债权人外,其余的也要被没收。”[2]这种做法随着法律观念的进步而得以缓和,债权人自力救济扣押债务人财产的做法成为主流,流质(forfeit)成为之后制度的主要特征。[3] 但担保制度的人身性特征仍然保留:及至法兰克时代,若债务人和债权人之间有缔结确保债的履行之契约,债务人往往将草茎、木棒之类交付于债权人,象征债务人之身体及一切财产都将成为质物;若债务人不履行,则债权人有权扣押其财产,若财产价值不抵债的价值,则拘禁其身体。[4] 随着法院组织的出现,裁判上的扣押制度也出现了:“扣押物于扣押时即交付于债权人,债权人即时取得扣押物所有权”。[5]

因为早期日耳曼人不像罗马人已经构筑物的所有权和占有相分离的技术,所以当时的唯一物的担保形式是所谓的“所有质”(Eigentumspfand),实际上是一种附条件的所有权让与。[6] 这种权利的设立,可能是在部落大会或者审判大会之前,面对部落全体成员,举行意味着所有权让与的“占有让与程式”(Auflassung),并对当事人双方达成的让与合意附加解除条件:如果债务到期而债务人不能偿付,解除条件不成就,担保契约继续有效,债权人对担保物的占有变成绝对的,债务人丧失物的占有和所有;若债务人按期清偿,则解除条件成就,担保契约解除,债权人丧失继续占有担保物的合法性

〔1〕 参见由嵘:《日耳曼法简介》,法律出版社1987年版,第63-64页。
〔2〕 李秀清:《日耳曼法研究》,商务印书馆2005年版,第282页。
〔3〕 See John H. Wigmore, *The Pledge-Idea: A Study in Comparative Legal Ideas*(*I*), Harvard Law Review, Vol. 10, 6: p. 321-326(1897).
〔4〕 参见李宜琛:《日耳曼法概说》,中国政法大学出版社2002年版,第120页。
〔5〕 李秀清:《日耳曼法研究》,商务印书馆2005年版,第282页。
〔6〕 参见李宜琛:《日耳曼法概说》,中国政法大学出版社2002年版,第143-144页。

基础,债务人有权要求债权人返还担保物。[1]

与罗马人的观念不同,日耳曼人将物的担保视为对债务的提前清偿——债权人取得担保物之所有权和占有(seisin),并且至少能在盗窃和遗失的情况下将之取回,可以自由使用担保物并取得收益。若担保物遗失或者毁损,债权人承担全部责任,而不论是意外事故所致还是当事人过失造成。[2] 换言之,这种制度看起来更像是罗马法中的信托质制度,债权人在法律关系中的地位类似于买受人。

(三)非所有权移转型物的担保制度的沉寂

法国年鉴历史学派的代表人物菲利浦·阿利埃斯等人在总结公元5世纪的历史状况时说:"从宫廷到最低层的官僚机构,从乡村到城市,从教会机构到职业机构,私人化的个人登上了历史舞台的中心。财富变成了个人的东西,个人则努力寻求将住宅的每件事物变成私有的。"[3] 这一判断值得商榷。虽然"庄园"式的土地制度最终取代了早期日耳曼人的"马尔克"村社制度,但它是在公元9世纪左右才成为主流的。[4] "马尔克"村社制度在公元

---

〔1〕 See John H. Wigmore, *The Pledge-Idea: A Study in Comparative Legal Ideas(I)*, Harvard Law Review, Vol. 10, 6: p. 321-326(1897).

〔2〕 最初,债权人是对担保物的毁损和灭失承担全部责任的。后来这种责任受到了限制——西哥特法律规定,如果出质人已交出质押物,以作为某项债务的保证,假如质押物被盗,质权人并不承担责任,而是由出质人自己承担损失;此外,勃艮第法律规定,作为债务人的保证人所提供的质押物若被拿走或毁损,债务人应该承担赔偿责任。李秀清教授的论断,即"因质权人导致或偶然事件致使质押物毁损灭失的,质权人承担责任,但因遭盗窃等他人的人为原因而使质押物受损的,质权人不承担责任",应该是日耳曼法中动产质押发展到第二个阶段时的特征。参见李宜琛:《日耳曼法概说》,中国政法大学出版社2002年版,第284页。

〔3〕 [法]菲利浦·阿利埃斯、乔治·杜比主编:《私人生活史Ⅰ:古代人的私生活——从古罗马到拜占庭》,李群等译,北方文艺出版社2007年版,第391页。

〔4〕 "庄园",是中世纪时代的土地管理单位,是构成一个所有权兼行政权的单位的大地产,是社会结构中主要的和正规的组织细胞。参见[美]汤普逊:《中世纪经济社会史》(下册),耿淡如译,商务印书馆1997年版,第359-360页。

5世纪仍然是主流土地制度。[1] 如同上文所述,它是一种住户的联合体,实行共同所有制,其制度核心不是物品归谁所有,而是物品使用权的分配。以部落为单位进入罗马帝国境内的日耳曼人,按照自己的习俗分配和经营土地,保留了其村社制度及村社中的习俗和制度。[2] 亨利·梅因认为,日耳曼人的财产习惯几乎成了中世纪欧洲土地所有权的主要特点。[3] 这样一来,所有的土地都归村社所有,土地的私有化,在公元5—6世纪的法兰克社会是不可能发生的。[4]

到了8世纪以后,封建封臣关系逐渐成为主要的社会关系。这种关系的形成有两个重要的背景:[5]第一个背景,是罗马的财产权制度的引入。当时社会动荡且战争不断,造成生活资料紧缺,物价飞涨,小地主不得不将其耕地出售给大地主,以获取必要生活资料,并免受日耳曼人蹂躏。[6] 而大地主则乐见自己产业的壮大。当时人口缩减的社会现实,使大地主不但愿意收容小地主,并且还要招纳佃农来耕种他们的土地。[7] 这就造成了大地主和小地主、佃农之间经济上的依附关系。第二个背景,是当时日耳曼人的

---

[1] 恩格斯在《马尔克》中提及,马尔克制度在"民族大迁徙"以后不久就开始崩溃了。参见[德]弗·恩格斯:《论日耳曼人的古代历史》,载中共中央马克思恩格斯列宁斯大林著作编译局编译:《马克思恩格斯全集》(第19卷),人民出版社2002年版,第362页。但在《法兰克时代》中将马尔克制度的存续时间延长到中世纪末。参见弗·恩格斯书第539页。

[2] 参见王亚平:《西欧法律演变的社会根源》,人民出版社2009年版,第41页。

[3] 参见[英]亨利·梅因:《古代法》,沈景一译,商务印书馆1996年版,第167页。

[4] 在法兰克王国中,国王是除教会外最大的地主,附庸们的封地在某种意义上仍然属于国王所有,附庸们的"所有权"不过是占有和收益权,而不包括处分权。参见[美]汤普逊:《中世纪经济社会史》(下册),耿淡如译,商务印书馆1997年版,第256-257页。但汤普逊又说:"起初,他被迫抵押出他的土地的一部分,最后也许全部。一般来说是附近的地主或教会接受这个抵押品……当抵押的土地被取消赎回的权利时……"这段表述意味着在查理曼大帝时期,法兰克帝国时期的自由人可以自由处分其土地。参见汤普逊书第291页。这可能是所谓"保有地"或者"完全自由地"与"封地"之间差别导致的。

[5] 参见[美]汤普逊:《中世纪经济社会史》(下册),耿淡如译,商务印书馆1997年版,第325页。

[6] "在第五世纪中,意大利的衰败,又普遍又迅速,特别是在它的后半期……生活费用曾这样地高涨……税吏的贪婪曾变成这样地厉害……城市居民逃入乡村,以求避免这些经济压迫。货币贬值而又混乱……意大利变成了那些来自多瑙河区的日耳曼军事冒险家的掠夺物……"参见[美]汤普逊:《中世纪经济社会史》(下册),耿淡如译,商务印书馆1997年版,第147页。

[7] 参见陈衡哲:《西洋史》,辽宁教育出版社1998年版,第99页。

一种习俗。当时的日耳曼少年武士,往往会投入某位部落首领帐下,奉其为主,立誓做他的附庸或者扈从。领主须保护扈从,而扈从须服从领主的命令。这个约定是双方的,不可违反。它具有道德和宗教的性质,和罗马人的恩主—门客关系有类似之处。

这两种关系,随着日耳曼人和罗马人的混居,以及经济、社会交往的密切,混合成一个关系。〔1〕我国历史学家陈衡哲先生认为,这个混合物的产生,就是欧洲封建制度的起点。该制度的产生背景决定了它的内核:领主和附庸之间的政治上和经济上的权利义务关系。在政治上,附庸们服从领主的命令,战争时在领主的军中服役,而领主负有保护境内安全的全责。在经济上,领主将其土地分封给他的附庸,附庸又将他所得的封土再封给其小附庸;附庸以封地的产出购买马匹和武器,组建个人武装,以为领主效力。这样一来,整个社会中人与人之间的关系,就因为土地分封而建立起来,并且固定在土地上。根据耿淡如等的说法,在公元7—8世纪,法兰克王国的封建主们用各种方式迫使原有的自由农民阶层放弃其土地所有权和人身自由权,而小土地所有者往往在贫困压迫下或在附近大地主强制下,将自己的土地所有权让与大地主,并成为其农奴。〔2〕正如美国学者利维所说的:“附庸者所耕种的土地,以及所有可动产,全都属于主人”,“一个附庸所持有的一

〔1〕封建依附关系的成立要举行臣服礼,从查理曼大帝时代(公元9世纪)起还加上了宣誓效忠仪式。参见[美]泰格、利维:《法律与资本主义的兴起》,纪琨译,学林出版社1996年版,第23页。法国历史学家加亚尔为我们提供了一个“臣从仪式”的例子:1127年,封臣们宣誓效忠弗朗德勒新伯爵威廉,威廉则授予他们封地。4月7日,星期四,另外一些人向伯爵宣誓。一开始,都是按这种形式行臣服礼。伯爵问(他面前的人)是否愿意完全成为他的人,这个人便回答说:我愿意。然后把合拢的两手放到伯爵的两手中,两人互吻以表示巩固联盟。接下来,表示了敬意的臣从向伯爵进行效忠宣誓,誓词是:“我以我的信义宣誓,从现在起,我将像一个封臣对封君那样真诚无欺地效忠于威廉伯爵。”最后,这个人还要在圣徒的圣物上宣誓。这时伯爵用手持的权杖,向所有根据这种盟约向他宣誓效忠和致敬的人授予封地,然后众人一起宣誓。参见[法]德尼兹·加亚尔等:《欧洲史》,蔡鸿滨、桂裕芳译,人民出版社2010年版,第187页。另可参见陈衡哲:《西洋史》,辽宁教育出版社1998年版,第190页。

〔2〕参见耿淡如等译注:《世界中世纪史原始资料选辑》,天津人民出版社1959年版,第1页。

切财物及享用权，全都被约束在对封建领主的忠诚关系之中”。[1] 这样的社会体制下，不动产担保的存在有意义吗？

当然，这个结论并非绝对。至少在公元7—8世纪，作为大地主侵占自由人田产的工具，不动产担保制度还是有存在价值的。根据汤普逊的说法，庄园制度时代，在欧洲的若干部分，例如萨克森和多斯加纳等地，仍然有着相当数量的自由人，他们保有自己的土地，并被豁免了一切封建徭役，相应地，他们也不能受到领主的保护。[2] 当时人们使用的不动产担保交易形式，很可能就是所谓“古质”（Altere Satzung）制度的萌芽。[3] 十分幸运，耿淡如等为我们提供了一份当时的“抵当文书”，摘录如下[4]：

> 我，某某立抵当文书于某某仁兄：
>
> 依照我的请求，你表示同意给我使用你的某某东西若干年，并且你已经照办。同时，为了这种使用，我把我在某某地方叫作某某的小场所——我的财产，依下列条件全部抵押于你：当规定年限满期，而你已从所说的土地上收取若干次收获时，我将向你付讫所说的债款，并从你手里取回我的东西和担保品。倘使我有所疏忽或延迟［付款］，我必须加倍归还欠你的债款。

这份文书是法兰克王国遗留下来的一个“程式”，不仅有双方合意的表达，并且包含了债的发生原因、债的标的、债的履行时间和债的担保等内容。最重要的是，它说明了当时不动产抵押的手续和条件。单从此文书来看，它与罗马人的非所有权移转型物的担保制度没有什么不同：以主债的存在为先决条件，债务人以自己有处分权的土地为担保物，债权人有权收取土地的

---

[1] 参见［美］泰格、利维：《法律与资本主义的兴起》，纪琨译，学林出版社1996年版，第24页、第37页。

[2] 参见［美］汤普逊：《中世纪经济社会史》（下册），耿淡如译，商务印书馆1997年版，第390页。

[3] 对古质的具体描述，参见黄家镇：《德国流通式不动产担保物权制度研究》，法律出版社2010年版，第14–16页。

[4] 参见耿淡如等译注：《世界中世纪史原始资料选辑》，天津人民出版社1959年版，第3页。

孳息(这类似于罗马人的典质制度),主债到期且债务人完全履行后,债务人有权要求债权人返还作为担保物的土地。它也有不同于罗马规则的地方:担保物的孳息并不能抵充本金。[1] 至于能否抵充利息,则没有说明。关于债务人不履行的后果,该文本也没有说明。

有学者提出,在法兰克时代,将土地作为担保标的的做法可能是以下原因导致的:[2]首先,对不履行债务人的执行程序之严厉性,使债务人会毫不犹豫地使用一切手段来摆脱债务,包括出让土地的用益权甚至所有权。其次,加洛林(Carolingians)王朝时期,如果债务人不履行对公债务,则扣押债务人土地,这被称为 missio in bannum。债务人有一年零一天的时间来补救未履行的债,譬如提供新的保证人。如果期限超过,则债务人的财产就变成国王的。这些制度间接地达到了不动产担保的目的。

此外,虽然 10 世纪的意大利已经有了城市生活,但中世纪早期的欧洲经济几乎全部是以农业为基础的。当时"道路不良,安全难保,通行税使所有的运输遭受麻烦",而庄园自给自足的特性又使产品匮乏,所以当时是不存在什么商业贸易的。[3] 不仅如此,因为当时除了土地上所提供的东西外没有什么商品,而附庸们的报酬都以土地来结算,所以货币根本没有存在的意义,以物易物成为主流做法。[4] 所以,现代法意义上的动产担保,在当时就没有制定法律进行规制的价值。

---

〔1〕 参见甘绍夫、韦赫斯特:《中世纪全盛时期的农业社会·法国、低地国家和西班牙》,载[英]M. M. 波斯坦主编:《剑桥欧洲经济史》(第 1 卷),王春法等译,经济科学出版社 2002 年版,第 264 页。根据部分历史学家的看法,这种抵押制度主要被教会用来侵占世俗土地。至于世俗社会中的土地移转情况,流传下来的记录非常少。参见[英]菲利普·琼斯:《中世纪全盛时期的农业社会·意大利》,载[英]M. M. 波斯坦主编:《剑桥欧洲经济史》(第 1 卷),王春法等译,经济科学出版社 2002 年版,第 346 页。

〔2〕 See Jean Brissaud, *History of French Private Law*, Translated by Rapelje Howell, Little, Brown, and Company, 1912, p. 423.

〔3〕 参见[美]汤普逊:《中世纪经济社会史》(下册),耿淡如译,商务印书馆 1997 年版,第 328 页。

〔4〕 "……公元 800 年左右的西欧地图,最占优势的就是封建庄园社会。贸易已衰弱到只有稀少的奢侈品交易……商业主要是地方性的……",参见[美]泰格、利维:《法律与资本主义的兴起》,纪琨译,学林出版社 1996 年版,第 273 页。

二、封建财产制度对非所有权移转型物的担保制度的影响(10—15 世纪)

“中世纪”和“封建主义”两个名词往往被关联在一起。“中世纪”是欧洲人在 17 世纪新创的词,用来表示古典希腊、罗马与 17 世纪之间的时期,一般认为始于日耳曼民族占领罗马,亦即公元 476 年。[1] 而“封建主义”所代表的人与人之间的关系形式,是一种政治极度分权的制度,虽然种子“远伏于日耳曼民族入寇西罗马帝国之时”,但其鼎盛于 11—12 世纪。[2] 在这个历史阶段,封建制度所造成的独特的人与人的关系,对所有权制度造成了重大的影响,并进一步影响了非所有权移转型物的担保制度之发展。按照研究者的观点,中世纪的民法可分为三个阶段:初期是从公元 5 世纪到公元 9 世纪,日耳曼各部落在罗马的废墟上建立新的国家;中期是 10—12 世纪,封建君主以武力维持社会的稳定;晚期是 13—15 世纪,城市和商业复兴,文艺复兴开始。[3] 但从非所有权移转型物的担保制度来看,则可以按照社会背景和财产制度的变化,将之区分为沉寂阶段和复兴阶段。上文已就沉寂阶段进行了阐释,下面讨论复兴阶段。

(一)早期日耳曼法和罗马法的冲突与融合

在日耳曼民族进入罗马帝国并建立国家的过程中,日耳曼法和罗马法开始碰撞和融合,罗马式的非所有权移转型物的担保制度有了新的变化。

首先,因为日耳曼人特殊的物的分类方式,不动产和动产的区分成为物的担保方式的区别标准。不动产作为具有政治和经济象征的特殊财产,成为不适格的担保标的;而动产则因为所有权和占有无法分割,使所有权移转型担保制度成为当时的主要交易形式。因此,在西欧大部分的区域都禁止

---

〔1〕 另有说法为公元 600—1500 年。参见[美]罗伯特 · E. 勒纳等:《西方文明史》,王觉非等译,中国青年出版社 2003 年版,第 233 页。

〔2〕 参见[法]德尼兹 · 加亚尔等:《欧洲史》,蔡鸿滨、桂裕芳译,人民出版社 2010 年版,第 187 页。另可参见陈衡哲:《西洋史》,辽宁教育出版社 1998 年版,第 93-94 页。

〔3〕 参见陈华彬:《民法总论》,中国法制出版社 2010 年版,第 104 页。

了罗马式的非所有权移转型物的担保的使用，只有在意大利部分地区以及法国南部少量罗马传统浓重的地区，仍然使用无须移转所有权的交易形式。[1]

其次，因为日耳曼法的形式性和现实性特征，日耳曼式动产质的成立，以债权人公开取得确定之质物之占有为要件。[2] 有研究者将之总结为“没有占有就没有质押”，并认为这是古代日耳曼人只有一种被称作“Faustpfand”的担保交易形式的结果。[3] 从这点看，它类似于罗马法中的给付质押。这种通过契约缔结的担保是一种要物契约，被称为“vertragsmässige Pfandbestellung”或者“Satzung”，而债务人将担保物交给债权人的行为被称为“Wette”。[4]

随着与罗马人接触的加深，罗马法的影响开始显现。首先，物的所有权和占有、用益开始分离。这样，以将担保物的占有和用益权作为特殊的物权授予债权人为表现形式的“古质”(Ältere Satzung)就成为可能。与初始阶段的罗马法一样，这种制度仍然以占有的移转为要件，但占有的转移并不意味着所有权的移转——债务人保留所有权，而债权人则有权使用担保物并取得收益。据说这种制度发源于“部族法”时代，成熟于法兰克时代，流行于日

---

〔1〕 See Harry R. Sachse, *Purchase Money Security Interests in Common Law and the French System of Civil Law*, McGill Law Journal, Vol. 15(1):73-82(1969).

〔2〕 See Rudolf Huebner, *History of Germanic Private Law*, Translated by Francis S. Philbrick, Little, Brown, and Company, 1918, p. 440. “质押物的设定必须明确。加入在协议中只是笼统地说债务以债务人的财产作为保证，而后债务人把自己的财产卖给他人，购得此财产的人应该有权保留它。如果是在2名或3名可信的证人出席的场合提供质押物，债权人也必须当着这些出席证人的面才能取走质押物，否则必须双倍归还”。参见李秀清：《日耳曼法研究》，商务印书馆2005年版，第283页。此外，虽然部分文件显示债务人会保留担保之占有，但这并非对担保以占有移转为生效条件之规则的违背。理由是债务人是作为承租人或者佃农，经过债权人特许以债权人名义占有担保物。参见 Carlo Calisse, *A History of Italian Law*, Translated by Layton B. Register, Little, Brown, and Company, 1928, p. 738。

〔3〕 See Jean Brissaud, *History of French Private Law*, Translated by Rapelje Howell, Little, Brown, and Company, 1912, p. 584.

〔4〕 See Rudolf Huebner, *History of Germanic Private Law*, Translated by Francis S. Philbrick, Little, Brown, and Company, 1918, p. 440.

耳曼人的土地上，并主要运用于以土地为担保标的的情况中。[1] 其次，债权人不再被允许使用担保物，他的责任被限缩，其对担保物的权利也从所有权变成限制性权利——仅得占有和出售。[2] 如此一来，日耳曼法上的非所有权移转型物的担保制度逐渐成形，类似于罗马法中流质约款的“扣押”(forfeit)[3]被废除，担保债权人之权利也向罗马法靠拢，甚至于对特殊债权人适用的默示质押制度也已经建立，唯有必须将担保物之占有移交给债权人一项仍然保留。至于以动产为标的而不移转占有的制度，则始终未被法国人的日耳曼先祖接受。最后，根据学者对公元7—8世纪伦巴第王国法律的考察，当地已经开始继受罗马法中的抵押制度[4]：当地的法律规定，债务人被禁止转让他用来担保债的标的物，这表示债务人依然占有或者管控担保物。考虑当时当地的背景，似乎可以说，这是日耳曼人吸收罗马法因素的一次尝试。

此外，与罗马法中质权发生原因类似，根据李宜琛先生的表述，动产质之发生原因有三种：除依契约而设定之外，还有自力救济的扣押和司法判决的扣押两种形式。[5] 与此认识不同，法国法史学家让·布里索(Jean Brissaud)将日耳曼法中的动产质押分为“私人扣押”(private distraint/pigneratio)

---

〔1〕 该制度后来同样适用于动产。参见 Rudolf Huebner, *History of Germanic Private Law*, Translated by Francis S. Philbrick, Little, Brown, and Company, 1918, p. 377, p. 446。

〔2〕 See Jean Brissaud, *History of French Private Law*, Translated by Rapelje Howell, Little, Brown, and Company, 1912, p. 585.

〔3〕 根据《元照英美法词典》的解释，forfeit 的意思是：(1)丧失，失去。因为违约、失职〔neglect of duty〕或犯罪而失去权利、特权或财产。(2)产生责任；受惩罚。(3)地位(权利或财产)的丧失。(4)剥夺，违背被剥夺人的意思，将其财产转移给他人或由原始授予人收回。在日耳曼质权法中，它被我国学者译作“扣押”，但从其内容看，又有若债务人到期不清偿债务则债权人继续保留担保物之占有和所有的内涵，和罗马法中的流质约款类似。故笔者在本书不同部分按照上下文对其做同词不同意处理。

〔4〕 See Carlo Calisse, *A History of Italian Law*, Translated by Layton B. Register, Little, Brown, and Company, 1928, p. 739.

〔5〕 参见李宜琛：《日耳曼法概说》，中国政法大学出版社2002年版，第140-141页。

和“依法律程序的扣押”(pledge by legal process)两种。[1] 当担保合同无法履行时,适用私人扣押,系对因“私犯”(ex delicto)所生之债的自力救济。布里索认为它与罗马法中的扣押(pignoris capio)类似。最初,债权人被授权无须取得法官的许可而能径直取得债务人之动产的占有。此种占有不仅是物理上的占有,而且有所有权转移的内涵。后来,则出现必要程序因素:三次传唤、证人出席以及特定套语。若缺少上述要素,则扣押非法。这一程序之目的是提供给债权人所谓的“和解金”(composition),而债务人不能提出任何异议。法兰克时代,为了减少债权人滥用权利的可能,该规则被废除。尽管如此,因为习惯力量的强大,该制度直到封建时代仍然被运用于实践中,只不过换了一个称呼:Faustrecht。而所谓的“依法律程序的扣押”,在布里索看来,不过是私人扣押发展的完成形态,是公权力对私权力的取代,目的是防止债权人滥用权利,保护处于弱势的债务人。

(二)非所有权移转型物的担保制度复兴的历史背景

首先,封地制度的变化为不动产担保的再现提供了基础。在中世纪早期,附庸被授予的土地并非世袭的,附庸对土地的持有“要听从赐予人的好恶,至多以受赐人的终身为限”。[2] 除了继承权受限,土地转让更是不被允许的。[3] 后来,由于欧洲大陆上王权的软弱,附庸们对土地的占有从非世袭转变成可以继承,甚至可以完全自主地处分土地。[4] 公元877年,为了获

〔1〕 See Jean Brissaud, *History of French Private Law*, Translated by Rapelje Howell, Little, Brown, and Company, 1912, p. 586-594.

〔2〕 参见[英]亨利·梅因:《古代法》,沈景一译,商务印书馆1996年版,第131页。

〔3〕 例如,1136年,神圣罗马帝国皇帝在敕令中指出,许多封臣竞相封土而拒不履行义务,以致帝国召集不起军队,所以,如无封君允许,禁止出售土地。1158年,腓特烈一世颁布兰卡里亚约法,称意大利的许多大封建主抱怨封臣没有经过封君允许即出售、抵押、转移封土,重申未经封君同意不得这样做的命令。参见赵文洪:《私人财产权利体系的发展》,中国社会科学出版社1998年版,第68页。

〔4〕 参见[法]马克·布洛赫:《封建社会》(下卷),李增洪等译,商务印书馆2004年版,第471页。

得贵族的支持,国王查理二世在奎尔日颁布敕令,承认采邑完全世袭。[1] 随着封地的世袭化,大小贵族开始"在自己的领地范围内代表或占有、夺取或行使应该是国王行使的权利"。另外,战争的需要加速了土地私有化的过程:在11世纪"十字军"东征的运动中,许多贵族、骑士为准备战争装备及给养而将自己的封地抵押或者出售。[2] 当时,土地交易主要有两种方式:一种是"代替",即经封君和买卖双方同意,封地已经售出,买主即代替原封臣,履行原封臣的义务,而卖主则不再作为封君的附庸;另一种是封臣名义上将土地交回封君,再将作为自主地或者只缴纳货币地租的土地卖给买受人。需要注意的是,此时,买卖的标的仍然是土地的用益权,而非所有权。总而言之,封土逐渐成为领主的私产,土地成为可以交易的标的。[3] 以不动产为担保的制度重新有了活跃的土壤。

其次,随着中世纪盛期(公元1050—1300年)的到来,西欧的社会经济条件得到改善。这一时期,农耕技术的改进促进农业产量大幅增加,使农奴逐渐从土地上解脱出来,领主们开始以固定的租金而不是无休止的徭役来获利。[4] 获得自由的农奴开始为开放的市场生产更多的农产品;获得更多财富的领主们,生活也变得精致起来。这一切都为贸易的复兴和城镇的发展提供了必要条件,而复兴和发展又导致了对新的支付方式和商业技术的

---

〔1〕 封土世袭化在不同的地区发展不同。在法国,早在9世纪末就有人提出世袭主张,但在12世纪中期才趋于固定。德国则是在1037年由皇帝康拉德二世颁布敕令,宣布所有世俗和教会的大小封土均可由儿子、孙子或兄弟继承;1196年皇帝亨利六世再次确认这一规则。在英国,这一制度的盛行期是11—12世纪。参见赵文洪:《私人财产权利体系的发展》,中国社会科学出版社1998年版,第121页。

〔2〕 "社会状态也经历了相同的变迁……封建领主为了筹措加入十字军所需的资金,不得不把领地卖给国王……大大减少了小封地、小领地、小领主的数量……"。[法]基佐:《欧洲文明史》,程洪逵等译,商务印书馆1998年版,第144页。

〔3〕 参见王亚平:《西欧法律演变的社会根源》,人民出版社2009年版,第154页。另可参见陈华彬:《民法总论》,中国法制出版社2010年版,第115页。

〔4〕 参见[法]德尼兹·加亚尔等:《欧洲史》,蔡鸿滨、桂裕芳译,人民出版社2010年版,第197-199页、第210-211页、第230页。

需求。于是,“铸币在不用作交换媒介四个世纪后,西欧重新回返货币经济”[1]。货币的重新使用,市场的重新出现,为作为信用交易之手段的物的担保制度的活跃,提供了条件。

经济的复兴还导致市民阶层的崛起和城市的兴盛。在中世纪的社会中,“市民”是一个特殊的群体。它的形成基础是罗马帝国遗下的地中海沿岸的商业城市、11世纪以来农业革命的发展,以及被十字军东征所刺激的地中海贸易。[2] 市民在经济活动中的自主权使他们能够自由选择从事经济活动的内容和方式,并进一步导致了纯粹个人财产的产生。[3] 以远程贸易为基础的城市天然地需要大量的流动资金;而拥有了纯粹个人财产的市民,也必然需要寻找投资渠道。如此,与信贷密切相关的物的担保制度的活跃,就成了顺理成章之事。

(三)西欧中世纪法学对罗马法中非所有权移转型物的担保规则的继受

诚如莫里斯所言:“封建主义的法制在罗马法学中所占的胜利,虽历时颇久,然仅一时而已。”[4]在欧洲,直到公元13世纪,除了保留有浓重罗马色彩的意大利南部和法国南部等地区,其他地方多以日耳曼质权法为通用规则。[5] 而日耳曼法上的质权制度,明显不能满足城市经济的发展:和罗马法中物的担保制度之演进的理由一样,占有担保物将使债务人丧失质物利用的权利,造成债务人的极大不便;同时,日耳曼法的形式性要求也与商业交易的快捷、便利等要求不符。人们开始寻求更为经济易用的担保交易

---

[1] [美]罗伯特·E.勒纳等:《西方文明史》,王觉非等译,中国青年出版社2003年版,第293页。

[2] 比利时人亨利·皮雷纳在《中世纪的城市》中指出,日耳曼人的入侵并未妨害罗马帝国的商业活动。地中海上的商业繁荣逐渐为阿拉伯人破坏,并在公元9世纪到了最萧条的地步,“城市生活的最后痕迹随之消失”。但从10世纪开始,人口的增加和荒地的开垦加速了农业的发展和商业的活跃,经济开始复兴,城市在城镇和城堡的城墙周围形成。

[3] 与在中世纪的城市里,手工业者和商人的财产权是完全意义上的个人占有,不存在用益权的概念。参见王亚平:《西欧法律演变的社会根源》,人民出版社2009年版,第167页。

[4] [美]莫里斯:《法律发达史》,王学文译,中国政法大学出版社2002年版,第162页。

[5] 参见黄家镇:《德国流通式不动产担保物权制度研究》,法律出版社2010年版,第41页。

形式。罗马法就这样进入了当时人们的视线。

这是经济和文化两方面原因造成的。11 世纪后，西欧社会逐步抛弃以农业经济为基础的封建制度，具有封闭性的庄园农业市场为先进的市场经济所取代。市场经济不仅加速了土地的自由化进程，而且对信用交易方式产生迫切的需求。而封建地产的私有化同时给不动产信用交易提供了适格的标的物。在文化方面，正如维亚克尔所说，欧洲法学产生于对古代文明探究的风潮，它是通过对古典法律文献原典的重新发现和批判性阐明来达成的。〔1〕这种经济上的突破和文化上的崇古，首先发生在城市当中——罗马法经典文献中有关商业信用交易的描述，因其中蕴含的私有化精神和完备的规范，恰到好处地为商业蓬勃发展的城市提供了理论基础和行为规则。

1. 意大利地区的继受情况

在意大利，11 世纪发现的优士丁尼皇帝编纂的罗马法典的遗稿引起了北部法学家的关注，并迅速刺激了博洛尼亚大学的法学教育。正如戴东雄先生所说："当时意大利的法学家……深知以原有的日耳曼法或伦巴第民族的习惯法，尤法满足当时交易上之需要，他们又认识古典的罗马债法……创立并发展适合于时代精神与社会需要的私法体系，尤其交易上之私法。"〔2〕鉴于当时特殊的时代背景，法学家们的任务主要是对古代文献进行注释，并解决所谓的"法条疑难"，协调日耳曼法和罗马法的冲突，并将不合时代特征的东西剔除。

例如，中世纪的注释法学家们在阐释马尔西安的 pignus 和 hypotheca 仅系名称不同的观点时，发现它离当时的社会现实颇远。因此，乌尔比安关于

---

〔1〕 参见[德]弗朗茨·维亚克尔：《近代私法史》(上册)，陈爱娥等译，上海三联书店 2006 年版，第 33 页。

〔2〕 戴东雄：《中世纪意大利法学与德国的继受罗马法》，中国政法大学出版社 2003 年版，第 78 页。

质押和抵押的区别在于担保物是否移转的解释被《彼得的抗辩》[1]一书收集,并运用于实践当中。[2] 不仅如此,当时被法学研究者广泛运用的另一本工具书《法学辞书》[3],进一步发展了乌尔比安的理论:质押是将可以移动的物(譬如书或者其他动产)移转给债权人的担保方式;抵押是以 vadium 为目的而进行的质押或者对债的补充,一般适用于不动产,例如土地或者其他类似物。[4]

基于这个表述可以发现,注释法学家们用来区分质押和抵押的通用标准,不是物本身的属性,而是物之占有是否进行移转,这种移转是当事人的自由意志决定的。事实上,当时的主流观点认为,构成担保物的财产属性——动产或者不动产,对于两种物的担保形式之成立的影响是趋于零的:以不动产为担保物,移转其占有到债权人的手中,可以构成一项质押;而不移转动产的占有给债权人,同样可以构成一项抵押。但是有例外:意大利法学家布西(Bussi)在其作品《共同法中私法原则的形成》(La formazione dei dogmi del diritto privato nel diritto comune)中援引了一段对格列高利九世(Gregory Ⅸ)教令集中一个片段的注释,这个注释表明了一旦判决确认了质

---

〔1〕 Exceptiones Petri,或 Exceptiones Legum Romanorum,成书于大约 12 世纪上半叶,又被译作《佩特吕抗告录》,它写作于普罗旺斯或多菲涅,或是伦巴底。参见[美]泰格、利维:《法律与资本主义的兴起》,纪琨译,学林出版社 1996 年版,第 72 页。这本书的内容安排更近似查士丁尼的法典编纂,而不是《狄奥多西法典》等西方类编纂方案。参见 Stephen L. Sass, *Medieval Roman Law: A Guide to the Sources and Literature*, Law Library Journal, 58:130-159(1965)。

〔2〕 Cfr. Adriana Campitelli, *Pegno* (*Diritto Intermedio*), in Enciclopedia del Diritto, Giuffrè, 1982, XXXII, p. 680.

〔3〕 Libellus de verbis legalibus,一本介于语法和法律之间的辞书,由 Aubert 于 1156 年发表于法国南部,包含了法律概念、格言,是一项当时法学研究者的基本工具书。参见 Ronald G. Witt, *The Two Latin Cultures and the Foundation of Renaissance Humanism in Medieval Italy*, Cambridge University Press, 2012, p. 340。

〔4〕 "pignus proprie est quod ad creditorem transit … et dicit de mobilibus rebus, ut de libro et aliis quae possunt moveri", "hypotheca" pignus vel res supposita obligationi, ut "vadium", quod prius obligatur et postea traditur … et est proprie de rebus immobilibus, ut de fundo et huiusmodi".

权的存在，那么就应该授予质权人对担保物的占有。[1]

当时的法学家还将担保权人之占有的性质进行了区分。对此，我们很幸运地在教会法学家奥斯蒂恩斯(Ostiense)[2]的著作《金注集(Summa Aurea)》中找到了相关的记载。他在"De Pignoribus"的标题下记录了早期注释法学派学者对这一问题的争论：乔瓦尼·巴夏诺(Giovanni Bassiano)认为担保权人的占有是市民法和自然法上的，罗杰里奥(Rogerio)持相反的观点，认为质权人的占有仅仅是自然法上的。皮亚琴蒂诺(Piacentino)支持后者的观点，阿佐(Azone)、阿库鲁索(Accursio)和奥多弗雷多(Odofredo)则赞同乔瓦尼的解决办法。这种区分在很大程度上决定了抵押和质押的区别。皮埃尔·德·贝勒佩尔切(Pierre de Belleperche)就认为真正区分二者的因素是"全部物上用益的交付"。[3] 意大利学者阿德里安那·坎皮泰利(Adriana Campitelli)告诉我们，这一观念的继续发展，表现为不承认要物合同可以移转担保物之占有给债权人以实现担保，并认为这一目的的达成仅需当事人的合意而已。这就导致了担保物的不同法律地位：pignus 指的是移转占有的情况，而"yhpotheca"(原文如此，疑印刷错误)指的是不移转占有而有约束力的情况。这又回到了马尔西安的观点。

诉讼程序中当事人法律地位的问题，也是当时法学家们争论的热点，特

---

[1] 原文是"cum aliquibus est adiudicata possessio non sufficit eis dare pignora, nisi corporali possessione Laetetur", corrisponde il chiarimento "cum alicui adiudicata est possessio non sufficit quod adversarius del pignus, sed mittendum est in possessionem et gaudere debt plenam et pacifica possessionem"。转引自 Bussi, *La Formazione dei Dogmi del Diritto Privato nel Diritto Commune*, CEDAM, 1937, p. 144。

[2] 也叫 Hostiensis 或者 Henricus de Segusio(or Segusia)，是 13 世纪最重要的教会法专家之一，他的体系性著作 *Summa* 完成于大约 1253 年，现代学者一般称为 *Summa Aurea*，这一名称大约是 1477 年该书于罗马再版之后出现的。Cfr. Ken Pennington, *Enrico da Susa, detto l'Ostiense* (*Hostiensis, Henricus de Segusio o Segusia*), in Dizionario biografico degli Italiani 42, Istituto della Enciclopedia Italiana, 1993, p. 758-763.

[3] Puta pignus et hypotheca differunt: pignus dicit ubi res tradita est. Sed hypotheca dicitur ubi res non est tradita。Pierre De Belleperche, *Lectura Institutionum*, Lugduni, 1536, fol. 557. 转引自 Adriana Campitelli, *Pegno* (*Diritto Intermedio*), in Enciclopedia del Diritto, Giuffrè, 1982, XXXII, p. 680。

别是对于担保物已经交付给债权人,而第三人实际占有担保物的情况。阿雷纳的雅各布(Jacopo d' Arena)认为,准塞尔维之诉适用于"ypothecas"的情况——事实上,pignus 和 hypothecam 适用的诉讼没有什么区别,都是准塞尔维之诉。[1] 实践中,注释法学派的学者们在处理问题时,并没有采用这一说法,他们依据是否交付担保物的占有,对抵押权人和质权人采取了不同的救济办法:"事实上,你可以在同意交付(traditio)物(res)时出质担保物,而当事人依据已经建立起来的法律关系处分该物;如果不愿交付物,则我们仍然可以说抵押中依然存在物的交付行为。"[2]

此外,根据意大利学者阿德里安那·坎皮泰利的说法,中世纪和文艺复兴时期的意大利城市最终超越了罗马法的规则,否认仅需合意即可建立质押和抵押关系的观点。[3] 立法者为了保护第三人的利益,规定必须在抵押物上做特别的公示:在共同法的时代,一般是在担保财产上设置醒目的标志,比如伦巴第(Lombard)的 wifa 制度;大概在 13 世纪的最后一年,威尼斯城邦的执政官埃萨米纳多(Esaminador)建立了抵押物的登记制度;在摩德纳公国(Ducato di Modena)和西西里王国(Regno delle Due Sicilie),同样的规则至少适用到 1700 年。而质权,则被限制在动产的范畴,这是因为交易的即时性,以及整个的占有都移转给了债权人。优士丁尼《法学阶梯》将质押视为要物合同之一种,而中世纪和文艺复兴时期,意大利人认为质押关系的成立要件是物的交付,似乎可以将质权的发展视为优士丁尼罗马法的回归。

---

[1] 原文是 quasi Serviana competit ad prosequendam tam pignora quam ypothecas: nec est differentia inter pignus et hypothecam quo ad actionem, quia semper agitur quasi Serviana。Cfr. Adriana Campitelli, Pegno (Diritto Intermedio), in Enciclopedia del Diritto, Giuffrè, 1982, XXXII, p. 680.

[2] Cfr. Iacopo D'arena, *Commentarii in Univnsum Ius Civile*, Lugduni, 1541, fol. 289v. 转引自 Cfr. Adriana Campitelli, Pegno (Diritto Intermedio), in Enciclopedia del Diritto, Giuffrè, 1982, XXXII, p. 680。

[3] Cfr. Adriana Campitelli, Pegno (Diritto Intermedio), in Enciclopedia del Diritto, Giuffrè, 1982, XXXII, p. 680.

2. 德意志地区的继受情况

德国在中世纪后期对罗马法的继受，是一个很复杂的问题。其在非所有权移转型物的担保制度方面，主要体现于对罗马法中抵押制度的接受和改造，亦即不移转担保物之占有的交易形式的出现。

（1）动产

中世纪晚期，德意志的大部分地区开始流行一种无须占有之移转即可生效的动产担保形式。这种被许布纳（Rudolf Huebner）称为“日耳曼式动产抵押”（Germanic hypothec of chattels）的制度源起于冰岛的斯堪的纳维亚法，盛行于德意志北部城市吕贝克，以及其他优先采用该城市法的地区。[1]在汉堡市和维斯比市，该制度只能适用于因自身性质不便自原产地或正常所在地运送到债权人处的物品，比如大桶的葡萄酒、谷物堆、库存的货物、农产品或农业设备等。其他城市则无此限制。在上文曾提及的“古质”中，债务人须在证人面前将担保物之占有以庄严的形式交付给债权人。这个过程为公示和要式行为取代。根据许布纳的说法，在1300年后，在市政登记处登记公示的做法开始出现，并最终取代交付行为，成为设立担保的必要程序。

（2）不动产

以不动产为标的设立非所有权移转型物的担保，经历了一个从债权人取得占有到债务人保留占有的过程。这种转变是对上文所说“古质”的改良：很有可能债权人以类似罗马法中“容假占有”的形式许可债务人继续占有土地或者房屋，然后以收取债务人租金的方式牟利。[2]与直接用益担保物相比，债权人可以获取更大的经济价值，享有一种期待权性质的质权占有权。但是，在债务人到期不清偿时，由于担保设定者往往可以通过“新近强

[1] See Rudolf Huebner, *History of Germanic Private Law*, Translated by Francis S. Philbrick, Little, Brown, and Company, 1918, p. 446.

[2] See Rudolf Huebner, *History of Germanic Private Law*, Translated by Francis S. Philbrick, Little, Brown, and Company, 1918, p. 379.

夺之诉”(novel disseisin)而排除债权人对土地的占有,[1]所以,具有更大经济利益的新担保形式并未受到当时债权人的喜爱。尽管如此,该制度所蕴含的新理念给受到封建制度束缚的人们提供了一种可能性——至少在理论上,解放必须移转占有的土地,从而达到债权人和债务人利益的共赢。

新担保交易形式的流行,有赖于新的法律系统的建立。蓬勃发展的城市法提供了这个条件。从12世纪起,科隆市的商人开始执行一种被称为“新质”(jungere Satzung;neuere Satzung)或者“执行质”(Fronungspfand)的制度。[2] 这种制度,是由存在于相关土地上的纯粹期待权性质的质权与司法扣押相结合,在债务人不履行时对不动产本身进行强制执行以实现债权人权利的基础上产生的。[3] 这种既允许债务人继续占有担保物,又通过强制执行手段保障债权人在债务不履行时通过担保物受偿的交易形式,很好地满足了经济发展的需求。它的设立无须土地让与程序,但必须在法庭或城市的登记簿上登记方可产生效力,由此将不动产置于债务的约束之下。[4]

德国法学家基尔克(Otto Friedrich von Gierke)评论说,新质产生后,质权的主要目的从利用占有转变为纯粹的担保,而质权同时具有了物权的效力,债权人对土地期待权性质的占有也得到了法律的承认。[5]

---

[1] See Christopher McNall, *Mortgage: English Common law*, In Katz, Stanle N. Oxford International Encyclopedia of Legal History 2, Oxford University Press, 2009, p. 188.

[2] See Rudolf Huebner, *History of Germanic Private Law*, Translated by Francis S. Philbrick, Little, Brown, and Company, 1918, p. 380.

[3] 参见黄家镇:《德国流通式不动产担保物权制度研究》,法律出版社2010年版,第48页。这种结合的具体过程,参见Rudolf Huebner, *History of Germanic Private Law*, Translated by Francis S. Philbrick, Little, Brown, and Company, 1918, p. 380。

[4] See Rudolf Huebner, *History of Germanic Private Law*, Translated by Francis S. Philbrick, Little, Brown, and Company, 1918, p. 382.

[5] 转引自黄家镇:《德国流通式不动产担保物权制度研究》,法律出版社2010年版,第48-49页。

第二节　法兰西—日耳曼式传统的形成

一、法兰西式传统的形成

法兰西式,或曰以法国法为代表的"物的担保"传统的形成,是特定历史时期的法学家采用新的方法重新编排罗马法材料的结果。在这种形成过程中起到关键性作用的,分别是让·多玛(Jean Domat,1625—1695)和波蒂埃(Robert Joseph Pothier,1699—1772)。

(一)让·多玛作品中的非所有权移转型物的担保

让·多玛是近代法国最重要的自然法学家之一,他的民法思想对《法国民法典》的影响很大。[1] 徐国栋教授在他的著作《罗马私法要论——文本与分析》一书中谈到,让·多玛的著作和《法国民法典》基于债的保障手段这一共性,在18—19世纪将"散处于各性质迥异的制度中的担保物权的诸权利类型"聚合在一起。[2]

多玛按照"自然的秩序"重新组织了罗马人的法律,为达到法律的清晰性和可理解性,他根据每个法律主体所包含的分支内容进行分类,构建了一个由"一般规定"、"债"和"继承"三部分组成的民法体系。[3] 与《法学阶梯》式的民法体系相比,多玛用"债"的概念涵盖了部分的"诉"和"物",而将"继承"从"物"中提取出来单列。多玛的"债"分四个部分:(1)关于自愿的

---

〔1〕"尽管多玛于后世法典编纂运动,尤其是《法国民法典》贡献的估量尚有疑问,但《法国民法典》首先是以18世纪法典编纂成果和波蒂埃作品为基础,当然也不能忽视多玛的间接影响,尤其是《自然秩序中的民法》的体系化方法对后世法典编纂的启发作用,波蒂埃也仿效了这一方法。"参见[德]格尔德·克莱因海尔、杨·施罗德:《九百年来德意志及欧洲法学家》,许兰等译,法律出版社2005年版,第117页。

〔2〕参见徐国栋:《罗马私法要论——文本与分析》,科学出版社2007年版,第172页。

〔3〕参见朱晓喆:《论近代民法体系建构的方法论基础——以多玛的演绎法为中心》,载《中外法学》2010年第3期。

或以协议达成的相互之债(voluntary and mutual engagements by covenants),包括合同总论、买卖合同、互易合同、租赁、借用和不定期借贷、消费借贷、寄托、合伙、嫁资、生前赠与、用益权、服务、仲裁、和解、代理、授权和委托、贸易商、行纪商、代理商和汇票、经纪人、协议的瑕疵等;(2)关于非经协议形成的债(engagements which are formed without a covenant),包括监护、保佐、无因管理、法定共有、侵权等内容;(3)关于对债进行附加的后果或对债的强化或确证的工具(the consequences which add to engagements, or which strengthen and corroborate them),包括质押、抵押、债权人的优先权、连带债务和连带债权、保证、赔偿金、诉讼费用、损害和孳息的返还、证据和推定、誓言、占有和时效等;(4)废止或消灭债的效果(the consequences which annul engage-ments),包括履行、赔偿、更新、主体变更、以物抵债、困境、取消合同和返还原物。[1] 它总体上以债的自然发展线索来编排内容,即按照债的产生、债的附加后果、债的加强、债的消灭、债的继承的先后顺序建构民法体系。

我们要谈论的非所有权移转型物的担保位于债法的第三个部分中。[2] 在对该部分进行简介时,多玛这样说:

> 第三部分将讨论附加于债或者确认债的工具,而不论债是意定的还是非意定的,本部分将包含具备此种特点的事项;譬如抵押、债权人的优先权、连带之债、保证、诉讼费用、损害。本部分将同样包括证据和推定方面的事项与誓言方面的事项,这些事项是所有债的工具……我们同样把占有和时效列入加强和强化债的手段,它们确认人们通过合同以及通过其他原因获得的权利……[3]

---

〔1〕 参见徐国栋:《罗马私法要论——文本与分析》,科学出版社 2007 年版,第 172-173 页。

〔2〕 See Jean Domat, *The Civil Law in its Natural Order Vol.* 1, trans. By William Strahan, Charles C. Little and James Brown, 1850, p. 645.

〔3〕 See Jean Domat, *The Civil Law in its Natural Order Vol.* 1, trans. By William Strahan, Charles C. Little and James Brown, 1850, p. 99-100. 译文引自徐同远:《担保物权论:体系构成与范畴变迁》,中国法制出版社 2012 年版,第 60 页。

这种体系安排的影响在 1804 年《拿破仑民法典》中清晰可见：法典第三编第 17 题规定的是质押，第 18 题规定的是优先权和抵押权，质押之前的两章是和解与民事拘留，优先权和抵押权之后是对于债务人不动产的强制执行及债权人之间分配的顺位和时效。

多玛认为，罗马人的抵押是不分动产和不动产而一体适用的，若债务人到期不履行，不论何人占有标的物，债权人均有权主张。而在当时的法国法中，“动产没有抵押追及力”（Movables have no sequel by a mortgage），若作为担保标的之动产处于第三人占有之下，则债权人不得主张之。但与优士丁尼罗马法中的做法相同，在法律意义上，质押和抵押并没有什么不同，只不过前者更多地用于将动产之占有移交给债权人的情况，而后者多用于将不动产取得之权利赋予债权人的情况。

多玛将抵押分为两种：意定抵押（conventional mortgage）和法定抵押（legal mortgage）。而产生抵押权的方式有三种：意定、法定和司法判决。与罗马法不同，多玛认为公示是意定抵押的生效要件。意定抵押根据不同的标准，又可区分为一般抵押和特定抵押，简单抵押和附优先权的抵押，明示抵押和默示抵押。

至于担保权人的权利，则主要包括以下四项：(1)当债务人到期不履行时占有并出售担保物的权利；(2)当第三人占有担保物时的追及权；(3)第一顺位债权人的优先权；(4)同一债务人所欠其他未附担保之债未还时债权人继续占有担保物的权利。

多玛基本承袭了罗马法中非所有权移转型物的担保制度的规则。比如，坚持罗马法中“可出售之物即可抵押”的原则，将生活必需品和必需的农业生产设备从担保物中排除；否认担保的独立性和不可分性，明确提出抵押是为债的担保而设的，尽管可以为附成就条件的债设立担保；可以用将来取得的物为担保标的，但就尚未缔结之债设立的担保，无效。此外，关于抵押权效力的范围，多玛认为担保效力及于依担保物属性所生或所得且不会从原物分离或改变原物性质之物；对于一物同时抵押给两个债权人的情况，坚持每个担保都是针对债务人所有财产的，若债务人财产不足以清偿所有债务，则在债务人之间按债的比例分割；坚持认为若担保物之价值不足以清偿债，债权人依然有权向债务人主张剩余部分；等等。

值得一提的是，多玛是笔者发现的第一个将“优先权”(privileges)独立为一种担保方式的学者。他区分了三种债权人：没有抵押权和优先权的债权人，有抵押权而无优先权的债权人，债有优先权的债权人。多玛认为，优先权是因债的性质而产生的，使债权人优先于其他债权人(甚至于抵押债权人)优先受偿的权利。通过他将优士丁尼法中的已婚妇女对嫁资之权利排除出优先权体系的说法，我们可以发现，多玛的优先权似乎与罗马法中的默示抵押有某些关联。

多玛的优先权有如下种类：(1)出售不动产而未收到价金者对该不动产的优先权；(2)借钱给他人购买某物者，对买来的物的优先权；(3)借钱给他人保存或修复某物者对该物之优先权；(4)借钱给他人改进、增益某物者对该物的优先权；(5)建筑师、承办者、建筑工人或技术工人对其所付出劳动或提供材料之作品的优先权；(6)运输人对其运送之物品的优先权；(7)农地出租人对土地出产物之优先权；(8)房屋出租人对承租人带入房屋之动产的优先权，此优先权同样适用于商店、仓库、谷仓及其他房屋出租人；(9)国王的优先权；(10)丧葬费用的优先权；(11)法律诉讼费用的优先权；(12)公共寄存处对所寄存物品的优先权。

(二)波蒂埃对法国传统形成的贡献

罗伯特·约瑟夫·波蒂埃是一位高产的法学家，他的著作被誉为“法典的最好评注”，而“法典编纂者也大量地借鉴了他的思想”。[1] 作为深刻影响了1804年《拿破仑民法典》的权威法学家，他在完成罗马法和习惯法的研

〔1〕 参见[英]约翰·麦克唐奈等编：《世界上最伟大的法学家》，何勤华等译，上海人民出版社2013年版，第363页。

究后，专注于民法的领域，作品从债法到家庭法，最后终于物权法。[1] 非所有权移转型物的担保在他的作品中也有一席之地——1767 年出版的《论抵押合同》(*Du Contrat de Nantissement*)。

作为法国就所有权写出专论并使用“物权”(droit réel)概念的第一人，波蒂埃清晰地区分了物权和债权，但这种区分并未成为其构建私法体系的基础，而是以所有权为把手，构建了一个松散的权利体系。[2] 在这种体系的安排下，让・多玛所打造的物的担保传统被继承，并最终影响了《拿破仑民法典》的体例顺序。

此种仅将物的担保作为确保债之工具的态度，笔者认为是以下原因造成的：

首先，在经济方面，从路易十三到路易十四，尽管法国生气勃勃，以工业化为特点的经济理论重商主义兴起，但直到 19 世纪初，欧洲仍然主要是农业国。[3] 这就决定了对信用交易的需求在当时的社会中并非那么迫切。其次，在立法指导思想方面，理性人假说和私法自治的绝对观念支配着立法者，人们不希望法律管得太多，且相信信用交易可以凭借“信任”和“诚实信用”来调整。这在法典起草委员会巴塔利斯(Jean-Etienne-Marie Portalis)就民法典草案在国会的演讲中有很好的体现：

> ……这就需要抵押法，也就是说，法律必须给与物一种可靠

---

〔1〕 根据考证，波蒂埃的罗马法研究成果是 1748 年出版的《新编优士丁尼学说汇纂》，习惯法研究成果是 1740 年发表的《奥尔良习惯法》。后来，波蒂埃的作品开始集中于民法领域：1761 年的《债权论》，1762 年的《买卖契约论》和《论撤回》，1763 年的《定金设定契约论》和《论互易合同》，1764 年的《租赁契约论》和《地租契约论》，1765 年的《论公司合同》《家畜论》，1766—1767 年的《诚信契约论》《论消费借贷》《论寄托合同》《论委任合同》《论抵押合同》《论射幸合同》《论保险合同》《论风险借贷》《论博戏》，1768 年的《夫妻财产契约论》，1769 年的《论夫妻财产共有制》，1770 年的《论亡夫遗产》，1771 年的《论居住权》和《论夫妻间的赠与》，1771—1772 年的《论占有权》和《论所有权的取得时效》。参见[英]约翰・麦克唐奈等编：《世界上最伟大的法学家》，何勤华等译，上海人民出版社 2013 年版，第 366-367 页。

〔2〕 参见唐晓晴：《拉丁法系视野下的物权概念及物权与对人权(债权)的区分》，载易继明：《私法》(第 8 辑第 2 卷)，华中科技大学出版社 2010 年版，第 93-120 页。

〔3〕 参见[法]德尼兹・加亚尔等：《欧洲史》，蔡鸿滨、桂裕芳译，人民出版社 2010 年版，第 413 页。

性……一旦管得太多，就会管得不好。一个人和另一个人商谈时，应当认真和理智；应当注意自己的利益，听取适当的信息，不疏忽有用的信息。……如果从应避免所有的罪恶和不公的观点出发，可能会导致迷途。无限制的增加形式，对国民进行成本昂贵的保护；补救办法变得比罪恶还要糟糕。……人与人之间一起商谈时，不能互相欺骗；但是，需要给予信任和诚实信用留下一定的自由空间。否则不妥当或者说不慎重的方式不仅达不到制止虚假欺骗的目的，反倒会破坏人们之间的信用。我们实际上认为我们关于这个问题最近的法律，只是通过耗费高昂的程序使整个社会事务陷入瘫痪，令所有的当事方疲惫不堪；并且损害保管抵押物的目的。我们坚信应当重返更少怀疑更加适当的制度。[1]

二、日耳曼式传统的形成

日耳曼式，或曰德国式担保物权传统，同样是学者重新组织罗马法材料的结果，只不过因为受到日耳曼因素干扰，并让步于本国社会现实，才没有构筑法国式的物的担保体系。而他物权概念的形成和潘德克顿法学以私权的分类引导的民法体系建构，是担保物权传统形成的关键性要素。

（一）他物权概念的打造

众所周知，在经过简单注释的阶段之后，运用罗马人的法学理论解决实践中的法律问题就成为评注法学派的重任。在那个时代，土地是最主要的资源和资本，农业是最重要和最基本的生产活动，所以土地经营方式以及出产物分配方式的调整就成为当时法学家们最关注的问题。由于当时的封建制度产生了变化，传统的封建土地所有权制度和私有化进程的矛盾逐渐尖锐，封臣往往在封地上行使封君的权利，于是评注法学派的学者们开始从罗

〔1〕 特隆歇等：《法国民法典开篇：法典起草委员会在国会就民法典草案的演讲》，殷喆等译，载何勤华主编：《20世纪外国民商法的变革》，法律出版社2004年版，第33-36页。

马法中寻找这种权利的依据,并根据 C. 11,62,12 中关于永佃权是一种所有权的规定,类推附庸的权利是功用所有权(dominium utile)。[1]

这种权利分类可以在萨索费拉托的巴尔托鲁(Bartolus)的体系中发现端倪——他首先区分了直接所有权、功用所有权和准所有权(quasi dominium)。其学生巴尔杜斯(Baldus)重申存在三种所有权关系:ius dominii directi、ius dominii utilis 和 ius quasi dominii。[2] 除了上述的三种所有权外,巴尔杜斯还将继承权(ius hereditatis)、役权(servitudes)和包括了质权(pignus)的抵押权(hypotheca)列入物权体系。

对后世产生直接影响的是人文主义法学派。例如,约翰内斯·阿佩尔(Johannes Apel),在区分了对物权(ius in re)和向物权(ius ad rem)的基础上,参考巴尔杜斯的做法,将前者划分为所有权(dominium)、准所有权(quasi dominium)和特殊对物权(ius in re specificum),并创造性地将质权、抵押权、留置权和役权纳入特殊对物权的范畴当中,与所有权形成对照。[3] 与阿佩尔相比,另一位法学家雨果·多诺(Hugo Donellus,1527—1591)[4]不但构筑了人、物、物的取得、物权、债的私法体系,还创造性地区分了自物权和他物权,将质权(ius pignoris)、地上权(ius superficiarium)、役权(servitus)、诚信占有人的权利(ius bona fidei possessoris)以及永佃权(ius emphyteuticum)归

---

〔1〕 See P. D. Visser, *Absoluteness of Ownership*: *The South African Common Law in Perspective*, Acta Juridica, p. 39(1985).

〔2〕 See R. Feenstra, *Dominium and Ius in Re Aliena*: *The Origins of a Civil Law Distinction*, in Birks P, New Respectives in the Roman Law Property: Essay For Barry Nicolas, Clarendon Press, 1989, p. 111-122.

〔3〕 参见金可可:《论人文主义法学中对人权与对物权的区分》,载《西南民族大学学报(人文社科版)》2005 年第 4 期。

〔4〕 根据徐国栋教授的考证,这位承前启后者涉及质权和抵押权的著作,包括在 1569 年出版了《质押与抵押论》(*De Pignoribus et hypothecis tractatus*);1584—1589 年,又写了一本《论质押与抵押》(*De pignoribus & hypothecis*)在威尼斯出版;1589 年在法兰克福出版了《关于使用权、收益权、迟延、质押等的小册子》(*Opuscula de usuris, fructibus, mora, pignoribus & c*)。参见徐国栋:《雨果·多诺是哪国人?——兼谈他对现代民法理论和人权理论之形成的贡献》,载《外国法制史研究》2007 年卷。

入对他人之物上的权利(iura in rebus alienis)这一藩篱之内,视之为对所有权的减损(dimminutio),为后世所有权、用益物权、担保物权组成的“三国式物权体系”的形成提供了进一步的理论基础。[1] 与评注法学派相比,多诺的物权体系,仍然是构建在对封建主和附庸的土地之权利的解读上。他否认所谓的“分割所有权理论”,认为永佃权仅仅具有近似于所有权的性质(dominio proximum),是以特定方式对所有权的使用(quodammodo dominus)。

至此,非所有权移转型物的担保制度中的当事人权利,被纳入他物权的范畴中,并为后来物的担保—担保物权两种传统的形成奠定了基础。

大约在15世纪,罗马法中的非所有权移转型物的担保法成为西欧(除英格兰和威尔士之外)通行的规则。[2] 这种被普遍采用的规则受到荷兰法学家约翰内斯·伏特(Johannes Voet,1647—1713)的批评,他在《潘德克吞评注》(Commentarius ad Pandectas)中提出,罗马人的担保交易规则是个迷宫般的体系。[3] 以新的思想体系批评和重构罗马法体系为出发点,16—17世纪的法学家们开始了法典化的尝试。物的担保—担保物权的传统也就在这种尝试中初见端倪。

(二)德国式的担保物权传统

日耳曼法和罗马法之间的互相纠缠构成了德国法制史的主旋律,直到《德国民法典》的颁布才落下帷幕。自诩为罗马帝国继承者的德意志帝国,“藉由优帝私法在私法学理、立法及法适用上取得支配地位,使古老的德意志私法退出此领域”[4]。这个进程中,在非所有权移转型物的担保领

---

[1] See R. Feenstra, *Dominium and Ius in Re Aliena: The Origins of a Civil Law Distinction*, in Birks P, New Respectives in the Roman Law Property: Essay For Barry Nicolas, Clarendon Press, 1989, p. 111-122.

[2] See Willem J. Zwalve, *A Labyrinth of Creditors: A Short Introduction to the History of Security Interests in Goods*, in Kieninger & Eva-Maria, Security Rights in Movable Property in European Private Law, Cambridge University Press, 2009, p. 38-53.

[3] See Willem J. Zwalve, *A Labyrinth of Creditors: A Short Introduction to the History of Security Interests in Goods*, in Kieninger & Eva-Maria, Security Rights in Movable Property in European Private Law, Cambridge University Press, 2009, p. 38-53.

[4] [德]弗朗茨·维亚克尔:《近代私法史》(上册),陈爱娥等译,上海三联书店2006年版,第105页。

域,问题的焦点集中在抵押制度上。[1]

因为罗马式的抵押无须占有的移转,也无须公开创设,所以,如果债务人有意隐瞒担保物的实际价值和负担情况,债权人的利益根本无法得到保障。为了避免这些情况的发生,债权人往往要求债务人提供一般抵押,通过将责任范围扩大到债务人现有和将来所有的所有财产上以规避风险。此外,罗马法中存在的种种具有优先性的默示抵押权,又进一步导致债权人风险的扩大。

16 世纪以来,为了适应社会经济生活的需要,德意志的法学家逐渐开始研究日耳曼法律制度和法律概念,援用日耳曼法的概念和制度,罗马法教科书也纳入了一些日耳曼法的内容。[2] 这种"罗马法的现代适用"在非所有权移转型物的担保制度方面的体现,是德意志的土地负担与罗马法抵押权在物权负担的解销权和责任范围上的联接,由此,德意志法中的独立抵押权概念、完整的物权性、形式成立主义和罗马法中的个人主义的契约思想相互结合,使德国民法中的非所有权移转型物的担保制度之发展迈入新的阶段。[3] 这在 1572 年的《萨克森选帝侯法令》,1722 年 2 月 14 日的《关于破产和抵押的法令》,以及 1783 年 12 月 20 日的《抵押法令》等立法文件中都有所体现。[4]

这种融合以德意志城市梅克伦堡的抵押权法改革最为典型。[5] 根据学者的研究,1756 年开始的七年战争和 19 世纪初的拿破仑战争摧毁了当地以农业为主的经济,并引发经济大萧条,地主阶级普遍债台高筑,陷入信用危机,由此导致大量土地被变卖或强制出售。为了减轻危机,市政当局于

---

〔1〕 See Rudolf Huebner, *History of Germanic Private Law*, Translated by Francis S. Philbrick, Little, Brown, and Company, 1918, p. 385.

〔2〕 参见谢鸿飞:《法律与历史》,北京大学出版社 2012 年版,第 113 页。

〔3〕 参见黄家镇:《德国流通式不动产担保物权制度研究》,法律出版社 2010 年版,第 43 页。

〔4〕 See Rudolf Huebner, *History of Germanic Private Law*, Translated by Francis S. Philbrick, Little, Brown, and Company, 1918, p. 385-386.

〔5〕 参见黄家镇:《德国流通式不动产担保物权制度研究》,法律出版社 2010 年版,第 48 页。

1768年、1806年和1812年三次普遍免除债务,但收效甚微。为了拯救市场,一个内容广泛的不动产信贷制度改革方案加快推进,整个东部地区的信贷制度改革也由此开始。

改革的第一步是颁布于1819年的《骑士地产抵押权法令》。该法令将登记原则、公示原则、特定原则和优先权原则明确规定为抵押权制度的基本原则,并完全废止所有的纯合意抵押权、准公示抵押权、一般抵押权、默示或法定私人抵押权等。在骑士地产抵押权的改革基本完成后,1829年颁布的《城市登记簿法令》又对城市中的不动产信贷和土地流转进行改革,将城市不动产所有权让与的生效要件规定为在城市公簿上登记。随着"土地财产的主体化、人格化","财产责任主体化"带来的"不动产债务"概念成为德意志法的不动产负担和罗马法抵押权之间的联系纽带,债权人权利纯粹由不动产物权性负担产生,而与不动产所有权人相应的对人责任则不必产生,抵押权转变为独立的物上请求权。[1]

这种将抵押权直接看作物权之一种的历史传统由此影响了大部分德语作家经典作品的体例安排——在潘德克吞式的民法体系中,抵押权(或者质权)均被安排在物权的部分,与役权、用益物权为伍。[2]

(三)担保物权传统对经典作家的影响

1. 在格老秀斯作品中的反映

作为法律科学化的标志性人物,胡果·格老秀斯(Hugo Grotius,1583—1645)是个荷兰人,半个法国人,只在德国停留了两年。[3] 他完成于1619年的《荷兰法学导论》(*The Introduction to Dutch Jurisprudence*)在欧洲私法史上产生了重要影响。笔者将格老秀斯及其作品放在这一部分,有如下几个

---

〔1〕 参见谢鸿飞:《法律与历史》,北京大学出版社2012年版,第51-52页。

〔2〕 这些潘德克吞法学家包括胡果、海瑟、普赫塔等。参见谢鸿飞:《法律与历史》,北京大学出版社2012年版,第151-156页。

〔3〕 参见[英]约翰·麦克唐奈等编:《世界上最伟大的法学家》,何勤华等译,上海人民出版社2013年版,第145-147页。

原因：一是在德国法制史上有重要位置的普芬道夫（Samuel Pufendorf，1632—1694）深受格老秀斯的影响；二是格老秀斯生活的年代刚好处于德意志继受罗马法并产生种种社会问题的时期；三是格老秀斯受多诺影响打造的主观权利体系预示了后世潘德克吞法学的形成。

在整体结构上，《荷兰法学导论》分为三卷：第一卷是“法律原理以及人的法律地位”；第二卷是“对物权”（ius in rem）；第三卷是“对人权”（ius in personam）。其中，“对物权”部分以“占有权”（ius possessionis）、“完全所有权”（ius dominium plenum）、“不完全所有权”（ius dominium minus plenum）为把手，构筑了我们熟知的近现代物权法体系，而囊括了非所有权移转型物的担保之两种形式的抵押权，就位于“不完全所有权”之中。[1]

在格老秀斯的体系中，抵押权可以通过法律设立，也可以通过当事人的合意设立。法定抵押有 11 种，分别是：收租或普查者（receiver of rents or census）在纳税财产（the tributary property）上的权利；由于筑堤、筑坝、建造水门等产生费用，对水坝、河堤、水门等的法定抵押权；为建造或修理房屋、船舶而借贷的，在房屋和船舶上享有的法定抵押权；因医疗或丧葬费用借贷，而在死者财产上产生的法定抵押权；国家对债务人的财产享有的法定抵押权；孤儿对其监护人财产的法定抵押权；出租人对承租人带入出租地的作为租金担保之财物（包括土地出产物）的法定抵押权；城镇对管理者财产的法定抵押权；船长和水手对于运上船的商人财产之法定抵押权；商人对于运送其货物的船的法定抵押权；因表见代理而受损害者对于商人之财产的法定抵押权。

意定抵押，按照格老秀斯的观点，分为特定抵押和一般抵押两种。

特定抵押（special mortgage），顾名思义，就是将标的物限定于某物上，不拘于动产或不动产。在标的物是动产的情况下，标的物之占有移转与否并不影响担保效力的产生。在移转占有的情况下，只要可以证明当事人之间

---

〔1〕 See Hugo Grotius & Charles Herbert, *The Introduction to Dutch Jurisprudence*, John Van Voorst, Paternoster Row, 1845, p. 260.

以担保为目的达成了合意,抵押即告成立。而在不移转占有的情况下,则须提供三名证人,或者一名公证人、两名证人,才可有效缔结抵押协议。当以不动产为担保标的时,当事人必须在不动产所在地的法官面前缔结协议,并将之登记在登记簿上,才能生效。需要注意的是,封建地产的抵押协议须在地方长官和诸侯的面前缔结。

与特定抵押相对,一般抵押是涉及抵押人全部财产的交易形式。在这种抵押形式中,抵押财产中的动产部分准用特定抵押的规定,不动产部分则须在国家的法官(judge of country)面前设定,不像特定抵押中必须考虑财产的所在地。它的效力以担保标的由抵押人或其继承人占有的时间为限,若第三人以有效对价(valuable consideration)取得担保标的之占有,则抵押失效;若第三人是无偿取得担保物之占有,则抵押继续有效。

在抵押标的物的限制方面,格老秀斯将城市役权和农业设备排除出去,只承认其他的物和权利(诸如个人用益权、封建权、永佃权和乡村役权等)的担保物资格,只要当事人拥有完全的所有权,或者物可以自由转让,就可成为抵押的标的。

在抵押权的顺位方面,在以不动产为标的之有效特定抵押中,在后的抵押权优于在前的抵押权;而在一般性抵押中,则适用罗马法的规则,时间在先的抵押权具有优先性。

2. 在温德沙伊德作品中的反映

德国罗马法学者约瑟夫·胡贝特·伯恩哈德·温德沙伊德(Josef Hubert Bernhard Windscheid,1817—1892)被誉为19世纪伟大的德国私法学者。这位号称“普通法时代最后一位体系论者”的伟大之处,不但在于他对《德国民法典第一草案》的影响,更在于他1862年出版的《潘德克吞教科书》(Lehrbuch des Pandektenrechts)。在这部教科书中,温德沙伊德以财产和家庭为把手,以总则、人、财产(物、债)、家庭和继承的顺序,构筑了其私法体系。可以说,这是一部以罗马法材料为肉、以潘德克吞体系为骨的作品,是“将纯洁化过的罗马法和——同样纯洁化过的——日耳曼法结合为统一的德国法”的尝试。[1]

在温氏的体系中，质权分别位于物权法和债法当中，既是他物权之一种，又与各种合同并列。这种现象的产生，似乎可以归结为罗马法的影响——温氏在书中指出，潘德克吞的法源是《国法大全》，而在优士丁尼的《法学阶梯》中，非所有权移转型物的担保在合同部分作为要物合同之一种被提及(I. 3,14,3)，在诉权部分作为对物之诉的一种被提及(I. 4,6,7)。换言之，以物本身或物上权利为标的缔结的担保协议产生债，与此同时，担保权人享有可以对抗第三人的对物诉权(I. 4,6,31)。

具体到物权法部分，排列在“永佃权和地役权”这一章后面的章节名是Pfandrecht。这个章节名，在意大利文译本中使用的是pegno，意思是“质权”。该部分目录如图1所示。

质权
- Ⅰ. 概念和性质
- Ⅱ. 质权和债的关系
- Ⅲ. 质权的客体
- Ⅳ. 质权的产生
  - A. 质权产生的一般原因
  - B. 通过合同手段产生质权
  - C. 根据审判关系产生质权
  - D. 法定质权
  - E. 既存质权的取得
- Ⅴ. 质权的内容
  - A. 以有形物为客体的质权之内容
  - B. 以无形物为客体的质权之内容
- Ⅵ. 多个质权并存
- Ⅶ. 质权的消灭

图1　《潘德克吞教科书》中的质权体系

通过这个结构图，我们可以发现，我国物权法领域的研究者们津津乐道

〔1〕参见[德]米夏埃尔·马廷内克：《伯恩哈德·温德沙伊德(1817—1892)——一位伟大的德国法学家的生平与作品》，田士永译，载郑永流主编：《法哲学与法社会学论丛》(第6卷)，中国人民大学出版社2003年版，第464页。

的,由质权、抵押权、留置权组成的担保物权,并未在温氏的理论中出现。那么,我们能否说温氏书中的 Pfandrecht 在某种意义上代表着担保物权呢?笔者认为答案是肯定的。首先,温德沙伊德在书中将 Pfandrecht 界定为"在(债务人)不履行的情况下,授予质权人取得担保物之占有并将之出售以满足债的能力",说明他的 Pfandrecht 和我们理解的"质权"或"质押"是一个意思;其次,温氏认为 Pfandrecht 是一种产生物权请求权的物的担保模式,它将"所有者的意愿扩大到了物上",是一种物权而非债权;最后,从篇章结构上来看,它是整个物权法部分唯一承担这种目的之制度,因此将之称为温氏理论中的担保物权,似乎亦无不可。[1]

此外,在质权具体规则方面,温氏坚持了罗马法的规则,并未向日耳曼法传统妥协。

---

〔1〕 Cfr. Bernardo Windscheid, *Diritto delle Pandette Volume I*, Traduzione dei Fadda C & Bensa P E, Unione Tipografico Editrice, 1930, p. 802-805.

第五章

罗马法经验的中国启示

罗马法有什么用？罗马法研究能否解决中国实际问题？古罗马人的法律经验是否能对中国法治建设起推进作用？这几乎是每一个民法研究者都会产生的疑问。这些问题可以从两个层面来回答。

首先，是否有用并非研究一门学问的前提。正如欧洲著名比较法学家罗道尔夫·萨科（Rodolfo Sacco）教授所言，科学的目的是满足人类所特有的求知欲，而该门科学所阐述知识的应用方式，既不决定对该科学的界定，也不决定它的有效性。[1] 其次，罗马法的研究确实对解决中国问题有用，这是我们当前法治环境决定的：自清末“西法东渐”以来，我们的民法制度是以大陆法系（特别是德国法族）中的相关制度为模本构建的，而大陆法系则系以罗马法为基础，通过与日耳曼普通法和教会法的竞争、融合而形成的。具体到物权领域的研究视域，去除了典权的担保物权制度甚至成了一个纯粹的舶来品，若是不对规则的形成、发展过程加以考察，知其然而不知其所以然，又谈何科学、有效地运用这一套规则呢？

秉持这个原则，让我们先考察中国传统法中固有之物的担保制度，并尝试将之与罗马法中的制度加以比较，然后看看罗马法能否对我们现在的制度建设起到有益的作用。

第一节　中国固有之非所有权移转型物的担保制度

早在西周时期的中国，以家族和宗族制度为核心的私有财产权就确立下来，而买卖交换、租赁借贷、债权债务、租佃雇佣等契约也在公元前11—公元前10世纪一并产生。[2] 私有财产制的确立和契约法的发达，必然导致债

---

〔1〕 参见［意］罗道尔夫·萨科：《比较法导论》，费安玲等译，商务印书馆2014年版，第3页。

〔2〕 参见孔庆明等编著：《中国民法史》，吉林人民出版社1996年版，第6页。

务担保规则的出现。谢在全先生评论说,“我国担保制度大抵可溯自先秦”,且其发源均与所有权的让与有关:所谓的“赘”“质”系“以动产担保即动产质为众”;而不动产担保则出现于南北朝时期的宋朝,脱胎于“贴卖”。[1]

就各种担保交易形式的性质而言,学界有不同的观点。譬如,有学者认为,由于我国古代法律始终没有抽象出“所有权”的概念,且“我国固有法律观念上不存在‘担保物权’这样一种可以与‘所有权’并行不悖的权利的概念,因此欲在他人之物上获得债的物上担保的利益,就仍然不得不通过取得物之归属的方式进行……不得不依托于‘买卖’的形式”[2]。另一种观点认为,我国固有法中的不动产担保物权,有“活卖”、“典”和“押”三种。“活卖”是附买回条件的买卖,或者附解除条件的所有权移转;而“典”和“押”则类似于日耳曼法上的“占有质”(古质)和“无占有质”(新质):前者是“债权人(应为债务人——笔者注)将其标的物之占有交于债权人,许其收债抵利,而不另付利息”,后者是“债务人指定标的物,以作担保,但须另付利息,倘约定期限已满,而债务人不能付息或还本者,须将标的物的占有交于债权人,许其收租抵利”。[3]

笔者认为,虽然我国古代始终没有产生一个专门的法学家阶层,也没有发展出复杂而精妙的法律术语体系,但是朴素的归属观念会时刻影响人们在经济交往中的行为。例如,在以不可消耗物为标的物的借贷关系中,所有和占有必定是截然分开的——前者属于出借人,后者属于借贷人。这种可能性完全可以类推到担保关系中去——担保物之所有归债务人,占有或者归债权人(占有担保),或者归债务人(非占有担保)。基于这种认知,让我们

---

〔1〕 参见谢在全:《民法物权论》,中国政法大学出版社2011年版,第626页。

〔2〕 张翔:《论典制习惯及其在成文民法上的重构》,载《法律科学(西北政法大学学报)》2008年第1期。

〔3〕 参见戴炎辉:《吾国近世抵押权论》,载郑玉波:《民法物权论文选辑》(下),台北,五南图书出版公司1984年版,第527-590页。

来看我国传统法中固有的物的担保制度是如何产生、发展,并被抛弃的。

一、汉代非所有权移转型物的担保之产生

从史料上看,严格意义上的物保制度出现在汉代。东汉许慎的《说文解字》在解释“质”字时说:“质,以物相赘”,“赘,以物质钱”,意思是债务人用物从债权人处借钱。它实际上是一种移转物之占有的担保制度,至于它是否涉及所有权的移转,有待进一步研究。除了移转占有的担保交易形式,汉代还出现了不移转占有的担保交易形式,这记录于杜佑的《通典》之中:

> 后汉钟离意为会稽郡北部督邮。有乌程男子孙常,与弟并分居,各得田十顷。并死,岁饥,常稍稍以米粟给并妻子,辄追计直作券,没取其田。并儿长大,讼常。抹史议,皆曰“孙并儿遭俄,赖常升合,长大成人,而更争讼,非顺逊也。”意独曰:“常身为父遗,当抚孤弱,是人道正义;而稍以升合,券取其田,怀挟奸路,贪利忘义。并妻子虽以田与常,困迫之至,非私家也。请夺常田,畀并妻子。”众议为允。

这段话告诉我们,债权人借贷粮食给债务人,并“计直作券”,以田产为担保物,债务人不清偿债务,则债权人“没取其田”。[1] 这说明,至少在东汉时期,以财产作为抵押担保借贷的情况已经得到了法律的认可。

二、唐代的非所有权移转型物的担保制度

物保的发展有赖于民间经济的繁盛。随着西晋王朝的灭亡,当时中国的经济重心开始向南方转移,而物保也随着南方经济的昌盛而进一步发展:五代时,为了保护典权和质权,官府颁行了专门法令,规定典、质物业必须用官制契本,并有税务司的验印。[2]

---

〔1〕 参见刘志刚:《宋代债权担保制度研究》,河北大学2008年博士学位论文,第20页。
〔2〕 参见孔庆明等编著:《中国民法史》,吉林人民出版社1996年版,第249页。

根据郭建教授的研究,三国两晋南北朝以及隋唐时期的史籍中广泛使用"质"作为提供财物或人身为债务担保行为的总称,而以收取质押财物放债取息的营业性机构,也被称为"质库"。[1] 到了唐高宗时期,民间为了避皇帝名的音讳,逐渐开始用"典"来表示"质"这种交易。[2] 研究宋代债权担保制度的刘志刚博士也称,魏晋南北朝时期逐渐出现了"典权"的萌芽:出现于南朝寺院的"长生库",就是中国后世林立大街小巷的典当行的最原初的形态;不仅如此,当时"就债务人的某项财产设定抵押权的抵押担保方式……已经很类似现代民法中的抵押担保了",且南北朝时期的一些"巧取豪夺"的例子中就有现代民法中抵押担保的初级形态。[3]

鉴于材料的匮乏和时间因素,也便于与优士丁尼时期罗马人的法学成就相比较,我们先来考察唐代的物保交易规则。当时已出现了移转占有和不移转占有两种交易形式:"贴"、"典卖"、"质押"和"典当"都是移转占有的;"抵押"在唐宋时有"指名质举"之说,又称"指产""指当""按指""抬押""胎借"等,都是不移转占有的,多以不动产为标的。[4] 就前者而言,敦煌出土文献为我们提供了这方面的实例:

> 癸未年五月十六日平康乡彭顺子乏少粮用,遂于高通子便麦两硕,至秋四[硕],便粟两硕,至秋肆硕。只典紫罗郡一要。若身东西不在,一仰口承人妻张二侄子面取□□交纳。恐为无凭,立此文书。[5]

从这个契约来看,彭顺子从高通子处借了"两硕"麦和"两硕"粟,以"紫罗郡"为担保物。根据南开大学岳纯之先生的解释,上文中的"只典"意味着担保物的占有"由借贷人转到贷与人的实际管理之下"。若这个解释为

---

[1] 参见郭建:《中国财产法史稿》,中国政法大学出版社 2005 年版,第 77 页。
[2] 参见郭建:《中国财产法史稿》,中国政法大学出版社 2005 年版,第 79 页,脚注 1。
[3] 参见刘志刚:《宋代债权担保制度研究》,河北大学 2008 年博士学位论文,第 25-27 页。
[4] 参见孔庆明等编著:《中国民法史》,吉林人民出版社 1996 年版,第 249 页、第 259 页。
[5] 中国科学院历史研究所资料室编:《敦煌资料》(第 1 辑),中华书局 1961 年版,第 367 页。

真,则这个契约所蕴含的担保交易形式仅移转担保物之占有,而不涉及所有权问题。

除了移转占有的担保外,还有不移转占有的,比如《唐孙玄参佃马寺菜园契》:

马寺菜园壹亩。东贯敏、西斯越麻园、南道、北王伯子

孙玄参于马寺徒众边租取□□青麦拾斛,粟拾斛。如取麦、粟□□掣家资、车牛、杂物平充麦直。□□拾束与寺家;秋菜一哇,从南□□入孙,一分与寺家。收秋,与介壹佰束,每日□□一哇,子仰寺知当。其园税子,两家共知。限,如限未满,改租别人者,罚钱参拾仟入孙。园内修理蔬菜不如法,任改租别人。如园内□□水罚仰佃人。诸渠杂役仰佃人。两主和同立此契。□□本,各执一本为记。

园主(下空)

冯卓慧教授认为,这是一份租赁菜园的契约:菜园主为寺庙;租佃人为孙玄参;租种标的为菜园一亩;租金为实物,青麦拾斛,粟拾斛;交纳租金的担保为家资、车、牛、杂物,当租佃人孙玄参无法交付租金时,园主方可以强制拿走孙玄参的家产、车牛、杂物用来充当租园的麦价;且"契约条文明确园主对该担保物的质权"。[1]

这个契约与罗马法中的萨尔维尤斯令状颇有相似之处:两者都涉及农地租赁中的地租担保,都是以承租人的财产为担保物。两者最大的不同,在于担保财产的范围:萨尔维尤斯令状将担保财产限定为承租人带入承租地的物品,而上述契约则将担保财产扩大到承租人所拥有的所有财产上。这种差别的产生,可能是因为两个社会中佃农对地主的依附程度的不同。

除了纯粹以动产为抵押的担保外,还有动产、不动产混合抵押的:

---

〔1〕 参见冯卓慧:《唐代民事法律制度研究:帛书、敦煌文献及律令所见》,商务印书馆2014年版,第58页。

乾封元年四月廿六日,崇化乡郑海石于左憧熹边举取银钱拾文,月别生利钱壹文半。到左须钱之日,嗦(索)即须还。若郑延引不还左钱,任左牵掣郑家资杂物、口分田园,用充钱子本直取。所掣之物,壹不生庸。公私债负停征,此物不在停限。若郑身东西不在,一仰妻儿及收后保人替偿。官有政法,人从私契。两和立契,画指为信。

钱主左

举钱郑海石(指押)

保人宁大乡张海还(指押)

保人崇化乡张欢相(指押)

知见人张欢德(指押)

这是一个同时附物保和人保的计息借款契约:债务人自债权人处借钱"拾文",月利"壹文半",还款日以债权人左主张债权之日起算,以债务人家中的"家资杂物、口分田园"为担保物,另有保证人两名。从契约文本来看,担保物仍然由债务人管控,只有在债务人不能清偿到期债务时,债权人方能取得担保物。如此看来,它实际上是一个非所有权移转型物的担保中非占有移转的交易形式。此外,这个契约文本还告诉我们以不动产("口分田园")为担保标的的可能。

三、明清的非所有权移转型物的担保制度

非所有权移转型物的担保制度在我国历史上似乎经历了一次肯定—否定—肯定的螺旋式上升过程。这其中的否定阶段,应该是明代。明代的《大明律》仅规定了"典"这种担保制度。《户律·田宅门》规定:"盖以田宅与人而取其财曰典,以田宅与人而取其财曰卖,典可赎也,而卖不可赎也。"这个规定实际上是附解除条件的所有权让与。

清承明制,清代的立法者在确认典是以担保为目的之附回赎条件的买

卖契约的同时,又再次肯定了非所有权移转型物的担保制度。当时,移转占有的担保交易,或曰以物作质,一般需要立契,称为“当契”。根据《清律·户律·钱债门》的规定,收当人占有质物,并按月收取利息,在出当人不履行债务时,可将当物变卖并优先受偿;出当人可取得当价,并可按期回赎当物;若当物损毁,则根据损毁原因做不同处理。[1] 特别需要注意的是,自由人在晚清民间依然可以成为质押标的物,家主不仅可以出质奴婢,还可以将处于其权利下的家子出质。[2]

不移转占有的担保交易,同样需要订立书面契约,称为“押契”。孔庆明先生主编的《中国民法史》记录了一份咸丰四年的押契文书,转录如下:

> 立会券潘伟士,今会到警记名下净光洋九十四元整,言定正月底归还,按月一分二厘行息。恐口无凭,立此存据。
>
> 立会券 潘伟士
>
> 咸丰四年十二月三十日立
>
> 另将服字一千零八十号,士名屯溪中街屋契一纸附押,订期正月底一并归还。如过期不还,即将此契换当契。恐口无凭,立此存照。又批

从形式上看,与上文所列唐代的契约文本相比较,担保契约在清代已经成为一种独立的合同形式,而不再是借贷契约的一部分。从内容上看,借款人以房契作为担保向贷款人借款,如不能按期还款,抵押就会变成典当。孔庆明教授认为这意味着债权人可以低价典卖债务人的房屋。而在笔者看来,这应该是流质约款在近代中国司法实践中的具体运用。

---

〔1〕 参见孔庆明等编著:《中国民法史》,吉林人民出版社1996年版,第606-607页。

〔2〕 参见孔庆明等编著:《中国民法史》,吉林人民出版社1996年版,第607页。

第二节　当前中国担保物权传统的形成和确立

我国现行担保物权制度,并非自中国固有之物的担保制度演进而来,实为继受大陆法系相关制度的结果。1840 年以后,外国资本主义经济侵略的深入,破坏了中国悠久的占统治地位的自然经济,资本主义性质的官办和民族工商企业已经在社会经济生活中占有一定的比重,商业性的借贷担保交易层出不穷,这些都成为构建新的物的担保制度的理由。

一、《大清民律草案》对日耳曼制度的引入

《大清民律草案》(下称"一草")〔1〕于 1907 年起草,1911 年完成,后来被称为"第一次民法草案"。从形式上看,它的担保物权部分与 1900 年《德国民法典》担保物权部分几近一致。这是由立法主导思想和实际操作者的身份背景两个方面决定的:首先,当时的立法者秉持着"原本后出最精确之法理"的原则,以 1900 年《德国民法典》〔2〕为蓝本起草了整部法典。〔3〕其次,"一草"的物权部分是由日本学者完成的。根据学者的解释,日本的法和法学家在清末立法中起到了重要作用,而当时的日本法学家多留学德国或者受过德国法教育,且日本近代立法差不多完全仿照德国法,这就使"日本法学家或法律家参与中国晚清的立法活动,实际是使中国间接地继受着民法传统中的德国法"〔4〕。

---

〔1〕条文皆引自杨立新先生点校的《大清民律草案·民国民律草案》,吉林人民出版社 2002 年版。

〔2〕本文所用的 1900 年《德国民法典》的版本是 1907 年出版于伦敦的 The German Civil Code,由王宠惠先生翻译。

〔3〕参见张晋藩主编:《中国法制史》,中国政法大学出版社 2002 年版,第 317 页。

〔4〕江平、米健:《论民法传统与当代中国法律》(下),载《政法论坛》1993 年第 3 期。

那么所谓的日耳曼制度，或曰德国法上的担保物权制度是什么样的呢？纵览 1900 年《德国民法典》，可用图 2 加以概括：

- 担保物权
  - 不动产担保物权
    - 流动抵押
      - 证券抵押
      - 登记抵押
    - 保全抵押
      - 普通保全抵押
      - 指示抵押与无记名抵押
      - 最高额抵押
    - 土地债务
      - 证券土地债务
      - 登记土地债务
    - 定期金土地债务
      - 证券定期金土地债务
      - 登记定期金土地债务
  - 动产担保物权
    - 动产质权
    - 权利质权

图 2　1900 年《德国民法典》中的担保物权制度

考察“一草”的条文，可以得出该草案对德国担保物权法的借鉴有且不限于以下五处：

第一，在体例安排上，将为确保债的履行、将物的交换价值归属于权利人的制度安排在物权编中，处于地役权和占有两章之间。

第二，规定了四种担保物权的形式：抵押权、土地债务、不动产质权及动产质权，而将留置权、先取特权排除在担保物权之外。

第三，草案抵押权部分所引入的日耳曼因素，首推《德国民法典》中的物权行为理论：根据“一草”第 979 条规定，依法律行为而有不动产物权之得丧及变更者，非经登记，不生效力。据此，“一草”规定了不动产物权因登记涂销而消灭、因标的物灭失而消灭、因除斥期间而消灭，却没有规定因债权消灭而消灭；动产质权的设立，也以质物交付于债权人而生效力。此外，在抵押权顺位方面，“一草”采纳了德国法中的“顺位确定主义”（或曰次序固定主义），规定先抵押权之消灭，与后抵押权之次序无涉。（“一草”第 1144 条）

第四,“一草”第1183—1194条规定了土地债务。有学者指出,土地债务一节的规定明显是仿照1900年《德国民法典》土地债务和定期金土地债务两节的规定。〔1〕细查两者的规定,除《德国民法典》第1197条“所有权人不得为自己的利益申请对土地的强制执行”之外,其他规定如出一辙。

第五,“一草”第1209—1260条规定了动产质权。其第1210条规定了动产质权的生效要件:动产质权之设定,因将质物交付于债权人而生效力。这与《德国民法典》第1205条的规定类似,而未采用类似于法国民法的登记生效主义(《拿破仑民法典》第2074—2075条)。

当然,“一草”除了引入大量德国法要素之外,同样借鉴了不少法国法的内容。比如,采用了不动产质权的担保形式(《拿破仑民法典》第17章第2节,对应“一草”物权编第6章第4节);对于抵押权的设立,采用了法国式的合意成立主义(《拿破仑民法典》第2117条、第2127条,对应“一草”第1136条);采用了从属性的抵押权制度(“一草”第1162条),等等。再比如,规定动产质权人欲以质物价金清偿自己债权的,须向“审判衙门声请拍卖”(“一草”第1220条),而没有采用德国式的“警告”和“任意出卖”制度(《德国民法典》第1220—1221条)。

总体看来,当时的担保物权法主要还是师从德国法。这种借鉴所引进的物权概念及构建的担保物权体系,不仅开启了中国主要继受德国民法担保物权概念与知识谱系的大门,更进一步奠定了中国编撰担保物权法的基础,影响了后来法律从业者的术语体系和思维方式。〔2〕

二、中华民国时期担保物权体系的形成

一般认为,中华民国政府成立之初对民法典的编纂,基本上继承清末未竟事业。从清末到1949年,当时政府的民法典编纂活动主要有两大成果:一

〔1〕 参见黄家镇:《德国流通式不动产担保物权制度研究》,法律出版社2010年版,第294页。

〔2〕 参见陈华彬:《中国物权法的意涵与时代特征》,载《现代法学》2012年第6期。

是 1921 年开始重新编纂,至 1925 年完成的《民国民律草案》,史称“第二次民法草案”(下称“二草”);[1]二是 1928 年开始、1929 年完成、1930 年陆续颁行的,在中国民法典编纂历史中具有重大意义的《中华民国民法典》(下称“民国民法”)。为了直观地体现“一草”、“二草”和“民国民法”中担保物权部分的变化,现将它们的结构图陈列如下(见图 3-5):

- 物权编第六章担保物权
  - 第一节　通则(第 1125—1134 条)
    - 最高额担保(第 1127 条)
    - 浮动担保之禁止(第 1135 条)
  - 第二节　抵押权(第 1135—1182 条)
  - 第三节　土地债务(第 1183—1194 条)
  - 第四节　不动产质权(第 1195—1208 条)
  - 第五节　动产质权(第 1209—1260 条)
    - 普通动产质权(第 1209-1241 条)
    - 权利质权(第 1242—1260 条)

图 3　“一草”中的担保物权

- 第三编物权
  - 第六章　抵押权(第 895—937 条)
  - 第七章　质权
    - 第一节　通则(第 938—949 条)
    - 第二节　动产质权(第 950—974 条)
    - 第三节　不动产质权(第 975—979 条)
    - 第四节　权利质(第 980—997 条)
  - 第八章　典权(第 998—1014 条)

图 4　“二草”中的担保物权

- 第三编物权
  - 第六章　抵押权(第 860—883 条)
  - 第七章　质权
    - 第一节　动产质权(第 884—899 条)
    - 第二节　权利质权(第 900—910 条)
  - 第八章　典权(第 911—927 条)
  - 第九章　留置权(第 928—939 条)

图 5　“民国民法”中的担保物权

---

[1] 参见杨鸿烈:《中国法律发达史》,上海书店出版社 1990 年版,第 1032 页。

通观图 3-图 5,可以发现它们散发着浓烈的德国法“味道”。

先来看“二草”。与“一草”相比,这个草案的担保物权部分去掉了通则和土地债务两节,加入了典权,并将抵押权、质权、典权独立为章,将权利质从动产质部分提出单列,构筑了一个抵押权、质权、典权三足鼎立的担保物权体系。虽有此变动,但两者的内容大体一致,例如“二草”第 914 条和“一草”第 1157 条、“二草”第 919 条和“一草”第 1162 条、“二草”第 920 条和“一草”第 1163 条的内容分别一致,等等。至于土地债务一章被去除的原因,“民国民法”的起草者之一黄右昌先生认为:

> 土地债务之观念,为我国自来所未有;就今日经济状况而论,效果又未必过于抵押权与质权,果有采用之必要与否,不能无疑;籍曰有之,亦不应视为担保物权之一种。盖担保物权,乃附属债权之权利,其生存消灭,以债权关系为要件,而土地债务,则为独立之负担,债权关系,不过其发生之缘由,而非其成立及存续之要件,故土地债务,与抵押权质权,就经济上之效用而言,虽同为巩固债权之用,而其法律上之性质,则大相悬殊。“一草”比而同之,立于担保物权总名之下,不可谓非失当也。第二次草案……删去土地债务,而以我国通行之典权加入,我民法之立法例,与“二草”同。〔1〕

“民国民法”的德国属性早已成为学界通识。对此,吴经熊先生说,“我们试就民法从第一条到一千二百二十五条仔细研究一遍,再和德意志及瑞士民法和债编对照一下,倒有百分之九十五是有来历的,不是照章誊录,便是改头换面”。〔2〕 梅仲协也认为:“《中华民国民法典》采德国立法例者,十之六七……”〔3〕这种属性在物的担保制度中的体现,首先是“民国民法”对担保物权性质的确认——尽管基本结构与“一草”和“二草”有些微变化,排

---

〔1〕 黄家镇:《德国流通式不动产担保物权制度研究》,法律出版社 2010 年版,第 294 页。

〔2〕 参见吴经熊:《法律哲学研究》,清华大学出版社 2005 年版,第 172 页。

〔3〕 参见梅仲协:《民法要义》,中国政法大学出版社 1998 年版,初版序。

除掉了不动产质权，并通过第870条坚持了担保物权的附属性原则，但仍然以抵押权、质权、典权和留置权建构了担保物权体系。与各国民法典进行比较，可以发现“民国民法”的担保物权体系是日本民法、德国民法、瑞士民法和中国传统固有的物的担保制度结合的产物：其在坚持担保物权从属性的同时，将之作为限制物权的一种，与用益物权并列而成“三国式物权法”；一方面将不动产质权去除掉，另一方面又把留置权和典权放进担保物权体系当中。

对此，时任“立法院”院长胡汉民1929年10月提交给“中央政治会议”审查的“十四条物权立法原则及说明”有详细的解释：当时立法者排除不动产质权的原因，在于我国传统上只有动产质权和权利质权，而“一草”“二草”中的不动产质权与法律上的典并存，会导致二者的混淆；将留置权纳入担保物权体系，则是因为“在物权法中设一般规定……且认其为独立之物权”的立法例较为合理；抵押权因时效而消灭，是为了“以重公益”；从担保物权中剔除土地债务，是因为我国习惯中没有这项制度，且从当时的经济状况来看并无规定之必要。[1]

除了担保物权体系的建构之外，“民国民法”还借鉴采用了德国物权法中的物权行为理论。[2] 这在担保物权部分的体现，主要集中在抵押权和质权的生效要件上：抵押权非经登记，不生效力；动产质权之设定，因标的物之交付，而生效力；权利质之设定，依法定之物的要素之证书交付而生效力。[3] 此外，“民国民法”规定了所有人抵押制度。这一规则并未体现在担保物权部分。该法第762条规定：同一物之所有权及其他物权，归属于一人者，其他物权因混同而消灭。但其他物权之存续，于所有人或第三人有法律上之利益者，不在此限。对此，立法理由书进行了如下说明：

---

〔1〕 参见谢振民：《中华民国立法史》，上海书店出版社1990年版，第933-944页。

〔2〕 参见孙宪忠：《中国物权法总论》，法律出版社2004年版，第305页。

〔3〕 参见史尚宽：《物权法论》，中国政法大学出版社2000年版，第270-271页、第348页。

……一物之所有权,及其他物权同归于一人时,若所有人或第三人于其物权存续有法律上之利益时,其物权不因混同而消灭,盖有时若因混同而消灭,必至害及所有人或第三人之利益。例如甲将其所有土地,先抵当与乙,乙为第一抵当人,次又抵当与丙,丙为第二抵当人,若其后甲为乙之继承人,则乙前有之第一抵当权仍旧存续,甲(此时仍为所有人)有法律上之利益。盖丙之第二抵当权,本不能得完全之清偿,若使第一抵当权消灭,则丙递升为第一抵当权人,能受完全之清偿,受其害者在甲,故第一抵当权存续,于甲有法律上之利益。

需要指出的是,“民国民法”担保物权部分在借鉴德国民法的基础上,还吸收了一些法国法的要素。比如坚持担保物权的从属性;再比如抵押权顺位方面,摒弃德国式的“顺位确定主义”,而采纳法国法中的“顺位升进主义”。[1] 至此,“是以抵押权为意定、不动产、非占有担保物权,以动产质为一定、动产、占有担保物权之近代担保物权体制,遂因此确立”[2]。

三、中华人民共和国担保物权体系的确立

1949 年,更准确地说是 1956 年社会主义三大改造完成以后,我国长期实行单一的公有制和计划经济体制,不存在真正意义上的市场,更不存在所谓的商品经济,所以也基本没有担保物权制度的存在。[3]

自 20 世纪 80 年代改革开放以来,由于商品经济的复苏,客观上产生了对旨在保障交易安全的物的担保制度的需要。1981 年《中华人民共和国经济合同法》颁布实施,该法第 19 条规定了加工承揽合同中承揽方的留置权

〔1〕 参见史尚宽:《物权法论》,中国政法大学出版社 2000 年版,第 257 页、第 282 页。

〔2〕 谢在全:《民法物权论》,中国政法大学出版社 2011 年版,第 627 页。

〔3〕 在社会主义改造之前,我国法律对土地改革后确立的私人土地所有权及典权、抵押权等其他土地物权是承认的,质权作为动产担保也是承认的。如 1951 年 1 月 23 日公布的《中国人民银行质押放款办法》,再如最高人民法院 1951 年 9 月 4 日在答复东北分院关于抵押权问题的函。参见董开军:《担保物权的基本分类及我国的立法选择》,载《法律科学》1992 年第 1 期。

问题,但未涉及其他形式的担保问题。1986年颁布的《中华人民共和国民法通则》(以下简称《民法通则》),将保证、抵押、定金和留置权等担保方式统一规定于第89条。其中,可以物的担保称之的主要是抵押和留置权。根据学者解释,该条第2项所称之抵押,实际包含了质权的内容。造成该种现象的原因,主要是因为苏联民法将抵押权和质权合二为一。此外,中国历史上质、押经常混用,虽然“民国民法”对其分别规定,但在民间日常用语中未全然分明,所以当时采取了这种做法。[1] 需要特别注意的是,这两种制度被规定在第五章“民事权利”第二节“债权”当中。

进入20世纪90年代,我国经济生活中发生了严重的“三角债”问题,企业与企业之间相互拖欠贷款及企业拖欠银行贷款严重地影响了市场经济的正常发展。[2] 为了解决这些问题,立法机构开始着手完善担保制度体系。为此,我国分别在1992年和1994年通过的《中华人民共和国海商法》(以下简称《海商法》)和《中华人民共和国城市房地产管理法》作出相关规定,确定了抵押权登记制度(《海商法》第13条)、抵押权实行的拍卖制度(《海商法》第11条)、抵押物转让需经抵押权人同意制度(《海商法》第17条)、抵押权顺位确定制度(《海商法》第19条)和抵押的附属性(《海商法》第18条)、抵押不移转标的物占有(《中华人民共和国房地产管理法》第46条)等规则和原则。

1994年1月,《担保法》开始起草,1995年6月30日通过,同年10月1日起施行。该法共有96条,包括总则、保证、抵押、质押、留置、定金和附则7章。这部法律确立了抵押、质押和留置三种物的担保方式,不但区分了抵押权和质权,更进一步规定了不动产抵押权(第34条,第42条)和最高额抵押权(第59~62条)。这部被认为奠定了我国担保物权基本格局的法律,被部

[1] 参见董开军:《担保物权的基本分类及我国的立法选择》,载《法律科学》1992年第1期。另可参见孙宪忠:《中国物权法总论》,法律出版社2004年版,第116页。

[2] 参见徐洁:《我国担保物权制度评析与展望》,载《西南民族大学学报(人文社科类版)》2004年第8期。

分学者认为对担保物权的立法定位模糊而矛盾：一方面采取《拿破仑民法典》和《苏俄民法典》不区分“人的担保”和“物的担保”的方式，将具有担保债权实现功能的担保方式集中在一起规定；另一方面却又力图把质权、抵押权和留置权塑造成深具物权特性的权利。[1] 除此之外，根据学者的总结，《担保法》“具有明显的临时性特征”，“违背法理、妨害交易安全”，是“法理研究不足、立法质量不高的样品”。[2] 这种批判的主要理由是该法在物权变动的法理方面采用了折中主义原则，受到“债权形式主义”观念的支配：把抵押权生效的登记要件，作为抵押合同的生效要件；把质权生效的要件动产的占有交付，作为质押合同的生效要件。

为了弥补不足和克服缺陷，最高人民法院在2000年出台了《关于适用〈中华人民共和国担保法〉若干问题的解释》。这部司法解释在充分考量社会经济发展的基础上，明确了担保物权存续期间问题（第12条第1款）、超值抵押的效力问题（第51条）、数个未登记的动产抵押权并存时的受偿顺序（第76条），确立了共同抵押制度（第75条）、所有人抵押制度（第77条）、动产质权和留置权的诚信取得制度（第84条，第108条），肯定了抵押权的追及效力（第67条第1款）和不可分性（第71~72条），增加了动产质权中交付占有的方式（第88条）。它被学者评价为“尽可能地对担保法的不足和错误规定进行了弥补和纠正”[3]，是“一个内容丰富翔实，论证充分到位，研究透彻明晰，指导科学全面，充满务实精神，非常振奋人心的重要司法文件”[4]。

2007年，我国担保物权制度正式由《物权法》确定下来。该法第四编为担保物权，分一般规定、抵押权、质权和留置权四章，共71条。这部被学者比

[1] 参见陈祥健主编：《担保物权研究》，中国检察出版社2004年版，第19页。
[2] 参见孙宪忠：《中国物权法总论》，法律出版社2004年版，第111页。
[3] 徐洁：《担保物权功能论》，西南政法大学2004年博士学位论文，第154页。
[4] 王闯：《理论争鸣与制度创新——关于最高法院“担保法司法解释”的若干问题》，载梁慧星：《民商法论丛》（总第19卷），金桥文化出版（香港）有限责任公司2001年版，第406页。

喻为“醇厚的鸡尾酒”的法律，被认为“借鉴并引用了最先进的现代物权制度”，比如担保物权部分的最高额抵押权和最高额质权制度，浮动抵押制度，基金份额和应收账款质押制度，应收账款质押的电子登记制度、商事留置权制度，等等。[1] 也有学者评价该法担保物权部分只不过是“东施效颦”，是对德国、日本和我国台湾地区民法的生搬硬套。[2] 无论学者怎么评价，至此，物的担保制度重新回到了自清末变法确立了的制度范式上来，抵押权、质权和留置权正式在法律上被确认为以对担保物交换价值的支配为主要内容之定限物权。

从《民法通则》的抵押、质押不分，经《担保法》《合同法》《物权法》的发展，我国在21世纪初形成了动产质押、动产抵押、所有权保留、融资租赁并存的格局。[3]

及至《民法典》制定，受世界银行营商环境评估影响，立法者欲进一步优化营商环境，完善担保物权制度，推动“担保制度的现代化”。[4] 基于这样的主导思想，《民法典》物权编以问题为导向，在保持《物权法》基本制度和基本规则不变的情况下，对担保物权制度做了必要的修订。[5] 这些修订有些较为重要，例如，《民法典》第388条第1款，在原《物权法》第172条的基础上，将担保合同的范围扩大到“其他具有担保功能的合同”，一方面扩大了担保合同的适用范围；另一方面与统一的动产和权利担保登记公示制度结合，缓和了物权法定原则，使我国担保制度“有了功能主义的色彩”。[6] 此外，《民法典》物权编还新增了担保物权统一的优先受偿顺序（第414条第2

[1] 参见刘保玉：《中国物权法的成就与不足——兼及法律移植与融合中的“鸡尾酒论”》，载《法学论坛》2008年第5期。

[2] 参见孟勤国：《东施效颦——评〈物权法〉的担保物权》，载《法学评论》2003年第3期。

[3] 参见叶金强：《现行动产担保模式之批判》，载《法学杂志》2022年第6期。

[4] 参见高圣平：《统一动产融资登记公示制度的建构》，载《环球法律评论》2017年第6期。

[5] 参见温世扬：《〈民法典〉物权编的守成、进步与缺憾》，载《法学杂志》2021年第2期。

[6] 参见王利明：《担保制度的现代化：对〈民法典〉第388条第1款的评析》，载《法学家》2021年第1期。

款),整合了动产抵押和动产浮动抵押制度(第416条),缓和了绝对的流押、流质无效规则(第401条、第428条),修正了抵押物转让规则(第406条),修订了担保物权竞存规则(第414条、第415条、第416条),把未来应收账款纳入了质押的范围(第440条),删除了《物权法》中对权利质权形式要件的重复性规定及具体的登记机构的条款,完善了权利质权制度。[1]

第三节 对当今中国担保物权制度的启示

当今中国的担保物权制度,诚如上文所述,是通过法律移植建立起来的:这一制度体系的总体框架学自德国法,具体规定则或借鉴自英美,或吸收自欧陆。这种移植归根结底是对罗马法传统的二次继承。若回到罗马法的原始材料当中,再结合当今中国实际,可以发现罗马法中的物的担保制度对当今中国有巨大的启示意义。以下仅从公共基础设施收费权和质权效力范围的扩大两个方面,进行阐释。

一、以公共基础设施收费权为客体的担保——以公路收费权为中心

在我国,以公路、桥梁、隧道和渡口的经营为依据收取相关费用,以及以电力、燃气和水的供应为依据收取相关费用的权利,统称为公共基础设施收费权。以此类收费权为客体的担保,是指经行政主管部门许可,从事公路管理、供水、供电、供气等涉及民生的公共事业经营企业,以其享有的收费权为标的,质押给银行,以获取银行贷款;届期不能清偿贷款时,贷款债权人有权将经营收费权变价,所得款项优先清偿所担保的贷款债权。[2] 在实践中,自1999年国务院发文允许公路建设项目法人用公路收费权进行质押贷

---

〔1〕 参见彭诚信:《〈民法典〉物权编的进步、局限与未来》,载《法制与社会发展》2020年第4期。

〔2〕 参见陈本寒:《新类型担保的法律定位》,载《清华法学》2014年第2期。

款以来,公路、桥梁、隧道、渡口等基础设施项目,以及学生公寓等高等学校后勤服务设施等公共基础设施的收费权成为可以质押的标的。而最高人民法院《关于适用〈中华人民共和国担保法〉若干问题的解释》第 97 条首次对这种现象作出规定,认定以公路桥梁、公路隧道或者公路渡口等收费权为担保标的的行为属于以不动产收益权出质。

这种以收费之权利作为担保取得融资的做法,在历史上早有先例。早在雅典时期,包税人通过竞标取得对某种税的征收权,代价是预付国家税金,报偿是多收的部分归己。[1] 该制度后被罗马法借鉴,并盛行欧洲多年,一直使用到近代。这实际上是以未来一段时间的税收收入做抵押,向包税商人贷款的制度。

早在我国《物权法》的制定过程中,对于公共基础设施收费权能否用于质押,就有过激烈的争论。[2] 有学者主张应当允许此类收费权作为质押客体,理由如下:首先,实践有需要,且已被司法实践所承认;其次,此类收费权在本质上属于一般债权,我国原《合同法》明确承认一般债权可以转让,没有理由禁止一般债权的质押;再次,国外立法均承认合同债权或应收账款债权质押的合法性,我国也不应例外;最后,从实践看,企业需要此类担保,金融机构也乐于接受这种担保,是否将收费权用于质押应由当事人自己决定。但反对之声也不绝于耳,理由有三:一是收费权质押缺乏有效的公示手段,交易安全和质权人本身的担保利益风险较大;二是收费权是一种变动性比较大的期待权,项目是否建成及建成后的收费情况是未知的;三是国外的制度是以良好的社会信用和完善的金融机制作为基础,而我国则不然,金融机制不健全,银行呆坏账多,立法承认收费权质押会增加金融风险。多方争议无法达成一致意见,导致颁布后的《物权法》对此问题未作明确规定。虽

---

〔1〕 参见徐国栋:《罗马的包税人——公务承包制、两合公司在古罗马》,载《吉林大学社会科学学报》2010 年第 6 期。

〔2〕 参见全国人大常委会法工委民法室编著:《物权法立法背景与观点全集》,法律出版社 2007 年版,第 628-629 页。

然立法文件回避了这一问题,但实践中该类现象层出不穷。根据王利明教授的说法:“后来全国人大法工委在给全国人大的报告中写了这样一句话,可以将收费权质押解释到应收账款质押项下。通过将收费权解释到应收账款中,进而承认其物权效力,这也成为司法实践中承认收费权质押的依据。”[1]

《民法典》编纂的过程中,曾有意见将不动产收益权作为与应收账款并列的一种权利单独规定,但该意见未被采纳。及至《民法典》颁行,收费权被作为“未来应收账款”纳入《民法典》第440条的调整范围中,事实上延续了上面的做法。

(一)实践中公共基础设施收费权担保的办理流程

以公路收费权为担保客体为例,实践中,一个完整的流程是这样的:(1)国家设立的项目法人用拟建或待建公用基础设施的收费权为担保向银行提出贷款申请;(2)银行对项目法人提交的文件进行审核;(3)若审核通过,由开发银行和出质人签订公路收费权益质押合同;(4)出质人办理质押登记手续后,将质押权证书交给银行;(5)出质人在质权人指定的机构开立唯一的收费专用账户。[2] 在这一流程中,债务人可能是国家设立的项目法人,也有可能是其他机构,项目法人作为出质人出现。[3]

债务到期后,如果债务人不能满足债权,债权人将自行从上述流程第5步所说的账户中直接划取相当于到期贷款本息数额的资金;若资金不抵债务,则直接划取此后一段时间之内收费专用账户中新增的资金,直至债权得

---

[1] 王利明:《担保物权制度的现代化与我国〈民法典〉的亮点》,载《上海政法学院学报》2021年第1期。

[2] 此处涉及的文件有:(1)省级人民政府及其职能部门批准的公路收费文件;(2)省级人民政府及其职能部门批准的公路收费权质押文件;(3)省级人民政府或国务院交通管理部门依法出具的关于公路收费站数量、站点的批文;(4)省级交通主管部门会同同级物价行政主管部门依法出具的关于公路收费标准的批文。公路收费权的收费标准、收费期限应足以满足偿还全部贷款本息的需要。参见《国家开发银行公路收费权质押贷款管理暂行办法》。

[3] 比如,在浙江省宁波市中级人民法院审理的2010浙甬商初字第4号案件中,收费权的持有者是作为为债务人提供担保的第三人出现的。

到满足。若在采取了上述措施后仍然不能清偿债务,则质权人有权依法处分公路收费权,并以所得价款优先受偿自己的到期贷款本息。其他类型的公共基础设施收费权质押的流程与此类似。

(二)收费权担保法律属性的学术观点

目前,我国学者关于以收费权为标的进行资金融通的法律性质主要有如下几种观点:

一种观点认为,以公路、桥梁收费权担保融资属于"债权转让"。持论者认为:权利质权的担保标的须具有两个条件,一个是有权利凭证或者登记制度,另一个是质权人可以通过占有权利凭证或者办理登记达到控制该项权利的目的;而公路、桥梁收费权因不能通过权利凭证或者办理登记而被质权人实际控制,故不得设立权利质权,而应采用"债权转让"的国际通行方式。[1] 但是,根据国务院1999年允许公路建设项目法人用公路收费权进行质押贷款的文件,省级人民政府批准的收费文件是公路收费权的权利证书,地市级以上交通主管部门是公路收费权质押的登记部门。如此一来,收费权作为法律明确规定可以转让的公路经营权之一部分,又如何不能被质权人实际控制呢?

另一种观点认为,收费权担保在性质上属于权利质押,在学理上也可以将之看作一种特殊的财产权质押。这种观点的理由是:不动产收益权并不能认定为一种传统意义上的不动产物权,而是债权的一种;它并非对不动产使用、收益的权利,而是对利用该不动产的人收取利用费的权利,所以与一般债权质权在设定和效力方面有所不同,但本质上仍然属于债权质权。[2] 但是,收费权与合同之债不同,是国家许可的一种特殊资格,且虽然同样产生对他人的请求权,但所针对的对象并非特定的,而是一切有可能使用公路的人。所以,不能将收费权视为债权而以之为担保对象。

---

〔1〕 参见梁慧星:《是"债权转让",还是"权利质押"》,载《人民法院报》2006年11月8日,第5版。
〔2〕 参见王利明主编:《中国物权法草案建议稿及说明》,中国法制出版社2001年版,第356页。

此外,还有普通债权质押说和应收账款质押说。前一种观点认为收费权质权中用于出质的是一种请求权,而非对权利或者物的直接支配利用的权利,本质上应当属于债权质权。[1] 后一种观点认为收费权担保是应收账款质押的一种,理由是应收账款和收费权应当是大陆法系国家规定的一般债权的一部分,当然可以作为权利质权的标的。[2] 此外,"立法机构实际上是有意图将收费权作为一种权利质押类型而进入物权法的,只是因为种种原因并没有将其明文表述",将会计学术语进行重新诠释后,"收费权作为应收账款一种权利类型并无太大问题"[3]。这两种观点本质一样,都将收费权视作普通债权。[4]

(三)实践中认定的收费权担保的法律属性及其不足

正如上文所述,2007年《物权法》回避了公共基础设施收费权担保的问题。但之后中国人民银行颁布的《应收账款质押登记办法》将收费权质押纳入了应收账款的范畴。坦率地说,这种被《民法典》采纳并在稍后的《动产和权利担保统一登记办法》中作了进一步规定的做法,亦即将公共基础设施收费权解释为应收账款的做法,在现实层面上满足了社会上大量存在的以收费权为担保标的进行融资之行为的需要。

《动产和权利担保统一登记办法》第3条界定了应收账款的概念:"应收账款债权人因提供一定的货物、服务或设施而获得的要求应收账款债务人付款的权利以及依法享有的其他付款请求权,包括现有的以及将有的金钱债权,但不包括因票据或其他有价证券而产生的付款请求权,以及法律、行政法规禁止转让的付款请求权",并进一步指出应收账款包括的权利有5种:"(一)销售、出租产生的债权,包括销售货物,供应水、电、气、暖,知识产

---

[1] 参见刘银春:《债权质权的理论与实践》,清华大学2005年博士学位论文,第9页。

[2] 参见全国人大常委会法工委民法室编著:《物权法立法背景与观点全集》,法律出版社2007年版,第623页。

[3] 李峰:《应收账款担保法律制度研究》,复旦大学2011年博士学位论文,第31页。另可参见胡康生主编:《中华人民共和国物权法释义》,法律出版社2007年版,第481页。

[4] 参见崔建远:《物权:规范与学说》(下册),清华大学出版社2021年版,第588页。

权的许可使用,出租动产或不动产等;(二)提供医疗、教育、旅游等服务或劳务产生的债权;(三)能源、交通运输、水利、环境保护、市政工程等基础设施和公用事业项目收益权;(四)提供贷款或其他信用活动产生的债权;(五)其他以合同为基础的具有金钱给付内容的债权"。

从上面的规定可以看出,这种做法的前提,是将收费权人向他人收费的基础确定为双方缔结了双务合同,收费权人应履行销售商品、提供劳务或出租资产的义务,并可请求对方支付相应价款;通过借鉴会计学术语"应收账款"的概念,称这种金钱债权为应收账款债权。问题在于,收费权和应收账款债权具有很大的区别。

收费权和应收账款债权的不同主要体现在权属性质上。作为一种独立的财产权利类型,应收账款具有金钱债权、合同债权、非证券化的一般债权等特征。〔1〕具体来说,它的标的是未被证券化的以金钱给付为内容的权利,设立不以缴付权利凭证为要件,是一种以请求权担保请求权的担保方式,其实现受制于应收账款义务人的清偿能力。〔2〕而收费权并非纯粹的权利,它掺杂着公法的内容,本质上是一种通过行政审批获得的资格:《中华人民共和国公路法》第 59 条规定,可以依法收取车辆通行费的收费公路可以分为"政府还贷公路"和"经营性公路"两类。《收费公路管理条例》第 10 条规定,这两种公路经依法批准后,方可收取车辆通行费;该条例第 15 条还规定,车辆通行费的收费标准,须经本级人民政府审查批准。它虽然产生金钱财产权,但并不产生金钱债权,理由是公路收费具有提供服务和支付现金同步发生的特点,领卡上路,缴费下路,实时结算,已收取的款项就成为金钱实物财产,而非债权,更不会产生应收账款。〔3〕

此外,有学者在比较了收费权质押和应收账款质押后,得出前者比后者

〔1〕参见赵万一、余文焱:《应收账款质押法律问题》,载《法学》2009 年第 9 期。
〔2〕参见崔建远:《物权法》(第 5 版),中国人民大学出版社 2021 年版,第 549-550 页。
〔3〕参见高圣平:《物权法与担保法对比分析与适用》,人民法院出版社 2010 年版,第 395 页。

可控性强,风险小,担保效果更好的结论。[1]

(四)罗马法的启示

所谓以公共基础设施收费权为客体的担保,其实质是政府借钱进行基础设施和公用设施建设,除了债务人的资格有一定的特殊性、债权人基本上被确定为银行,以及担保标的物不能完全自由地买卖外,它与普通的借款担保没有什么不同。在确定了这一出发点后,我们就可以大胆地对以公路收费权担保为代表的公共基础设施收费权担保进行分析了。

1. 启示一:债权人通过取得不动产之收益来确保债的实现

从实践中的公共基础设施收费权担保办理流程来看,在债务人到期不能清偿借款时,银行往往从债务人设立的专门收费账户中直接划取相当于到期贷款本息数额的资金;若资金不抵债务,则直接划取此后一段时间之内收费专用账户中新增的资金,直至债权得到满足。只有当以上措施依然无法满足债权人时,方可处分收费权。这样看来,债务人用来确保债权人的债之安全的物,其实可以分成两个部分:一是公共基础设施被使用而产生的价金;二是公共基础设施本身。

首先,公共基础设施属于物权法上的物。公共基础设施是指为社会生产和人民生活提供的,能够直接或者间接提高产出水平或者生产效率的经济项目,分为经济公共基础设施和文教、医疗保健设施等。[2] 我国《民法典》规定了国家所有权和集体所有权,作为经济公共基础设施的公路、铁路、桥梁渡口、农村水利设施和作为文教、医疗保健设施的高等学校公寓、医院附属设施,分别依法归国家和集体所有。国务院或其他部门和集体组织作为国家和集体的代表对作为国家财产、集体财产的公共基础设施依照法律

[1] 参见胡建生:《论〈物权法〉实施及收费权质押的合法性》,载《中国经济时报》2007 年 8 月 6 日,第 8 版。

[2] 参见李富成:《公共基础设施收费权的法律定性》,载《法学》2006 年第 2 期。

规定占有、使用、收益并处分。

其次，公共基础设施被使用而产生的价金属于法定孳息。我国立法区分了天然孳息和法定孳息。法定孳息“产生于一种法律关系或法律规定，是自己财产被他人用益的对价，存在于与他人之间的关系之中，它与原物之间是对价关系而无实体上的联系”〔1〕。从产生方式上看，它产生于使用者对基础设施的用益，系使用人支付的对价；从收取的依据上看，对使用公共基础设施者收取费用的依据是债权请求权——比如，公路收费权的依据是虚拟的存在于公路所有者与公路经营管理人之间的公路使用合同，高等院校学生公寓收费权的依据是学生与学生公寓经营者之间的公寓租用合同，景区门票收费权的依据是景区经营者和游客之间的游览合同；从孳息的物质表现形式上看，收费权收取的当然是货币；从收益的持续性上看，以公路收费权为例，依据《收费公路权益转让办法》，其包括公路的收费权、广告经营权和服务设施经营权，依照常理来看，只要公路不位于特别偏僻的位置，其收费的稳定性和持续性是有保障的。〔2〕

这样一来，对所谓的公共基础设施收费权担保，就可以作如下的理解：债务人为了修建公共基础设施，经上级部门批准后，与债权人签订融资担保合同，约定债务人将允许其收费之权利证书以及他人使用公共基础设施所收费用寄存于债权人处，若债务到期而债务人不履约时，债权人得以债务人寄存之法定孳息弥补自己损失的资金本息；若所寄存之法定孳息不足以清偿全部债务，债权人得继续收取该公用基础设施之收益，直至债务完全清偿；若上述两种措施均不能完全清偿债务，债权人得变卖、拍卖上述公共基础设施。

这不得不让人想到优士丁尼法中的典质（antichresis）制度。在阿道

〔1〕李飞：《孳息概念研究》，厦门大学2009年硕士学位论文，第31页。
〔2〕参见隋彭生：《法定孳息的本质——用益的对价》，载《社会科学论坛》2008年第6期。

夫·博格(Adolf Berger)的《罗马法百科全书词典》中,典质被定义为:"一种在债权人和债务人之间签订的协议,前者被授予使用质物(土地或者房子)并且取得质物收益的权利。债权人可以出租或者使用财产,或者以其他形式对之进行利用,并保持对物的占有直至债务被清偿。"[1]在优士丁尼皇帝的《市民法大全》中,马尔西安是唯一谈到这一制度的罗马法学家。他的《抵押的程式评注》单卷本是这样说的:

D. 20,1,11,1。若就土地或房屋达成典质简约,债权人可以一直保持对该质物的占有直至对债权人偿付金钱。依据该简约,债权人可以使用并收益质物:或者将之出租,或者自己居住。因此,如果债权人丧失对物的占有,他通常可以运用事实之诉。

根据典质简约,债权人有权使用担保物,或者收取担保物之孳息。一般来说,债权人是无权使用担保物的,盖尤斯在《行省告示评注》第13卷中这样说:如果债权人使用担保物,他将被视作盗窃。[2] 优士丁尼《法学阶梯》在为"使用盗"举例时,也将债权人使用担保物的情形确定为盗窃。但凡事均有例外——当事人的合意排除了"盗窃"这一罪名的适用。

结合本书第三章债权人权利的部分,我们可以发现,此种典质简约具有如下特征:(1)系在普通担保关系中由当事人协议达成的特别约定;(2)只适用于以不动产为担保物的情况;(3)作为担保物之不动产须有用益价值;(4)作为担保物之不动产由债权人占有并使用、收益;(5)在债务人违约时,担保物的用益首先充抵利息,其次充抵本金。

这种制度在现代法中的表现,就是法国法中的不动产质押制度(le gage

[1] See Adolf Berger, *Encyclopedic Dictionary of Roman Law*, American Philosophical Society, 1953, p. 364.

[2] D. 47,2,55(54)pr.

immobilier）和德国法中的担保用益（Sicherungsnieβbrauch）制度。[1] 遗憾的是，我国自《大清民律草案》以降的正式法律中，概未接受不动产质的概念，与该制度以及德国法上担保用益制度功能目的类似的典权制度也未被纳入现行法体系之中，所以无法通过移植和改造不动产质押制度解决以公共基础设施收费权为担保客体的问题。虽然如此，罗马法还是给了我们另一个启示。

2. 启示二：债权人对债务人利用其借款而建设、修复的建筑物的租金享有默示抵押权

帕比尼安在《解答集》第10卷说：根据一项马尔库斯皇帝时期的元老院决议，当债权人借钱给债务人修复建筑物的情况下，将公寓楼（insulae）交付债权人为质；这不仅适用于直接提供金钱给债务人的，而且适用于从事了修复工作的人。（D. 20,2,1）稍晚一些的乌尔比安在他的著作《告示评注》中说：一个在建筑物重建工作中起促进作用的债权人，对于他应得的部分，被授予优先地位"，"当事人之间达成协议，借钱给对方修复建筑物者，应当以质权的形式收取租金；基于债务人将之作为担保给予债权人的理由，债权人可以通过扩用诉权起诉承租人。（D. 42,3,1；D. 20,1,20）在《论执政官的义务》单卷本中，乌尔比安再次谈到借钱给他人修建房屋的债权人的优先地位：债权人花费钱财促进了房屋重建工作，可以对他花费的部分主张特别的

[1] 有学者认为现代德国法上的自"利用质押"发展而来的"担保用益"（Sicherungsnieβbrauch）也受到了罗马法中典质制度的影响。现代德国法上的担保用益制度，起源于利用质押，是罗马法上典质制度的变形。被纳入用益权的范畴的担保用益，是指"特定权利人（包括物权人和债权人，但通常是抵押权人）为了保证自己能确实而且及时地从抵押关系中获得利益，而与所有人（通常为抵押人）协议在某一物上（通常为抵押物上）设定用益，从而使其同时又成为用益权人"。依据《德国民法典》的规定，以不动产设立担保用益根据当事人之间的合意设立，采登记生效主义。担保用益赋予权利人对物进行全面使用的权利，且效力及于从物和孳息。当事人可以就物的收益的份额进行约定。当事人可以占有设定了负担的物，并自行收取物的孳息，物的使用租赁、用益租赁的收入归权利人所有。由于担保用益赋予权利人的权利是用益物权，所以权利人有义务履行有关用益物权人须履行的义务。参见米健：《典权制度的比较研究——以德国担保用益和法、意不动产质为比较考察对象》，载《政法论坛》2001年第4期。

优先地位。(D. 12,1,25)

两位罗马法学家的法言都十分清晰。他们描绘了这样一种法律关系:债务人乙要修复被毁坏的房屋,并为此目的自债权人甲处借了一笔钱,同时雇佣了建筑师和工人,同时约定,债务人乙用建好后之房屋的出租所得,作为借款和雇佣建筑师和建筑工人的担保;债务人还可以和债权人约定,若债务人到期不履行,则债权人可以径直收取上述建筑物的租金,直至债务完全清偿;若租住于上述房屋的承租人拒绝将租金交付给债权人,则债权人可以凭借担保债权人的身份对承租人提起扩用之诉,以达到收取租金的目的。

结合现代法律的规定,我们可以从中看出两种权利:一是"建筑工程承包人之优先受偿权",二是"债权人之优先受偿权"。它们均为《拿破仑民法典》吸收,分别构成第 2103 条第 4 款和第 5 款。前者为我国法律所吸收,构成《合同法》第 286 条,后来发展为《民法典》第 807 条:"发包人未按照约定支付价款的,承包人可以催告发包人在合理期限内支付价款。发包人逾期不支付的,除根据建设工程的性质不宜折价、拍卖外,承包人可以与发包人协议将该工程折价,也可以请求人民法院将该工程依法拍卖。建设工程的价款就该工程折价或者拍卖的价款优先受偿"。既然我们可以用"建筑工程承包人之优先受偿权"来处理以建筑工程之标的为承包人费用做担保的问题,为什么不能用"债权人之优先受偿权"来解决以公共基础设施之收费权为债权人借款做担保的问题呢?

将罗马法学家法言中所谈到的情况和上文所述的以公共基础设施收费权为担保客体的情况做一比较,可以发现二者有极大的共同之处。例如,二者都是涉及建筑物的新建或者重大修缮,都是因为修建者为新建或者修缮而借款,修成之建筑物之经营所得都为债权人收取或保管,若债务人到期不清偿则首先以经营所得支付债务本息,并均可以持续性地收取经营所得直至债务完全清偿,等等。基于这些共同点,我们可以借鉴"债权人之优先受偿权"来设计相关的制度。

（1）设立。与“建筑工程承包人之优先受偿权”一样，担保权人/银行对于债务人收取的公共基础设施使用费的优先受偿权，应该是由法律直接设定的：只要债务人和债权人签订借款修路合同，就授予债权人优先权。问题在于，如何确定债务人借款的使用情况。在实践中，有以省级人民政府批准收费的文件作为权利质押，为其他在建的收费公路项目的贷款担保的；也有以省级人民政府批准建设收费公路的文件作权利质押，为建设该收费公路项目的贷款担保的；更多的是以正在实施的公路收费权作质押担保，为其他经济组织贷款或自身的其他经济行为担保。〔1〕为了防止这些混乱现象，有必要在签订合同时要求债务人提供根据《公路法》的规定由省级人民政府出具的批准关于借款修建的公路收费及以收费权质押的文件，并在合同中明确借款的使用方向，专款专用。

（2）登记和公示。一般说来，优先受偿权是因法律规定而生，所以无须登记而直接生效，且根据中国工商银行和国家发展银行已经制定的有关公路收费权质押贷款的管理办法，一项公路收费权只能向一家金融机构办理质押贷款，所以并不存在秘密借款并设定担保导致的对其他债权人的损害问题。但是，根据1999年国务院的文件规定，地市级以上交通主管部门是公路收费权质押的登记部门，且考虑到公共基础设施经营涉及重大民生，完全允许经营权的自由转让，可能引发一系列社会问题。所以，鉴于我国过去的实践做法，审慎地看，债权人和债务人应首先在行政主管部门的登记册上登记，借款合同方可生效。

（3）债权人优先受偿权的实现。作为由法律规定的优先权，债权人优先受偿权的实现原则上应该准用《民法典》第807条的规定，但因为公路等公共基础设施的特殊性质，直接采用拍卖或折价的方式并不现实。而除非因重大自然灾害或战争等非人力所能抗拒的事件，公共基础设施的盈利具有

---

〔1〕参见谭九生、蒲红华：《公路收费权质押贷款担保若干问题的探讨》，载《当代法学》2003年第1期。

持续性,所以由债权人取代债务人的地位,直接收取公共基础设施的使用费,更为妥当。

二、质权效力范围的扩大还是最高额质押的别种设立方式?——默示质押

(一)问题的提出

甲和乙签订最高额质押合同,约定债权最高额为10万元,以甲所有的小汽车一辆(价值10万元整)为质物,合同期限为1年。此后,甲先向乙借款5万元,并约定于1年内归还;之后,再次向乙借款3万元,约定半年内归还。期限届满后甲无力清偿欠款,甲通过将质物变价的手段实现其债权8万元及利息。

这个假设的案例是个典型的最高额质押案件。最高额担保在“民国民法”中未见,但当时已有学理上的探讨。[1] 1995年《担保法》第59—62条构建了最高额抵押制度。2007年颁行的《物权法》首先扬弃继承了《担保法》的传统,以第203—207条规定了最高额抵押,又以第222条规定了最高额质押,二者共同构成我国的最高额担保制度。《民法典》基本承袭了相关规定。根据法律,所谓最高额担保,是指担保人与担保权人协议,在最高债权额度内,以担保物对一定期间内连续发生的债权作担保。学理上对最高额担保的讨论集中于最高额抵押部分,它又称为“限定额抵押”或“最高限额抵押”,其根据有“信用债务担保说”、“附停止条件债务担保说”、“附停止条件担保设定说”、“附准条件质契约说”和“将来债权担保说”等。[2] 其中“将来债权担保说”被视为通说,该说认为最高额抵押系担保将来可能发生的债权,而预行设定抵押权。[3] 在比较法上,德国、瑞士、日本、我国台湾地区对

[1] 参见史尚宽:《物权法论》,中国政法大学出版社2000年版,第322页。

[2] 参见王利明:《物权法专题研究》,吉林人民出版社2001年版,第1263页。

[3] 参见崔建远:《物权:规范与学说》(下册),清华大学出版社2021年版,第493页。另可参见孙宪忠主编:《中国物权法:原理释义和立法解读》,经济管理出版社2008年版,第481-482页。

此制度均有规定。[1] 受到普遍重视的原因,在于其具有普通担保物权所不具有的功能:配合继续性交易形态的需求,保障经济活动的连续性。在现代市场经济条件下,经营者利用已有资源,借助担保的杠杆撬动几倍于本金的资本早就成为常事,担保就成了经营活动的必要要件。如果在长期借贷、透支或者批发商与零售商之间的继续性交易活动中,每次交易都分别设立一个普通担保,不仅程序烦琐,而且很难达到融资目的。既然这种活动在一定期限内是重复进行的,那么设立一个担保的最高额度,即最高额担保,不仅可以满足继续性交易的特殊需要,同时也简化了手续、节约了成本,使资金融通更加顺畅。

但当甲、乙之间并未签订最高额质押合同,而仅以上述质物担保第一次借款时,如何处理?正常来讲,若债务期限届满而甲无力履行,则乙仅可就第一次借款之 5 万元优先受偿,而第二次借款的 3 万元只能作为普通债权处理。对此,拉丁法族给出了一个完全不同的解决办法,即通过"默示质押"规则,将前次债权关系上的担保效力扩及后发债权。这种以一个担保囊括其后发生债权的制度,与我国《民法典》中的最高额担保制度,功能颇为类似。

经过多年的实践,最高额担保制度的诸多弊端已经被学者们发现:比如不利于发挥抵押物的经济价值,对资金流通及经济的支配关系有一定的影响等。[2] 此外,最高额担保制度的设计目的,一开始就偏向于"长期的大宗交易或者信贷",而忽略了担保债务人的便利和经济。[3] 基于这些原因,我们有必要对其他法律体系中解决类似问题的制度加以了解,以完善和发展我国的担保规则。

(二)一个担保权确保多个债之履行的罗马法原型

《法典》第 8 卷第 13(14)题"关于质押"(De pignoribus)部分规定了对

---

〔1〕 参见《德国民法典》第 1190 条,《瑞士民法典》第 794 条和第 825 条,《日本民法典》第 398 条,我国台湾地区"动产担保交易法"第 16 条。

〔2〕 参见崔建远:《物权:规范与学说》(下册),清华大学出版社 2021 年版,第 500 页。

〔3〕 参见李世刚、杨彩霞:《法国可再负担抵押研究》,载《法律适用》2012 年第 10 期。

类似上述案件之情况的处理:“尽管你已经在针对主债务人、他的保证人或者他的委任人提起的对人之诉中取得了判决,无论如何,你将仍然保留对担保物的权利。”这个敕令所描述的债权人权利叫作“哥尔迪安质权”(Pignus Gordianum),系哥尔迪安皇帝(约 159—238 年)的贡献。根据研究者的说法,这项权利被这样命名,是因为哥尔迪安皇帝的敕令是其唯一记录。[1]要理解这一敕令,需要参考重复了其内容的《法典》第 8 卷第 26(27)题“质物可以用来担保由书据证明的金钱偿付”(Etiam ob chirographariam pecuniam pignus teneri):

如果你对担保物的权利丧失,在债更新之后,你已经将担保权利交付给另一人,并且担保已经提供给你而财产不以质权的形式持有。

1. 如果一个协议在你和这个人之间做出,然后成为土地的占有人,假定一项新的债务,以便上述土地作为担保物由你持有,尽管你已经有了一个对人诉权并取得了判决,你仍有一项如同担保一样的权利。但是如果你被授权占有,除非未附担保的金钱到期,你的债务人已经向你支付或者清偿,你将不会因为诈欺的抗辩而被迫归还财产。

2. 可以断言,这对你是恰当的,如果债务人仅就附担保的金钱做了清偿,他们将不被受理,除非他们同样清偿了简单接受的借贷。

3. 这一规则不适用于第二债权人,因为他并没有清偿被文书证明的第一份债务的义务。

这个敕令的内容可以分为两个部分:第一个部分(开头段和第 1 段)谈论的是债的更新导致担保的消灭,以及例外;第二个部分则是对我们上文提

---

[1] 参见 C. 8,13(14),8。另外,C. 8,27,1 同样记录了这个敕令。Cfr. Ratti Umberto, *Sull' accessorietà del Pegno--E sul “ius vendendi” del Creditore Pignoratizio*, Jovene, 1985, p. 80.

出问题的解答:担保权人的权利扩及自己和同一债务人之间的未附担保之债。[1] 根据文本,该规则须具备以下要件:首先,必须是移转占有的担保交易模式;其次,债务人和债权人之间同时有附担保的借款和未附担保的借款;再次,未附担保的借款在附担保借款期限届满前到期,且可由书面证据证明;最后,债务人清偿了附担保的借款而未履行未附担保之债。

据此,我们可以假设债务人 D 数次自债权人 C 处借款,其中一次借款未附担保,而另一次借款以 D 的某处房产设立了抵押或者质押。未附担保的借款期限届满,D 未清偿债务;附担保的借款期限届满,D 还清这笔欠款后要求 C 返还担保物。此时,C 可以拒绝返还,继续占有担保物以迫使 D 就未附担保的债为给付。易言之,C 此时取得了一个抗辩权,将不会因为拒绝归还的行为承担诈欺的责任。此抗辩权仅当 C 为第一顺位的担保权人时有效。

在罗马法中,如果当事人在借贷中设立了移转占有型物的担保,当债被清偿,或者提供了别的担保,或者出现了债权人违约的情形时,债务人可以通过质物返还之诉(actio pignoreaticia)主张担保物之返还;而债权人最初仅能以诈欺之诉(actio de dolo)来对抗债务人的诈欺行为。根据乌尔比安的说法,大约在古典时期,债权人可以采用“对待的质物返还之诉”(actio pigneraticia contraria)来挽回其必要的支出。(D. 13,7,36pr. -1);到了公元 3 世纪,哥尔迪安皇帝授予了债权人更大的权利,即债权人可以用“诈欺的抗辩”(exceptio doli)来主张他对同一债务人的其他债权。对此,德国学者马克斯·卡泽尔认为,这种赋予债权人留置担保物的权利是希腊文化(Hellenism)影响的结果。[2]

此外,邓博格认为,哥尔迪安皇帝的敕令授予了债权人一项与一般意义

[1] Cfr. Paolo Frezza, *Le Garanzie delle Obbligazioni: Corso di Diritto Romano*, Cedam, 1963, p. 233.

[2] See Max Kaser, *Roman Private Law*, Translated by Rolf Dannenbring, University of South Africa, 1984, p. 206.

上留置权并不等同的留置权。[1] 正常来说,留置权的行使需要担保物和主债权具有牵连性,或者说,债权人留置的财产与债权属于同一法律关系。但上面的情况明显突破了这一规则。

(三)拉丁法族的继受与解释

1. 法国民法的继受与解释

(1)默示质押

《拿破仑民法典》第2082条第2款规定,同一债务人于设定质权后又对同一债权人约定负担其他债务,而该债务在附担保债务清偿前到期者,债权人在两个债权未受到完全清偿前,甚或并未以质物担保后一债务的清偿,不负交还质物的义务。[2]

这一规定在参考了当时已有民法典的基础上继承和改造了罗马法规则。[3] 这种改造,在特罗普隆(M. Troplong)看来,是对债权人权利的限缩。哥尔迪安质权并未限定未附担保的债之发生时间;而根据《拿破仑民法典》的规定,未附担保的债之设立时间须在附担保之债发生后,否则不产生留置的效力。[4]

从该条款的文字来看,第2082条的适用有三个要件:债权人和债务人的身份,债的发生时间以及未附担保之债在附担保之债期限届满前到期。迪朗东(M. Duranton)认为,此条款推定在债权人和债务人间达成了一项默示的协议,将在先发生之债的担保效力扩及双方新发生的债之上。其基础是"同一债务人"和"同一债权人",法律关系双方必须是债的原始设立者:如果

---

[1] Cfr. Arrigo Dernburg, *Pandette*, *Diritti Reali*, Traduzione di Francesco Bernardino Cicala, Fratelli Bocca, 1907, p. 455.

[2] 参见李浩培等译:《拿破仑法典》,商务印书馆1997年版,第287页。

[3] 比如《两西西里王国民法典》第1952条、《撒丁王国民法典》第2136条、《普鲁士民法典》第171条、《奥地利民法典》第471条、《帕尔马民法典》第2108条、《提契诺民法典》第1139条以及旧《荷兰民法典》第1205条。

[4] Cfr. Troplong & Raymond-Théodore, *Le Droit Civil Explique Suivant l' ordre du Code*, *de la Contrainte par Corps*, *du Nantissement*, Meline, cans et compagnie, 1848, p. 124.

新债在旧债之前期限届满，而第三人通过转让、代位或者继承的方式取得了债权人的位置，不得适用该条款；即使两个债都由同一债权人设立，而债务人不同，此规则同样不适用。[1] 此外，这种默示的协议并不产生优先权，也不产生留置权。[2]

我国学者在解释法国法上的留置权时，认为第2082条规定的动产抵押合同可以产生留置权。[3] 此说可能是后来出现的，具体源于何处，有待考察。

在《拿破仑民法典》之后，《意大利民法典》(1865年民法典第1888条，1942年民法典第2794条)、《阿根廷民法典》(第3218—3221条)、《智利民法典》(第2401条)也接受了这种以前一质权担保新发生之债的制度。

(2)担保法改革后的情况

根据学者的介绍，2006年法国担保法改革后，《拿破仑民法典》第2422条确立了"可再负担抵押"制度，它与最高额抵押制度的功能类似。[4] 该条文本如下：

> 只要设置抵押权的文书有明文规定，抵押权随后可用于担保除文书中写明的债权以外其他债权。在此情况下，设置抵押权的人可以在第2423条所指款项的限度内，不仅将其设置的抵押权用于向原来的债权人提供担保，而且可以用其向新的债权人提供担保，即使第一个债权人尚未得到清偿，亦同。设置抵押权的人与最初的债权人或者新的债权人订立的增加不动产负担的协议，应当采用公证形式。此项增加担保负担的协议，应当按照第2430条规

---

[1] Cfr. Alexandre Duranton, *Cours de Droit Francais Suivant le Code Civil* (18), Alex-gobelet, 1834, p. 622

[2] 扎恰利尔认为2082条第2款不产生优先权和留置权是《拿破仑民法典》第2074条精神的体现。Cfr. Salomo K. Zaghariae, *Cours de Droit Civil Francais* (*Tome quatrième*), Marchal, Billard, et Cie Printers-Publishers, 1871, p. 711.

[3] 参见尹田：《法国物权法》，法律出版社2009年版，第468页。

[4] 参见李世刚、杨彩霞：《法国可再负担抵押研究》，载《法律适用》2012年第10期。

定的形式进行公示，否则对第三人不产生对抗效力。协议的公告即确定就增加的抵押权进行登录的债权人的受偿顺位。本条之规定具有公共秩序性质，与之相抵触的任何条款均视为不曾订立。

毋庸置疑，该条款表达了这样一种可能：债权人和债务人之间缔结一项附担保的债，担保形式是抵押，并约定当事人间后续产生的债，即便未在协议中写明担保事项，亦可以前一抵押权担保之。这种形式是对旧民法典第2082条继承的罗马法规则的再次突破：规则不再限于移转占有的担保形式，也不再针对动产，而是以不动产之抵押为适用前提；不再要求新的未附担保之债必须在旧的附担保之债期限届满前到期；相对性原则亦被打破，不再要求“同一债权人”和“同一债务人”。但与旧制度相比较，当事人欲利用前一债之担保效力确保后债的履行，须以公证的方式订立新的不动产负担协议，否则不产生对抗第三人的效力。

2. 意大利民法的继受与解释

1856年的《意大利王国民法典》采用了《拿破仑民法典》的模式，其第1888条基本上是对上述第2082条的翻译。[1] 学者认为，尽管该条文说的是质物的移转，但其意义是有关质权设立的。[2] 需要注意的是，这一时期的民法学者虽然也称这种制度为“严格说来的默示质押”（pegno tacito propriamente detto），亦即债权人和债务人之间无须变更合同条件缔结的一项新债，而债权人并无使这项债处于无担保之状况的意图。[3] 但大部分学者将之视为留置权的一种表现形式。[4]

---

〔1〕 Se il medesimo debitore avesse contratto un altro debito collo stesso creditore posteriormente alla tradizione del pegno, e tale debito fosse divenuto esigibile innanzi che si facesse luogo al pagamento del primo debito, il creditore non puo essere costretto a rilasciare il pegno prima che venga interamente soddisfatto per ambidue i crediti, ancorche non siasi stipulato di vincolare il pegno al pagamento del secondo debito.

〔2〕 Cfr. Mazzioni & Emidio Pacifici, *Istituzioni*(*V.* 2), E. e F. Cammelli, 1871, p. 459.

〔3〕 Cfr. Giampietro Chironi, *Istituzioni di Diritto Civile Italiano* (*vol.* 1), Fratelli Bocca editori, 1888, p. 362.

〔4〕 Cfr. Giorgio Loris, *Compedio di Diritto Civile*, Ulrico Hoepli, 1896, p. 229.

1942 年《意大利民法典》第 2794 条第 2 款规定：质押由债务人设定并且对同一债权人在质押设定后又负有其他债务，且在前一债务履行前期限届满的，则为担保新的债权，债权人仅享有留置权。[1] 通说认为，这是对意大利旧民法第 1888 条规定制度的保留：首先是对当事人的意图的推定，认为债权人第二次授予债务人信贷的原因是其对质物的占有；其次是将债的发生原因限定为合同，否认因侵权或者其他原因产生之债的留置效力；最后是限定债务人对同一债权人在已经设定质权之债后产生新债。[2]

但与旧民法不同，对于债权人对新发生之债的权利，1942 年《意大利民法典》第 2794 条明确规定"债权人仅享有留置权"（soltanto il diritto di ritenzione）；旧民法则是"债权人不被强制归还质物"（il creditore non può essere costretto a rilasciare il pegno），并未说明债权人的权属范围。学者认为，此时债权人仅被授予留置权，新产生的债不能得到优先权的保护。[3] 此种将留置效力扩及新债的做法并不会影响其他债权人。[4] 它不能对抗债权人——意大利法中的留置权是一种优先权制度，立法者将确保留置权人获得他应得的支付的职责直接赋予了司法机关，而未允许占有人强制执行留置物，亦未承认留置权人相对于所有人的其他债权人有以留置物优先受偿的权利。[5] 基于这一理由，因新债而生的留置权同样不得对抗向债务人购买担保物的第三人。

（四）差异和借鉴

上文所列立法例及学者解释，已经展示了默示质押的特点：仅存于移转

---

〔1〕 参见《意大利民法典》，费安玲等译，中国政法大学出版社 2004 年版，第 745 页。

〔2〕 Cfr. Gino Gorla & Pietro Zanelli, *Del Pegno e delle Ipoteche*（*art.* 2784 - 2899）, Zanichelli Editore, 1992, p. 111.

〔3〕 Cfr. Mario Bessone, *Lineamenti di Diritto Privato*, G. Giappichelli, 2006, p. 740.

〔4〕 Cfr. Gino Gorla & Pietro Zanelli, *Del Pegno e delle Ipoteche*（*art.* 2784 - 2899）, Zanichelli Editore, 1992, p. 112.

〔5〕 参见［意］马西米利亚诺·文奇：《论留置权制度的历史发展——罗马法、意大利法与中国法之比较》，李云霞译，载《厦门大学学报（哲学社会科学版）》2013 年第 2 期。

占有的担保交易当中;系意定担保,可担保未来的、连续的、不确定的信贷;不随基础债权的消灭而消灭;担保的数额一般以担保物的价值为上限。这与最高额担保的制度特性类似。它们甚至都是对担保物权特定性和从属性的突破。但是,两者在外部形式和法律效果上有着巨大的差异。

我国的最高额担保制度是由最高额抵押和最高额质押两部分组成的,两者除适用普通抵押权、质权的规制外,最高额质押权参照适用最高额抵押权的规定。首先,就其设立而言,最高额担保具有独立性,不以债权之存在和特定为必要,易言之,最高额担保的设定可先于所担保债权的发生,而默示质押则依赖于基础债的存在;不仅如此,前者涉及书面的担保合同和必要的登记程序,而后者无须任何公示手续。其次,就担保的债权而言,最高额担保并不限于将来发生的债权,而能将现存特定之债权纳入担保范围(《民法典》第420条第2款),但默示质押仅以基础债权设立之后发生之债为担保对象。总而言之,最高额担保是用一项担保交易固定债务人和债权人之间的长期信用关系,而默示质押是用一项质权供其设立人于未来按需使用。最后,在法律效果方面,最高额担保设立后,当事人受抵押权或质权效力约束,并产生对抗第三人之效力;而默示质押仅授予质权人留置担保物之权利,不得对抗第三人。

尽管默示质押与最高额担保有着种种差异,但从前文可知,它同样起着简化交易手续、节省成本的作用。而且,主要领域为“长期的大宗交易或者信贷”的最高额担保,因为普通民众或者个体商户在登记方面的困难,而在小额担保的交易中陷于无法适用的困境。而默示质押制度可以很好地弥补因登记导致的实际问题。

结　论

本书致力于从时间和空间两个维度对罗马法中的非所有权移转型物的担保制度进行分析和展示，进而对近现代民法中物的担保—担保物权传统的形成做一演绎，并最终试图对我国物的担保制度的建设起到促进作用。纵观全书，笔者得出以下结论：

罗马法中物的担保制度之发展，是受社会经济条件的影响而产生的一个缓慢而又漫长的演进过程——以担保标的为标准，这一过程可以划分为最初以债务人的人身为担保手段，到后来以物的所有权为担保手段，再到以担保物的价值为手段几个阶段。这种发展趋势首先告诉我们，罗马法中的担保制度的发展趋势是从人身到财产。如果考虑到人的担保的重点在于保证人的身份、地位和道德责任感，再加上质押和抵押制度在罗马法中始终被认为是一种契约，我们似乎可以断言：古罗马人的担保制度是在按照“从身份到契约”的路径前行。

尽管古罗马人的物的担保制度确实经历了从以所有权为担保手段到以物的占有为担保手段的历史过程，但我们不能说信托担保和非所有权移转型物的担保（质押）是“产生于不同历史阶段”的物的担保形式或者二者之间是一种相继的关系。在共和早期,二者是并列的制度(尽管债权人可能会更多地选择信托担保以更好地保护债的履行):一个涉及所有权的移转,一个不涉及所有权的移转。后者又分为移转担保物占有和不移转担保物占有的两种形式。到了帝国时期,由于社会经济文化背景产生了新的变化,且债的术语和所有权观念等法律概念进一步精细化和技术化,非所有权移转型物的担保制度产生了新的变化:非移转担保物占有的担保交易形式被希腊文化的亲近者们改称为抵押,而移转担保物占有的担保交易形式则保留了名称(质押)。至此,我们可以发现古典法时期的非所有权移转型物的担保制度是近现代民法中担保物权制度的鼻祖——移转担保物占有的质押和不移转担保物占有的抵押,都可以从其中探寻根源。它在整个的物的担保制度中居于一个特殊的地位。

通过对优士丁尼《市民法大全》中物的担保制度的进一步考察,我们可以发现,不仅我们现在所谓的传统大陆法中的各种担保交易形式是对罗马法中制度的继承和改造,我们现在担保物权理论的基本构造,基本上是对罗马人规则进行总结和调整的结果,而且我们现在的关于担保物权之理论争议,其引子差不多也都是罗马人埋下的。

随着罗马帝国的崩溃和罗马法的衰落,进入罗马土地的日耳曼人带来了日耳曼式的物的担保制度,这种制度很快吸收了罗马法规则的优点,并逐渐成为主要适用的规则。在这一过程中,中世纪和近代的法学家们起到了重要的作用,直接体现为法国式的物的担保体系的形成。而更加重视民族传统和本国国情的德国法,同样经历了法学家对罗马法相关制度的移植和改造,并最终形成了德国式的担保物权体系。

与大陆法系担保物权—物的担保传统之形成过程相比较,中国传统法中所固有的物的担保制度之发展有所不同:我国传统法中民法意义上的担保制度是随着私有财产权制度和契约法的发达发展起来的。这与罗马法类似。但是,与罗马法中非所有权移转型物的担保制度相比较,以附解除条件的买卖为表现形式的典权制度才是中国传统物的担保制度的主要形式。这种情况在19世纪末20世纪初得到改变。随着清末变法运动的展开,求新的立法者启用日本学者,借鉴了德国式的立法例,开始构筑中国自己的担保物权体系。虽然后来政府、政策一直在变化,但德国式的担保物权框架一直为中国的民法立法和研究所坚持,而仅是在具体的担保交易形式上做加减法,并最终确立了现行的以质权、抵押权和留置权构筑的担保物权制度。从这个角度来讲,我国现行民法中的担保物权制度与罗马法中的非所有权移转型物的担保制度是一脉相承的。也正是基于这个原因,通过罗马法的研究来促进我国担保物权制度的发展,就有了合理性的基础。

原始文献列举

一、《十二表法》(Lex Ⅻ Tabularum)

例:Ⅻ Tab. 7,11

二、盖尤斯《法学阶梯》(Gai Institutiones)

例:Gai. 2,14

三、保罗《论点集》(Paulus Sentention)

例:P. S. 2,17,15

四、优士丁尼《法学阶梯》(Institutiones)

例:I. 2,23pr.

五、优士丁尼《学说汇纂》(Digesta)

例:D. 1,2,2,36

六、优士丁尼《法典》(Codex)

例:C. 4,24,3

七、优士丁尼《新律》(Novellve)

例:Nov. 9,7,4

八、文学文献

(一)普劳图斯的戏剧

Amphitruo. 1,pro1

Captivi. 2,3

Epidicus. 5,2

Mostellaria. ARG

(二)西塞罗的作品

Cic. ,de Oratore,3,1

Cic. ,Pro M. Caelio Oratio,78

Cic. ,Phil. 1,4

(三)费斯图斯的作品

Fest. 213

(四)老加图的作品

De Agri Cultura146

(五)恺撒《内战记》

Caes. Civ. 1,39

(六)奥维德《变形记》

Ov. Met. 2,38

(七)苏维托尼乌斯《罗马十二帝王传》

Suet. Divus Julius,17

Suet. Divus Augustus,21

参考文献

一、著作

(一)中文著作

[1]陈华彬:《民法总论》,中国法制出版社 2011 年版。

[2]徐国栋:《民法基本原则解释——诚信原则的历史、实务、法理研究》,北京大学出版社 2013 年版。

[3]谢在全:《民法物权论》,中国政法大学出版社 2011 年版。

[4]崔建远:《物权:规范与学说》,清华大学出版社 2021 年版。

[5]史尚宽:《物权法论》,中国政法大学出版社 2000 年版。

[6]孙宪忠:《中国物权法总论》,法律出版社 2004 年版。

[7]朱岩:《中国物权法评注》,北京大学出版社 2007 年版。

[8]尹田:《法国物权法》,法律出版社 2009 年版。

[9]赵文洪:《私人财产权利体系的发展》,中国社会科学出版社 1998 年版。

[10]陈本寒主编:《担保法通论》,武汉大学出版社 1998 年版。

[11]陈本寒:《担保物权法比较研究》,武汉大学出版社 2003 年版。

[12]费安玲主编:《比较担保法:以德国、法国、瑞士、意大利、英国和中国担保法为研究对象》,中国政法大学出版社 2003 年版。

[13]高圣平:《物权法担保物权编》,中国人民大学出版社 2007 年版。

[14]郭明瑞、房绍坤:《担保法》,中国人民大学出版社 2012 年版。

[15]黄家镇:《德国流通式不动产担保物权制度研究》,法律出版社 2010 年版。

[16]孙鹏等:《担保物权法原理》,中国人民大学出版社 2009 年版。

[17]徐同远:《担保物权论:体系构成与范畴变迁》,中国法制出版社 2012 年版。

[18]邹海林、常敏:《债权担保的理论与实务》,社会科学文献出版社 2005 年版。

[19]费安玲主编:《罗马私法学》,法律出版社 2020 年版。

[20]黄右昌:《罗马法与现代》,何佳馨点校,中国方正出版社 2006 年版。

[21]曲可伸:《罗马法原理》,南开大学出版社 1988 年版。

[22]江平、米健:《罗马法基础》,中国政法大学出版社 2004 年版。

[23]李宜琛:《日耳曼法概说》,中国政法大学出版社 2002 年版。

[24]王亚平:《西欧法律演变的社会根源》,人民出版社 2009 年版。

[25]徐国栋:《优士丁尼〈法学阶梯〉评注》,北京大学出版社 2011 年版。

[26]徐国栋:《罗马私法要论——文本与分析》,科学出版社 2007 年版。

[27]杨共乐:《罗马社会经济研究》,北京师范大学出版社 2010 年版。

[28]周枏:《罗马法原论》,法律出版社 2009 年版。

[29]陈朝璧:《罗马法原理》,法律出版社 2006 年版。

[30]孔庆明等编著:《中国民法史》,吉林人民出版社 1996 年版。

[31]张晋藩主编:《中国法制史》,中国政法大学出版社 2002 年版。

[32]谢鸿飞:《法律与历史》,北京大学出版社 2012 年版。

[33]冯卓慧:《唐代民事法律制度研究:帛书、敦煌文献及律令所见》,商务印书馆 2014 年版。

[34]郭建:《中国财产法史稿》,中国政法大学出版社 2005 年版。

[35]谢振民:《中华民国立法史》,上海书店出版社 1990 年版。

(二)译著

[1][俄]科瓦略夫:《古代罗马史》,王以铸译,上海书店出版社 2011 年版。

[2][法]菲斯泰尔·德·古朗士:《古代城市:希腊罗马宗教、法律及制度研究》,吴晓群译,上海人民出版社 2011 年版。

[3][古罗马]苏维托尼乌斯:《罗马十二帝王传》,张竹明等译,商务印书馆 1995 年版。

[4][美]罗斯托夫采夫等:《罗马帝国社会经济史》(下册),马雍等译,商务印书馆 2009 年版。

[5][美]汤普逊:《中世纪经济社会史》(上册),耿淡如译,商务印书馆 1997 年版。

[6][日]盐野七生:《罗马人的故事Ⅰ:罗马不是一天建成的》,徐幸娟译,台北,三民书局2008年版。

[7][意]朱塞佩·格罗索:《罗马法史》,黄风译,中国政法大学出版社2018年版。

[8][英]梅因:《早期制度史讲义》,冯克利等译,复旦大学出版社2012年版。

[9][意]彼德罗·彭梵得:《罗马法教科书》,黄风译,中国政法大学出版社2005年版。

[10][英]J. C. 斯托巴特:《伟大属于罗马》,王三义译,上海三联书店2011年版。

[11][古罗马]普劳图斯等:《古罗马戏剧选》,杨宪益等编译,人民文学出版社2000年版。

[12][英]巴里·尼古拉斯:《罗马法概论》,黄风译,法律出版社2004年版。

[13][古罗马]恺撒:《内战记》,任炳湘等译,商务印书馆1986年版。

[14][古罗马]盖尤斯:《盖尤斯法学阶梯》,黄风译,中国政法大学出版社2008年版。

[15][古罗马]西塞罗:《论义务》,王焕生译,中国政法大学出版社1999年版。

[16][古罗马]西塞罗:《西塞罗全集·演说词卷》,王晓朝译,人民出版社2008年版。

[17][意]桑德罗·斯奇巴尼选编:《民法大全选择·物与物权》,范怀俊译,中国政法大学出版社1999年版。

(三)外文著作

[1]Alfredo Ascoli, Le Origini dell'ipoteca e l'interdetto Salviano: Studio Storico Esegetico di Diritto Romano, Raff. Giusti, 1887.

[2] Arnaldo Biscardi, Appunti sulle Garanzie Reali in Diritto Romano, Cisalpino-Goliardica, 1976.

[3]A. E. R. Boak, *A History of Rome to* 565 *AD*, Macmillan, 1946.

[4]Pietro Bonfante, Corso di Diritto Romano: Diritti Reali, Giuffrè, 1972.

[5]Jean Brissaud, *History of French Private Law*, Translated by Rapelje Howell, Little, Brown, and Company, 1912.

[6]M. Brutti, Il Diritto Privato nell'antica Roma, G Giappichelli, 2011.

[7]William W. Buckland, *A Text-book of Roman Law*: *From Augustus to Justinian*, Cambridge University Press, 1921.

[8]William H. Buckler, *The Origin and History of Contract in Roman Law*: *Down to the End of the Republican Period.* (Being the Yorke Prize Essay for the Year 1893), CJ Clay and

Sons, 1895.

[9] Alberto Burdese, Lex Commissoria e Ius Vendendi nella Fiducia e nel Pignus, G. Giappichelli, 1949.

[10] Massimo C. Bianca, Il Divieto del Patto Commissorio, Giufrrè, 1957.

[11] Carlo Calisse, *A History of Italian Law*, Translated by Layton B. Register, Little, Brown, and Company, 1928.

[12] Carlo A. Cannata, Corso di Istituzioni di Diritto Romano(I), Giappichelli, 2001.

[13] Massimo Colamonico & Raffaele Zingarelli, Le Garanzie delle Obbligazioni: Lezioni di Diritto Romano, Vincenzo Cavaliere, Libraro-Editore, 1897.

[14] J. A. Crook, *Law and Life of Rome*, Cornell University Press, 1967.

[15] De Colquhoun & P. M. Chombaich, *A Summary of the Roman Civil Law: Illustrated by Commentaries On and Parallels from the Mosaic*, Canon, Mohammedan, English and Foreign Law, with an Appendix, Map, and General Index, Stevens, 1851.

[16] Roberto de Ruggiero, Il Divieto d'alienazione del Pegno nel Diritto Greco e Romano, Jovene, 1980.

[17] Arrigo Dernburg, Pandette, Diritti Reali, Traduzione di Francesco Bernardino Cicala, Fratelli Bocca, 1907.

[18] T. Frank, *An Economic History of Rome*, Batoche Books, 2004.

[19] Paolo Frezza, Le Garanzie delle Obbligazioni: Corso di Diritto Romano, Cedam, 1963.

[20] Bruce W. Frier, *Landlords and Tenants in Imperial Rome*, Princeton University Press, 1980.

[21] Paolo F. Girard, Manuale Elementare di Diritto Romano, Società Editrice Libraria, 1909.

[22] A. Grafton & J. Scaliger, *Textual Criticism and Exegesis*, Clarendon Press, 1983.

[23] Antonio Guarino, Diritto Private Romano, Jovene, 2001.

[24] Rudolf Huebner, *History of Germanic Private Law*, Translated by Francis S. Philbrick, Little, Brown, and Company, 1918.

[25] William A. Hunter, *A Systematic and Historical Exposition of Roman Law in the Order*

of a Code(4th Edition),Sweet & Maxwell Limited,1903.

[26]Max Kaser,*Roman Private Law*,Translated by Rolf Dannenbring,University of South Africa,1984.

[27]Otto Lenel,Palingenesia Juris Civilis(1),Ex officina Bernhardi Tauchnitz,1889.

[28]Mattoe Marrone,Istituzioni di Diritto Romano,Palumbo,2006.

[29] R. D. Melvillea, *A Manual of the Principles of Roman Law Relating to Persons, Property, and Obligations: with a Historical Introduction for the Use of Students*, W. Green,1915.

[30] J. Muirhead, *Historical Introduction to the Private Law of Rome*, the Lawbook Exchange,Ltd. ,2009.

[31]Giovanni Pugliese,Istituzioni di Diritto Romano,3ª,G. Giappichelli,1991.

[32]Plautus,*Plautus* (Loeb Library Translation in 5 Vols. , Vol. 2), Harvard University Press,1988.

[33]Renwick,*Roman Laws and Charters: Three Spanish Charters and Other Documents*, trans. by Ernest George Hardy,Lawbook Exchange,Ltd. ,1912.

[34] Roby H. John, *Roman Private Law in the Times of Cicero and of the Antonines Vol.* 1,Cambridge University Press,1902.

[35]Fritz Schulz,*Classical Roman Law*,Translated by Ernst W,Clarendon Press,1969.

[36]Rudolph Sohm,*The Institutes a Textbook of the History and System of Roman Private Law*,Translated by James Crawford Ledlies,Clarendon Press,1907.

[37]Mario Talamanca,Istituzioni di Diritto Romano,Giuffrè,1990.

[38] Alan Watson, *The Law of Obligations in the Later Roman Republic*, Clarendon Press,1965.

二、论文

(一)中文论文

[1]陈华彬:《中国物权法的意涵与时代特征》,载《现代法学》2012 年第 6 期。

[2]金可可:《论人文主义法学中对人权与对物权的区分》,载《西南民族大学学报(人文

社科版)》2005 年第 4 期。

[3]刘保玉:《中国物权法的成就与不足——兼及法律移植与融合中的“鸡尾酒论”》,载《法学论坛》2008 年第 5 期。

[4]徐国栋:《雨果·多诺是哪国人?——兼谈他对现代民法理论和人权理论之形成的贡献》,载《外国法制史研究》2007 年卷。

[5]徐国栋:《客观诚信与主观诚信的对立统一问题》,载《中国社会科学》2001 年第 6 期。

[6]朱晓喆:《论近代民法体系建构的方法论基础——以多玛的演绎法为中心》,载《中外法学》2010 年第 3 期。

[7]王闯:《理论争鸣与制度创新——关于最高法院“担保法司法解释”的若干问题》,载梁慧星主编:《民商法论丛》(总第 19 卷),金桥文化出版(香港)有限责任公司 2001 年版。

[8]陈本寒:《新类型担保的法律定位》,载《清华法学》2014 年第 2 期。

[9]李世刚、杨彩霞:《法国可再负担抵押研究》,载《法律适用》2012 年第 10 期。

[10]董开军:《担保物权的基本分类及我国的立法选择》,载《法律科学》1992 年第 1 期。

[11]屈茂辉:《质权基本问题初探》,载《法学家》1994 年第 3 期。

[12]徐洁:《我国担保物权制度评析与展望》,载《西南民族大学学报(人文社科版)》2004 年第 8 期。

[13]徐洁:《担保物权制度的发展趋势》,载《甘肃社会科学》2007 年第 3 期。

[14]谭九生、蒲红华:《公路收费权质押贷款担保若干问题的探讨》,载《当代法学》2003 年第 1 期。

[15]赵万一、余文焱:《应收账款质押法律问题》,载《法学》2009 年第 9 期。

[16]李媚:《流质契约解禁之反思——以罗马法为视角》,载《比较法研究》2013 年第 5 期。

[17]齐云、徐国栋:《罗马的法律和元老院决议大全》,载徐国栋主编:《罗马法与现代民法》(第 8 卷),厦门大学出版社 2014 年版。

[18]唐晓晴:《拉丁法系视野下的物权概念及物权与对人权(债权)的区分》,载易继明主编:《私法》(第 8 辑第 2 卷),华中科技大学出版社 2010 年版。

[19]汪洋:《罗马法“所有权”概念的演进及其对两大法系所有权制度的影响》,载《环球

法律评论》2012 年第 4 期。

[20]徐国栋、阿尔多、纪蔚民:《〈十二表法〉新译本》,载《河北法学》2005 年第 11 期。

[21]徐国栋:《罗马的包税人——公务承包制、两合公司在古罗马》,载《吉林大学社会科学学报》2010 年第 6 期。

[22]肖俊:《〈萨宾评注〉〈告示评注〉的内涵及其体系谈——古罗马法律评注作品类型介绍》,载徐国栋:《罗马法与现代民法》第 8 卷,厦门大学出版社 2014 年版。

[23]方新军:《盖尤斯无体物概念的建构与分解》,载《法学研究》2006 年第 4 期。

[24]李怀国:《罗马波特里乌斯债务法的历史作用质疑》,载《辽宁大学学报(哲学社会科学版)》2002 年第 3 期。

[25]赵文君:《中古西欧日耳曼人财产观初探》,载《历史教学》2011 年第 8 期。

[26]江平、米健:《论民法传统与当代中国法律(下)》,载《政法论坛》1993 年第 3 期。

[27]李富成:《公共基础设施收费权的法律定性》,载《法学》2006 年第 2 期。

[28]隋彭生:《法定孳息的本质》,载《社会科学论坛》2008 年第 6 期。

(二)中文译文

[1][德]米夏埃尔 · 马廷内克:《伯恩哈德 · 温德沙伊德(1817—1892)——一位伟大的德国法学家的生平与作品》,田士永译,载郑永流主编:《法哲学与法社会学论丛》(总第 18 卷),中国人民大学出版社 2003 年版。

[2][法]特隆歇等:《法国民法典开篇:法典起草委员会在国会就民法典草案的演讲》,殷喆等译,载何勤华:《20 世纪外国民商法的变革》,法律出版社 2004 年版。

[3][意]路易吉 · 卡珀格罗西 · 阔洛内塞:《所有权和物权:从罗马法到现代》,薛军译,载费安玲主编:《学说汇纂》(第 2 卷),知识产权出版社 2009 年版。

[4][意]马西米利亚诺 · 文奇:《论留置权制度的历史发展——罗马法、意大利法与中国法之比较》,李云霞译,载《厦门大学学报(哲学社会科学版)》2013 年第 2 期。

(三)外文论文

[1]M. P. P. Alvarez, Origine e Presupposti del Concorso dei Creditori a Roma, Teoría e Storia del Diritto Privato, 4(2011).

[2]Paul Du Plessis, The Interdictum de Migrando Revisited, Revue Internationale des Droits de l'antiquité, 54(2007).

[3] R. Feenstra, Dominium and Ius in Re Aliena: The Origins of a Civil Law Distinction, in Birks P, New Respectives in the Roman Law Property: Essay For Barry Nicolas, Clarendon Press, 1989.

[4] Franca La Rosa, La Protezione Interdittale del Pignus e l'actio Serviana, Studi in Onore di Cesare Sanfilippo (7), Milano: Giuffrè, 1987.

[5] Cristina Giachi, L'interdetto de Migrando. Un Rimedio Contro l'abuso di Autotutela Estremamente Longevo, Teoría e Storia del Diritto Privato, 1:7(2008).

[6] Goebel J. Roger, Reconstructing the Roman Law of Real Security, Tul. L. Rev., Vol. 36 (1961).

[7] J. A. C. Thomas, Furtum Pignoris, Tijdschrift voor Rechtsgeschiedenis, 1970, 38.

[8] Tomislav Karlović, Fiducia Cum Creditore-Risk Management and Double Ownership, Annals of the Faculty of Law in Belgrade (1452-6557) 58 (2010), 3.

[9] R. R. LÓPEZ, Cláusulas de Garantía en las Leges de Agri Cultura. Revue Internationale des Droits de l'antiquité, 2006(53).

[10] Phillipson E. Donald, Development of the Roman Law of Debt Security, Stanford Law Review, Vol. 20:6(1968).

[11] Ernst Rabel, Real Securities in Roman Law: Reflections on a Recent Study by the Late Dean Wigmore, Seminar Jurist(47), University of Michigan, 1943.

[12] Manlio Sargenti, Il "De Agri Cultura" di Catone e Le Origini dell'Ipoteca Romana, S. D. H. I., 1956, (22).

[13] E. S. Shumway, Ex Pacto Actio Non Nascitur, The American Law Register (1898-1907), 1903, 51(5).

[14] D. Visser, Absoluteness of Ownership: The South African Common Law in Perspective, Acta Juridica(1985).

[15] Alan Watson, Actio Serviana and Actio Hypothecaria(a conjecture), S. D. H. I., 27 (1961).

[16] Alan Watson, The Origins of Fiducia, Z. S. S., LXXIX (1962).

[17] Alan Watson, The Development of the Praetor's Edict, The Journal of Roman Studies, 60 (1970).

[18] John H. Wigmore, The Pledge-Idea: A Study in Comparative Legal Ideas. Ⅲ, Harvard Law Review, Vol. 11(1897).

[19] John H. Wigmore, Pledge-Mortgage Idea in Roman Law: A Revolutionary Interpretation, Ⅲ. L. Rev., 36(1941).

(四)学位论文

[1]徐洁:《担保物权功能论》,西南政法大学2004年博士学位论文。

[2]刘志刚:《宋代债权担保制度研究》,河北大学2008年博士学位论文。

[3]蒋军洲:《要物合同研究——对其或存或废的思考》,厦门大学2009年博士学位论文。

[4]肖俊:《用益权的罗马基础与现代适用》,厦门大学2012年博士学位论文。

三、辞书

[1]黄风编著:《罗马法词典》,法律出版社2002年版。

[2]谢大任主编:《拉丁语汉语词典》,商务印书馆1988年版。

[3] Adolf Berger, *Encyclopedic Dictionary of Roman Law*, American Philosophical Society, 1953.

[4] Dizionario Giuridico Romano: a Cura di Federico del Giudice e Sergio Beltrani, Esselibri Simone, 2010.

四、资料

[1]全国人大常委会法工委民法室编著:《物权法立法背景与观点全集》,法律出版社2007年版。

[2]胡康生主编:《中华人民共和国物权法释义》,法律出版社2007年版。

[3]《意大利民法典》,费安玲等译,中国政法大学出版社2004年版。

[4] Alan Watson, *The Digest of Justinian* (Volume 2), University of Pennsylvania Press, 1985.

五、网络资料

[1]齐云:《对 D. 44. 7. 3pr. 的文本分析:以 praestare 的含义考察为中心》,载罗马法教研室网 2014 年 10 月 31 日,http://romanlaw. cn/sub7-73. htm。

[2]A. Rudakov, Pignus in Causa Iudicati Captum and Execution of Judgment According to Post-classical Roman Law [EB/OL]. http://works. bepress. com/alexey_rudakov/1,2012-5-23.

[3]Charlton T. Lewis & Charles Short, A Latin Dictionary, http://www. perseus. tufts. edu/hopper/text? doc= Perseus:text:1999. 04. 0059:entry=pignus,2012-12-1.

[4]P. Carlo, Influenze Greche nel Regime Romano della "Hypotheca"? Teoria e Storia del Diritto Privato Rivista Scientifica(2008), http://WWW. academia. eda

[5] Thurston Harry Peck, Harpers Dictionary of Classical Antiquities [EB/OL]. http://www. perseus. tufts. edu.